PROCÈS DE Mgr DUPANLOUP.

IMPRIMERIE DE J. DELIÈVRE. — BRUXELLES.

COUR IMPÉRIALE DE PARIS.

PROCÈS

DE

MONSEIGNEUR DUPANLOUP,

ÉVÊQUE D'ORLÉANS.

BRUXELLES,

LIBRAIRIE POLYTECHNIQUE DE A. DECQ,

9, RUE DE LA MADELEINE.

1860

Le *Procès de Mgr l'Evêque d'Orléans* sera l'un des plus célèbres de notre temps, non-seulement à cause du caractère et du rang qu'occupe dans le monde celui à qui il a été intenté, mais encore et surtout à cause du principe que vient de consacrer la première chambre de la Cour de Paris, relativement au droit de l'historien de juger après leur mort les hommes publics. Si jamais affaire n'a aussi vivement excité l'attention, jamais non plus discussion n'a été plus sérieuse et plus élevée. Tous les avocats qui y ont pris part, occupent le premier rang dans le barreau de Paris; M. le procureur général l'occupait lui-même, il y a quelques mois; aussi la discussion a-t-elle été un véritable tournoi où l'on a fait assaut d'érudition et d'éloquence, et où chacun, pour rester lui-même, s'est surpassé.

Il eût été regrettable que ces mémorables débats n'eussent pas été fidèlement reproduits. Nous pouvons affirmer que notre compte-rendu est d'une exactitude absolue. Recueilli par la sténographie de la *Tribune judiciaire* (1), il a été revu avec le plus grand soin par les divers orateurs qui y ont pris part.

(1) LA TRIBUNE JUDICIAIRE, *Recueil mensuel des plaidoyers les plus remarquables des Tribunaux français et étrangers*, publiée sous les auspices du Barreau de Paris, par J. SABBATIER, ancien sténographe des Chambres pour *le Moniteur universel*, sténographe au Palais. — 5e année, Paris, Aug. Durand, 7, rue des Grès, 2 vol. in-8, grand-raisin. Prix par an : 12 fr.

CAUSE DU PROCÈS.

Mgr Dupanloup, Evêque d'Orléans, avait écrit deux *Lettres à un catholique* à l'occasion de la brochure anonyme intitulée : *le Pape et le Congrès.* Ces lettres avaient donné lieu à une polémique ardente dans les journaux, notamment dans *le Siècle* et *le Constitutionnel.* M. Grandguillot, rédacteur en chef de cette dernière feuille, avait combattu dans trois lettres successives les idées de Mgr Dupanloup, relativement au pouvoir temporel du Pape. Le 3 février, il reproduit dans *le Constitutionnel,* sous le titre de *Lettre pastorale de Mgr l'Evêque d'Orléans au supérieur et aux directeurs de son Petit-Séminaire,* une publication faite en 1810, par Mgr Rousseau, ancien évêque d'Orléans, contenant des doctrines diamétralement opposées à celles de Mgr Dupanloup. Mgr Dupanloup répond à M. Grandguillot, à la date du 4 février, dans les termes que voici :

LETTRE DE MONSEIGNEUR L'ÉVÊQUE D'ORLÉANS A M. GRANDGUILLOT,

RÉDACTEUR EN CHEF DU *Constitutionnel.*

« Orléans, 4 février.

» Monsieur,

» Vous m'obligez à entrer en lice avec vous. Malgré les trois lettres que vous aviez bien voulu m'adresser précédemment, j'avais pu jusqu'ici m'y refuser ; mais vous y faites paraître avec vous aujourd'hui, devant le public, un de mes prédécesseurs : je ne saurais me dispenser de vous y suivre.

» Rien ne me convient moins, assurément, que de troubler la mémoire et la paix des morts ; mais quand on les évoque contre l'Eglise, le respect qui leur est dû ne peut plus commander le silence et empêcher de dire la vérité.

» Les cendres de Mgr Rousseau reposent dans ma cathédrale avec celles de mes autres prédécesseurs ; je demande chaque jour à ces souvenirs de la mort les leçons dont j'ai besoin pour éclairer et guider ma vie : je regrette d'avoir à confier au public la leçon que Mgr Rousseau me donne aujourd'hui par vous.

» Cinquante ans ont passé sur sa tombe : Dieu a jugé son âme et ses intentions ; mais puisqu'on me condamne à juger ses actes et ses paroles, je le ferai en toute liberté et toute justice, au nom de l'Eglise et de la société ; et si ce que je vais dire pèse un jour sur sa mémoire, qu'il me le pardonne ! on m'y oblige ; je le dois, et je le fais avec tristesse : *pace tuâ dixerim.*

» Je vous dirai d'abord, monsieur, avant d'entrer en matière, que je regrette d'avoir reçu si tardivement (ce matin seulement, à la date du 4 février) la lettre dont vous aviez déjà saisi l'opinion publique. C'est ce qui explique le petit retard de ma réponse.

» J'ai été également surpris, je l'avoue, et d'autres comme moi, en ouvrant votre journal, de voir en tête de ses colonnes, une

Lettre de l'évêque d'Orléans aux supérieur et directeurs de son petit séminaire : ce titre, qui paraissait me désigner, ne pouvait longtemps égarer vos lecteurs sans doute, mais piquait leur curiosité.

» Du reste, cette lettre d'un de mes prédécesseurs, vous la donnez comme une réponse à l'écrit que je viens de publier sur *le démembrement dont les Etats pontificaux sont menacés.* Vous n'avez pas voulu me répondre vous-même, parce que, dites-vous, c'est *une cause que Sa Grandeur défend avec plus d'ardeur politique que d'alarme religieuse.*

» Vos préoccupations personnelles, monsieur, ont ici évidemment abusé votre sincérité et votre courtoisie. Je laisse à la bonne foi publique le soin de décider si, dans un débat qui intéresse à un si haut point la religion, l'âme des évêques porte moins *d'alarme religieuse* que la vôtre *d'alarme politique.*

» Quant aux arguments de ma *Seconde lettre à un Catholique*, ils n'étaient pas *nouveaux*, dites-vous : voilà pourquoi vous n'avez pas essayé de les réfuter. C'est vrai, mes arguments n'étaient pas *nouveaux* : c'étaient simplement les principes éternels de la raison, de la justice et de l'honneur. Jusqu'à preuve contraire et réfutation quelconque, j'ai droit de les croire irréfutables. Vous me trouverez peut-être bien présomptueux, monsieur ; mais je vais plus loin et je crois que c'est précisément parce qu'ils sont irréfutables, que vous ne les avez ni publiés ni réfutés ; ni vous, ni d'autres. Puissants adversaires qui ne savent lutter contre leurs contradicteurs qu'en étouffant leur voix dans l'oppression de la calomnie ou du silence. Mais j'ai tort, monsieur, de vous comparer au *Siècle.* Laissons-là ce journal. Vous avez de l'honneur ; si je me trompe, faites ce que vous n'avez pas fait : publiez ma lettre et réfutez-là.

» Mais non ; vous trouvez plus commode et plus habile de m'opposer un de mes prédécesseurs : *ce saint évêque, un des plus illustres prélats de l'Eglise de France,* dites-vous, qui, en 1810, quand le Pape était chassé de Rome et prisonnier de Napoléon, *écrivait confidentiellement,* dites-vous encore, *au supérieur et aux directeurs de son petit séminaire, loin de toute pression humaine et de toute contrainte officielle,* la lettre que vous citez.

» C'est donc de Mgr Rousseau que je dois m'occuper maintenant, et de la pièce que vous publiez.

» Voici ce que je vous dirai d'abord de ce document :

» Je l'accepte comme authentique, sur votre parole, bien que vous l'ayez publié sans date ni signature, et que je n'en aie trouvé aucune copie ni dans mon grand séminaire, ni dans mon secrétariat, ni même aucune trace dans les souvenirs du clergé orléanais.

» Je ne crois pas toutefois que ce fût une *lettre*, mais plutôt un *discours* adressé par Mgr Rousseau aux directeurs, non de son *petit* séminaire, comme vous le dites, ce qui eût été parfaitement ridicule, mais de son *grand* séminaire, ce qui était déjà assez fâcheux.

» Ce dont je suis plus sûr encore, et ce sur quoi je dois insister, c'est que ces paroles ne furent pas écrites ou prononcées *loin de toute pression humaine et de toute contrainte officielle*; et si je me permets de vous contredire ici, c'est que je tiens ce détail de Mgr Rousseau lui-même : ce fut *en conséquence d'une circulaire ministérielle*, et en quelque sorte sous les yeux du ministre, à qui il l'envoya, que ce discours fut prononcé; car le 26 juillet 1810, Mgr Rousseau écrivait au ministre des cultes : « Le 1er juillet, j'adressai à Votre Excellence copie du discours que j'ai prononcé dans mon séminaire, *en conséquence de votre circulaire du 24 avril dernier.* »

» Je dois ajouter que ce n'était pas *dans toute son indépendance*, comme vous le dites encore, monsieur, que Mgr Rousseau fit une telle œuvre; mais au contraire, je suis condamné à le dire, dans la préoccupation la plus vaine, la plus servile. Ce discours, fait en conséquence d'une circulaire officielle, il l'envoie au ministre. Le ministre ne daigne pas lui répondre. Inquiet, presque désolé, après vingt-cinq jours de silence ministériel (M. Portalis, alors ministre, était un homme honorable, à qui les bassesses ne plaisaient pas), il écrit encore pour savoir..... s'il a bien parlé, s'il en a trop dit, ou pas assez au gré du ministre.

« La continuité du silence du ministre sur cet écrit de ma part, » *malgré le vœu que j'ai renouvelé* à Votre Excellence, de savoir ce » qu'elle en pensait, m'est infiniment pénible. *Devais-je dire davan-* » *tage? Ou en ai-je trop dit? Je vous supplie*, Monseigneur, *de* » *dissiper cette crainte?* »

» Voilà, monsieur, comment Mgr Rousseau parlait aux directeurs de son *petit* séminaire, *loin de toute pression humaine* et *de toute crainte officielle, dans toute son indépendance.*

» C'est dans les mêmes sentiments que, peu de temps après le décret de Napoléon qui réunissait les Etats du Pape à l'empire français; peu de jours même après que le général Radet eut enlevé violemment le Pape du Vatican, Mgr Rousseau écrivait encore à l'Archichancelier de l'empire, Cambacérès, le 7 août 1809 : « Je » reste convaincu que c'est ici le moment où les chefs de l'Eglise

» gallicane doivent se rallier, se serrer en quelque sorte davantage » autour du trône... et se servir de toute l'influence de leur minis- » tère pour empêcher le fanatisme ou la mauvaise foi de parvenir » à jeter l'alarme dans la portion des fidèles plus dévote qu'é- » clairée. »

« Votre rang dans l'État, Monseigneur, » ajoutait avec une respectueuse confiance Mgr Rousseau, « *et votre influence sur ma* » *promotion à l'épiscopat, influence que je n'oublierai de ma vie,* » justifient le détail où je viens d'entrer. »

» Cambacérès ne manqua pas de lui répondre : « Monsieur l'évêque, » les sentiments que vous m'exprimez honorent le caractère épis- » copal. » (18 août 1809.)

» Du reste, monsieur, cet évêque faisait tout ce qu'il pouvait pour honorer son caractère, à sa manière. J'ai sous les yeux toutes les lettres par lesquelles il sollicitait tour à tour des conseillers d'État, des ministres, de l'Archichancelier, les honorables faveurs auxquelles il attachait, dit-il, « un prix infini, » entre autres le titre de *baron*, puis le titre de *chevalier* par une *pétition* spéciale, afin de pouvoir transmettre le premier de ces titres à l'un de ses neveux, et ainsi le « *baroniser*, » (texte de la correspondance de l'un de ses anciens grands-vicaires avec lui (1), et le titre de *chevalier* à un autre neveu ; et il sollicitait enfin le titre d'électeur et *la faveur d'être adjoint au collége électorale du département ou à celui d'Orléans* ; il achevait la lettre dans laquelle il sollicitait une partie de ces belles choses (15 mai 1808), par ces tristes paroles :

« Ma vive reconnaissance pour l'empereur me fait un devoir

» (1) Dans la correspondance de cet ancien vicaire-général, lequel, je me hâte de le dire, n'était pas Orléanais, mais de Basse-Normandie, et se nommait D''', je lis, à la date du 11 avril 1808 :

» Vous avez encore l'un et l'autre à être félicités, de ma part, sur le futur titre de *baron*... Est-il vrai que la *mairie d'Orléans* a été vous chercher à votre palais *dans une belle berline* attelée de *quatre chevaux*, le jour que vous deviez venir donner votre bénédiction aux drapeaux de la garde d'honneur qu'elle avait formée pour le passage de l'*Empereur*, et qu'après votre cérémonie on vous a reconduits chez vous et priés de regarder comme à vous cet équipage ? — Pareille galanterie, offerte de la sorte, en double le prix. — On prétend encore que, pour fournir les moyens d'entretenir cette voiture et les chevaux, les deux départements qui composent votre évêché, avec les *dix mille* francs qu'y attache le gouvernement, en ont porté le revenu *jusqu'à trente mille*...

» Comme il est d'usage que l'Empereur, dans ses voyages, jusqu'à présent gratifie les évêques chez lesquels il s'arrête, de *son portrait entouré de diamans sur une toile d'or* valant communément *quinze à dix-huit mille* francs, j'espère, dis-je, que cette *bonne aubaine* aura mis le comble aux avantages *de cette journée si mémorable pour vous.* »

» bien doux à remplir, celui de montrer *le prix infini* que j'at-
» tache à jouir des distinctions que Sa Majesté a daigné, dans sa
» sagesse, accorder à l'épiscopat ; distinctions *si propres à ajouter*
» *à la considération dont notre ministère a besoin d'être environné.* »

» Mais laissons là, monsieur, ces préliminaires, et allons au fond du discours de Mgr Rousseau et des doctrines qu'il contient.

» Mgr Rousseau, dans sa lettre ou dans son discours, traite particulièrement de deux choses : *de la souveraineté temporelle du Pape*, à propos du sénatus-consulte du 17 février sur la réunion des États romains à l'empire, *et des libertés de l'Église gallicane*, à propos de la circulaire du 24 avril sur l'enseignement obligé des quatre articles ; puis il exprime les sentiments que les directeurs de son séminaire doivent inspirer à leurs élèves.

» Sur tout cela, monsieur, je suis condamné à vous dire simplement que Mgr Rousseau ignorait l'histoire, qu'il ignorait plus encore les vrais principes de l'Église gallicane, et ce qui est pire, qu'il ignorait l'honneur épiscopal.

» Sur la souveraineté temporelle, il ignorait l'histoire ; il ignorait le droit catholique ; il ne tenait aucun compte du droit européen. Il invoquait le grand nom de Bossuet, le nom de Fleury ; il ne les avait pas même lus.

» Sur la souveraineté temporelle, l'histoire vraie, l'histoire connue de tous ceux qui savent quelque chose en histoire, la voici :

» 1° Avant Constantin, dans les premiers siècles, l'Église romaine n'avait ni souveraineté, ni seigneuries temporelles, mais seulement des biens très-considérables, qu'elle tenait de la libéralité des princes chrétiens, et qui étaient nécessaires à l'exercice de sa souveraineté spirituelle.

» 2° De Constantin à Grégoire II, les Papes possédèrent de nombreux patrimoines, dont plusieurs étaient de véritables *principautés*. Ils avaient de plus, surtout depuis le pontificat de Saint Grégoire-le-Grand, une immense influence dans les affaires temporelles, fondée sur le respect et la confiance des princes et des peuples, mais point encore de *souveraineté* proprement dite.

» 3° Depuis Grégoire II jusqu'à Charlemagne, il y eut une véritable *souveraineté*. Les savants l'ont nommée une souveraineté *provisoire* ; mais, quel que soit son nom, elle était réelle ; elle existait en fait et en droit : elle avait l'investiture du temps, de l'usage public et de la gratitude des peuples ; nul ne la contestait, et l'Orient lui-même lui rendait d'involontaires et éclatants hommages. Rome et l'Italie n'attendaient plus que l'heure de la Providence.

» 4° Enfin cette heure arriva, et Charlemagne reçut la glorieuse mission de fonder définitivement la souveraineté temporelle du Saint-Siége, en *restituant* au Saint-Siége (*restituer*, c'est le mot dont se servent tous les historiens du temps) les villes et les provinces qui lui appartenaient, et y ajoutant les donations les plus importantes.

» Ce qu'il y a de remarquable ici, monsieur, c'est que les vingt-deux villes de l'exarchat de Ravenne et de la Pentapole, dont le Saint-Siége fut mis, il y a dix siècles, en possession souveraine par Charlemagne, sont celles précisément que le Piémont convoite aujourd'hui (1), comme les Lombards d'autrefois (2), après y avoir envoyé ses commissaires, qui ne nous rappellent ni les temps ni les *Missi dominici* de Charlemagne.

» Mais laissons ces grands souvenirs et revenons à mon prédécesseur. Le droit, le droit sacré, inviolable, de la souveraineté pontificale, que *l'alliance positive de la religion avec la scolastique*, pour me servir ici de son étrange langage, n'a pas enseigné à Mgr Rousseau (je dois avouer que la *scolastique* en cette affaire, et surtout son *alliance positive avec la religion*, me paraît une des expressions les plus singulières de ce document) ; quoi qu'il en soit, ce droit antique et sacré, Bossuet, dont Mgr Rousseau invoque l'autorité, Bossuet l'enseigne, contre lui et contre tous, avec une

» (1) L'Exarchat de Ravenne et la Pentapole comprenaient vingt-deux villes, savoir : Ravenne, Rimini, Pesaro, Fano, Cesène, Sinigaglia, Jesi, Forlimpopoli, Forli, Castrocaro, Montefeltro, Acerriago, Montelucari, Seravalle, San-Marigni, Bobio, Urbin, Caglio, Luccoli, près de Candiano, Eugubio, Comachio et Narni.

» Parmi ces villes, on comprenait sous le nom de Pentapole : Rimini, Pesaro, Fano, Sinigaglia et Ancône.

» (2) Voici comment Mgr l'évêque de Perpignan raconte les événements de cette époque :

» Dans le siècle même où la souveraineté temporelle a été agrandie par la piété de Charlemagne, elle a eu un ennemi insigne, le roi des Lombards ; il s'appelait Didier. Ce roi des Lombards avait d'illustres exemples de vertus dans l'histoire de sa famille. Il avait reçu une éducation chrétienne. Il promit plusieurs fois, par lui ou par son ministre, de respecter le territoire des Etats de l'Eglise. Mais il était tourmenté du besoin d'annexer à son royaume les contrées voisines, dont plusieurs était placées sous l'auguste sceptre du Souverain Pontife. Les émissaires habiles et hardis qu'il envoyait le servaient bien. Il arriva donc que, tout en protestant de sa profonde vénération pour e chef de l'Eglise, le roi des Lombards s'adjugea la possession de Bologne, Ferrare, Faenza, Imola, Ravenne, ainsi que d'autres lieux compris dans l'Exarchat de cette dernière ville, principalement dans la province qui s'appelait alors l'Emilie, qui est aujourd'hui la Romagne. Il fallut que Charlemagne revînt pour le remettre dans l'ordre et punir ses usurpations. »

netteté à laquelle il n'y a rien à répondre : et son autorité fut citée un jour à Napoléon lui-même, qui ne sut que répliquer.

» Tout le monde connaît aujourd'hui la scène des Tuileries :

« Sire, répondit M. Emery à Napoléon, *Votre Majesté honore » Bossuet et se plaît à nous le citer souvent. Voici ses paroles ; je les » sais par cœur* :

« Nous savons que les Pontifes romains possèdent aussi légitimement que qui que ce soit sur la terre, des biens, des droits et une » souveraineté (*bona, jura, imperia*). Nous savons, de plus, que ces » possessions, en tant que dédiées à Dieu, sont sacrées, et qu'on » ne peut, sans commettre un sacrilége, les envahir. Le Saint-Siége » apostolique possède la souveraineté de la ville de Rome et de » ses États, afin qu'il puisse exercer sa puissance spirituelle dans » tout l'univers, PLUS LIBREMENT, EN SÉCURITÉ ET EN PAIX (*liberior » ac tutior*). NOUS EN FÉLICITONS, NON-SEULEMENT LE SIÉGE APOSTOLIQUE, MAIS ENCORE TOUTE L'ÉGLISE UNIVERSELLE, et nous » souhaitons, de toute l'ardeur de nos vœux, que ce principat » sacré demeure à jamais sain et sauf en toutes manières. »

» Ces paroles de Bossuet étaient tirées de la *Défense de la déclaration du clergé de France*, que cite Mgr Rousseau, dont il impose l'étude à son séminaire, et qu'évidemment il n'avait pas lue lui-même.

» Mgr Rousseau ignorait le droit catholique de la souveraineté temporelle aussi bien que l'histoire : Fleury, qu'il invoque, et qui, il faut le dire, n'est pas ici une autorité suspecte, aurait pu lui donner la raison de ce droit :

« Depuis que l'Europe est divisée entre plusieurs princes, si le » Pape eût été sujet de l'un d'eux, il eût été à craindre que les » schismes n'eussent été fréquents. On peut croire que c'est par » un effet particulier de la Providence que le Pape s'est trouvé » indépendant et maître d'un État assez puissant pour n'être pas » aisément opprimé par les autres souverains, afin qu'il fût plus » libre dans l'exercice de sa puissance spirituelle, et qu'il pût » contenir plus facilement tous les autres évêques dans leur devoir. C'était la pensée d'un grand évêque de notre temps (de » Bossuet). » (Fleury, *Hist. eccl.*, t. XVI, 4e discours, nº 10).

» Et Bossuet, au besoin, aurait pu dire à Mgr Rousseau, avec une autorité plus haute encore que celle de Fleury :

« Dieu, qui voulait que cette Église, la mère commune de tous » les royaumes, dans la suite, ne fût dépendante d'aucun » royaume pour le temporel, et que le siége où tous les fidèles

» devraient garder l'unité, à la fin, fût mis au-dessus des partiali-
» tés que les divers intérêts et les jalousies d'État pourraient cau-
» ser, jeta les fondements de ce grand dessein par Pépin et par
» Charlemagne. C'est par une heureuse suite de leur libéralité,
» que l'Église, indépendante, dans son chef, de toutes les puis-
» sances temporelles, se voit en état d'exercer plus librement,
» pour le bien commun, et sous la commune protection des rois
» chrétiens, cette puissance céleste de régir les âmes, et que,
» tenant en main la balance droite au milieu de tant d'empires
» souvent ennemis, elle entretient l'unité dans tout le corps,
» tantôt par d'inflexibles décrets, et tantôt par de sages tempéra-
» ments (1). » (*Discours sur l'unité de l'Église*).

» J'ai dit que Mgr Rousseau, non-seulement ignorait le droit catholique, mais ne tenait aucun compte du droit européen ; j'irai plus loin : quand il parle « *des possessions temporelles du Saint-Siége,* » que le droit de la guerre, dit-il, peut lui enlever, et que LE PUIS- » SANT MOTIF DE FAIRE LA PAIX EMPÊCHE QU'ON NE LUI RENDE ; » quand ces paroles s'appliquent à un État faible, désarmé, envahi, bien que sa neutralité essentielle ait été proclamée ; quand je vois que celui qui a pris est celui qui peut rendre ; quand j'entends un évêque demander, *au nom de la paix*, qu'on n'accomplisse pas la justice, je ne reconnais plus, dans cet abandon du faible et dans cette oppression, un droit des gens quelconque ; je ne vois plus là qu'un droit qui n'a qu'un nom : c'est ce que les Latins auraient appelé *latrocinium*, et que, si vous le voulez, monsieur, je nommerai simplement le droit à jamais odieux du plus fort.

» Mais laissons là le droit européen, le droit catholique et l'histoire, dont je ne puis indiquer ici que les faits principaux ; du reste, je

» (1) Bossuet, Fleury ne sont pas les seuls à établir les droits de la souveraineté temporelle du Saint-Siége : les auteurs les moins suspects sont ici d'accord avec eux :

» 1° C'est ainsi que Gibbon écrivait : Le domaine temporel des Papes se trouve fondé sur mille ans de respect, et leur plus beau titre à la souveraineté, c'est le libre choix d'un peuple délivré par eux de la servitude.

» 2° *Le pouvoir croissant de ces pontifes*, dit Sismondi, *était fondé sur les titres les plus respectables, des vertus et des bienfaits.* (Hist. des Républiques italiennes, t. Ier, chap. 3, p. 122.)

» 3° M. Daunou ne pouvait s'empêcher d'écrire : Pères et défenseurs du peuple, médiateurs entre les grands, chefs de la religion, les Papes réunissaient les divers moyens d'influence que donnent les richesses, les bienfaits, les vertus et le sacerdoce suprême. (*Essais hist.*, tome Ier, pp. 19 et 30.)

» 4° Enfin, Voltaire lui-même déclare que « le temps a donné au Saint-Siége des droits aussi réels sur ses Etats que les autres souverains de l'Europe en ont sur les leurs. » (Voltaire, *Essai sur les mœurs*, chap. 13.)

l'espère, je ne tarderai pas à raconter et à expliquer tout cela dans tout le détail nécessaire.

» Je prépare, et, si les événements me le permettent, je ferai prochainement paraître, un livre sur cet important sujet. J'écris ce volume sur la brèche, et je le publierai peut-être sur des ruines; mais qu'importe? Ces ruines seraient sacrées pour moi et je m'y ensevelirais volontiers avec mon livre et ma pauvre plume, sûr de ma cause et de l'avenir. Car, sachez-le bien, les ruines que vous pouvez nous faire ici sont des ruines immortelles, elles garderaient cette fois comme toujours, un germe de résurrection; et quant à moi, si un jour Dieu daigne me recevoir dans une vie plus heureuse et meilleure, où je rencontrerais enfin la vérité, la justice et l'éternel honneur, j'aurais la consolation de penser que mes successeurs, dans cinquante années, en priant Dieu pour mon âme, ne seront point condamnés à se défendre eux-mêmes contre moi, et à venger l'Eglise de mes trahisons ou de mes lâchetés.

» Venons maintenant aux *libertés de l'Eglise gallicane.* « Quand » elles n'auraient pour elles que l'autorité de Bossuet, dit Mgr Rous- » seau, elles ne peuvent être rangées au nombre de ces opinions » d'école qu'il est libre d'embrasser ou de rejeter. »

» La Théologie, Monsieur, est un terrain sur lequel il est périlleux de se risquer à l'aventure. Vous qui affirmez si intrépidement que ce *saint évêque*, (permettez-moi de vous dire que bien que vous soyez un catholique sincère, comme vous me l'affirmiez dans une lettre que je n'ai pas reçue, et que je n'ai même connue qu'en m'abonnant alors au *Constitutionnel*, vous n'êtes pas encore un catholique assez expérimenté pour décerner la sainteté), vous donc, qui affirmiez si intrépidement que mon prédécesseur reste ici *fidèle aux plus antiques doctrines de l'épiscopat français*, vous ne paraissez guère vous douter que Mgr Rousseau entasse ici énormités sur énormités : il y en a au moins quatre.

» La première, c'est que l'*autorité de Bossuet* suffirait pour faire d'une opinion un dogme;

» La seconde, c'est que tous les Français doivent aux quatre articles une entière et active soumission;

» La troisième, c'est que ces articles ont le *caractère d'une décision* de *concile national;*

» La quatrième, c'est que les conciles nationaux, sans le Pape, et même contre le Pape, peuvent faire des dogmes de foi.

» Ce ne sont pas là seulement des erreurs, ce sont, je le répète, des énormités également contraires à toute théologie, à tout bon sens et à l'histoire.

» Quiconque a étudié les éléments de cette question, sait que les quatre articles ne sont pas un décret ayant la moindre force obligatoire, comme le dit expressément Bossuet lui-même, leur rédacteur, mais une simple déclaration : leurs auteurs n'ont pas voulu et ils n'ont pas pu faire autre chose.

» Jamais les libertés de l'Eglise gallicane ne furent mises au rang des dogmes : ce sont tout au plus de pures opinions qu'il est parfaitement loisible à tout Français de rejeter. Bossuet n'avait pas de doute à cet égard, ni Louis XIV non plus.

» Louis XIV était, je crois, assez zélé pour ce qu'on appelait de son temps les libertés gallicanes, mais il l'était beaucoup moins que Mgr Rousseau. Il avait voulu, par un décret, rendre obligatoire l'enseignement des quatre articles ; mais il retira bientôt son décret, et déclara formellement dans une lettre adressée au Pape, qu'il « n'obligeait personne à les soutenir contre sa propre opinion ; qu'il » n'était pas juste d'empêcher ses sujets de dire et de soutenir leurs » sentiments sur une matière qu'il est libre de soutenir de part et » d'autre. »

» Ceci était du simple bon sens du temps de Louis XIV, même avec une religion d'État ; mais prétendre aujourd'hui imposer la croyance et l'enseignement des quatre articles à tout Français, quand tout Français est libre même de ne pas croire en Dieu et de dire qu'il n'y croit pas, ce serait assurément le comble du ridicule.

» Du reste, quand Mgr Rousseau invoque encore ici, à l'appui de sa théologie, les noms de Bossuet et de Fleury, je suis obligé de redire qu'évidemment, il n'avait pas lu ces auteurs.

» Voici ce que dit Fleury : « Les gens du Roi, ceux-là même qui » ont fait résonner plus haut ce nom de liberté, y ont donné de » rudes atteintes, en poussant les droits du Roi jusqu'à l'excès... La » grande servitude de l'Église gallicane, s'il est permis de parler » ainsi, c'est l'étendue excessive de la juridiction séculaire... Ainsi, » quelque mauvais français, réfugié hors du royaume, pourrait » faire un Traité des servitudes de l'Église gallicane, comme on en » fait des libertés, et il n'y manquerait point de preuves. » — (*Nouv. opusc.* de Fleury, p. 150 et suiv.)

» Évidemment, Mgr Rousseau n'avait pas lu Fleury ; il avait encore moins lu Fénelon.

» Fénelon dit, dans le même sens que Fleury :

« Les libertés de l'Église gallicane sont de véritables servitudes. » Le Roi, dans la pratique, est plus chef (de l'Église) que le Pape

» en France. Nos libertés à l'égard du Pape sont des servitudes à » l'égard du Roi. » (Lettre du 13 mai 1710).

» Mgr Rousseau non plus n'avait pas bien lu Bossuet, car Bossuet, en parlant des libertés de l'Église gallicane, a soin d'avertir, avec insistance, qu'il faut « expliquer ces libertés *sans aucune diminu-* » *tion de la véritable grandeur du Saint-Siége*, et de la manière que » les entendent les évêques, et non de la manière que les entendent » les gens du Roi. » (Lettre au cardinal d'Estrées, du 1er décembre 1618).

» Et dans sa *Défense de la déclaration*, il a eu soin de faire remarquer que les évêques de France, pour aller au-devant « *des abus* » *introduits par les gens du Roi contre les droits de l'Église*, ont eu » la précaution d'avertir qu'on ne doit regarder comme ayant force » de loi que les statuts et coutumes établis du consentement du « Saint-Siége et des Églises. » (*Def. declar.*, lib. XI, c. 20.)

» Vous le voyez, monsieur, Mgr Rousseau ignorait les vrais principes de l'Église gallicane, autant que l'histoire et le droit catholique.

» Mais, ce qui est pire, j'ai été condamné déjà à le dire, il ignorait surtout l'honneur épiscopal.

» Il est évident, monsieur, que malgré le document dont vous venez de mettre le public en possession, vous ne connaissiez pas Mgr Rousseau. Si vous l'aviez bien connu, vous n'eussiez pas invoqué son autorité ; vous ne l'auriez pas nommé *un des plus illustres prélats de l'Église de France*. — Vous ne devrez pas être surpris d'ailleurs que Mgr Rousseau soit mieux connu à l'évêché d'Orléans que dans les bureaux du *Constitutionnel*. Vous me condamnez aujourd'hui à vous le faire connaître : je remplis cette tâche avec regret ; mais je dois la remplir. Voici donc la simple mais triste vérité.

» Mgr Rousseau fut un prêtre *respectable*, mais dans le sens le plus abaissé du mot ; d'un esprit médiocre et d'un caractère plus médiocre encore. Tout ce qui reste ici authentiquement de lui le démontre surabondamment. J'ai depuis ce matin sous les yeux ses mandements, ses ordonnances, une partie de sa correspondance : le tout, comme style, comme doctrine, est d'une extrême vulgarité.

» Mais on peut racheter la médiocrité de l'esprit par la dignité de l'âme. Il n'en fut pas ainsi de l'évêque dont vous parlez ; vous en jugerez bientôt par vous-même comme on en juge à Orléans. J'ai laissé son portrait dans une des salles de mon évêché, et je me le suis reproché quelquefois, lorsque j'entends des Orléanais, quand ils passent devant cette figure, dire à voix basse et en baissant les yeux : « Hélas ! ce fut un bien pauvre homme ! »

» Vous dites qu'il avait été prédicateur ordinaire de Louis XVI. Même avant de connaître les pétitions dont je vous ai parlé, nous savions qu'il fut aussi baron de l'empire, et de plus membre de la Légion d'honneur ; car il ne manqua jamais de dire ces deux choses en tête de tous ses mandements.

» Il ne sut pas porter le poids de cette fortune ; sa tête, son cœur, son caractère, tout y fléchit.

» Le premier acte de son administration, en entrant dans son diocèse, fut de commander la vaccine à ses diocésains. S'il n'avait fait que cela, ce serait bien ; mais malheureusement il fit autre chose. Et sur la grande quantité de mandements, lettres, circulaires publiques et privées, qui nous restent de lui, nous trouvons bien moins de monuments de son zèle pastoral que de ses complaisances et de ses adulations.

» Les lettres que j'ai déjà citées de lui au ministre et à l'archichancelier de l'empire suffiraient à le prouver. J'en pourrais citer cent autres d'égale force. Je ne vous dirai pas comment il comparait l'Empereur Napoléon tour à tour à *David*, à *Salomon* et à *Josias* (7 mai 1807) ; comment il louait « *cet être privilégié, ce mortel* » *extraordinaire, l'instrument des impénétrables desseins de Dieu,* » *qui* L'ASSOCIAIT EN QUELQUE SORTE A SA PUISSANCE SANS CESSE » CRÉATRICE. » (6 décembre 1807.)

» Je ne vous dirai pas non plus comment il voyait la France « *couverte de tous les rayons de splendeur et de gloire qui, du trône de* » *l'Empereur, rejaillissent sur elle.* »

» Je n'ajouterai pas comment la *coïncidence de la fête de l'empereur avec la prise de Madrid lui paraît un* SUPERBE DÉVELOPPEMENT DE LA PROVIDENCE *et une sanction immuable du choix du souverain que Dieu, dans sa sagesse et sa miséricorde, a donné à l'Europe pour en être l'arbitre.*

« Jamais, ajoutait-il, la clémence avec la gloire ne parut se dé- » ployer avec plus d'éclat que Madrid vient de l'éprouver. Aux » tendres sollicitudes de Napoléon, l'Espagne ne croirait-elle pas » avoir à la place d'un roi victorieux le meilleur des pères veillant » à la sûreté de ses enfans ? » (23 décembre 1808).

» Du reste, écrivait-il à son ami le cardinal Maury, « *dans mes Mandements, je n'ai qu'une seule idée* : *notre empereur épargnant toujours, autant qu'il est possible, le sang de ses ennemis comme celui de ses sujets.* » — Cette phrase lui plaisait, car je la retrouve encore dans une lettre à M. Emery.

» Je ne vous dirai pas enfin comment il voulait que le 15 août on prêchât tour à tour sur les vertus de la Sainte-Vierge et sur l'empereur, qu'il se plaît à nommer *Fils aîné de l'Eglise.*

» *Le Fils aîné de l'Eglise!* Le pauvre évêque, tranquille d'ailleurs dans son évêché, en parlait à son aise, et pensait, peut-être de bonne foi, qu'un prince impérial devenant un jour roi de Rome, le Pape devenant prince et pensionnaire de l'Empire français avec deux millions de revenus, et lui, évêque d'Orléans, demeurant baron de l'Empire, membre de la Légion d'honneur, adjoint au collége électoral du département, et puis bientôt peut-être sénateur (1), toutes les convenances de la hiérarchie civile et sacrée se trouvaient sauvées.

» Tout cependant n'était pas douceurs dans les mandemens de Mgr Rousseau.

» Les Anglais sont vos alliés, monsieur, dans votre politique contre le Pape. Je vous épargne ce que dit d'eux Mgr Rousseau, dans son mandement sur la guerre d'Espagne, et dans un autre encore, où il parle de « *la perfide politique de ces insulaires, de leur atroce* » *machiavélisme,* » et les appelle simplement « *les ennemis du genre humain.* »

» Tenez, monsieur, savez-vous pourquoi, entre autres raisons, je n'aime pas l'absolutisme? C'est qu'il a le funeste pouvoir d'avilir les âmes (2), et, par un juste retour, d'inspirer aux despotes pour les hommes un mépris égal à leur servilité.

» Je pourrais multiplier ces tristes citations ; il faut en finir ; il faut bien cependant revenir, en finissant, à la lettre que vous avez publiée. Je n'ai pas l'honneur de vous connaître personnellement, monsieur ; mais c'est à votre honneur seul que j'en appelle ici.

» Quoi! c'est au moment où Pie VII est violemment arraché de Rome, exilé, prisonnier, et va subir les violences et le long martyre que le monde sait, que cet évêque est transporté d'enthousiasme, et qu'il envoie à l'archichancelier de l'empire un mandement où il dit que *le champ de bataille de Wagram lui paraît être le trône de*

» (1) Il mourut avant d'avoir pu obtenir son entrée au Sénat.

» (2) Croirait-on, par exemple, que ce pauvre évêque était tellement enivré qu'il confondait la gloire de ses mandemens avec celle de nos armées? Le 3 mai 1809, il écrivait au cardinal Maury : « Il est tout simple que ma » plume, que votre Eminence m'a ordonné de retailler, s'empresse de vous » faire hommage de sa nouvelle production. Vous avez toujours accueilli avec » trop de bonté *mes enfants, ou plutôt ceux de nos triomphes,* pour ne pas me » flatter que Monseigneur n'étende la même bienveillance sur celui-ci, dont » l'enfantement ne m'a coûté qu'une heure. »

l'Eternel. — Or, ce jour-là même, le Pape avait été enlevé de Rome, et il le savait. C'est encore alors qu'il écrit : « *Les chefs de » l'Eglise gallicane doivent se rallier, se serrer en quelque sorte da- » vantage autour du trône.* » C'est alors que dans tous ses mandements, circulaires, lettres aux ministres, il ne cesse d'exalter les sentiments religieux du persécuteur de Pie VII et d'accuser « *le » fanatisme et la mauvaise foi de la portion trop nombreuse des fidèles, » plus dévote qu'éclairée.* » C'est alors qu'il dit que le Pape, qui commençait cette captivité de cinq années, *sera mille fois plus libre* de remplir son auguste ministère. C'est alors qu'il écrit au ministre de l'intérieur, en le félicitant du grand cordon de la Légion d'honneur que celui-ci venait de recevoir : « Heureux le monarque que » ses ministres servent avec autant d'orgueil que de zèle! »

« L'amour et la reconnaissance pour sa personne sacrée seront » à jamais la seconde religion du clergé de l'empire. »

« En m'exprimant ainsi, Monseigneur, je ne fais que céder au » besoin de répandre mon âme dans la vôtre *avec toute l'expansion » de la franchise et l'abandon de la loyauté.* »

» C'est alors enfin qu'il ose bien prononcer dans le discours même que vous citez, monsieur, ces paroles qui retombent de tout le poids de leur honte sur sa bassesse : « Du pied du trône impérial » où ils reconnaissent dans Napoléon l'héritier de la puissance de » César, vous conduirez vos élèves aux pieds du trône pontifical, où » ils trouvent dans Pie VII le successeur du chef des apôtres. » *Au pied du trône pontifical!* et Pie VII était dans les fers! Ou je me trompe, monsieur, ou le public français, qui comprend l'honneur, goûtera peu votre héros; vous-même le flétrissez en ce moment, j'en suis sûr.

» Mais pourquoi l'avez-vous choisi? Si dans ce grand débat il fallait invoquer contre moi mes prédécesseurs, on pouvait mieux faire; j'en ai eu de meilleurs encore que Mgr Rousseau. J'ai eu Mgr Raillon, qui administra après lui le diocèse d'Orléans,—malgré le Pape. — Il est vrai que Mgr Raillon avait la faveur d'une autre puissance, de celui que, dans sa foi et son patriotisme, il appelait un nouveau David : « *Grâces immortelles soient rendues à Dieu*, s'écriait-il dans son mandement sur la *naissance de S. M. le Roi de Rome*, à David succédera Salomon. »

» Puis, cédant à l'ivresse de la joie : « Dieu semble dire au chef » auguste de la nouvelle dynastie, comme autrefois au père des » douze patriarches : De toi naîtront des rois sans nombre. » Il est vrai aussi, je dois l'ajouter, qu'un peu plus tard, en 1814, Mgr Raillon, parlant alors des *magnanimes souverains alliés* et de la *rentrée du fils de saint Louis dans sa capitale*, s'écriait avec un enthousiasme non moins vif : « Que de miracles, N. T. C. F., vont suivre » ce premier miracle ! Il est au milieu de nous cet héritier de tant » de rois, ce monarque libérateur *qu'appelaient tous les vœux !* .. » O double triomphe ! ô double miracle ! Le trône de Pierre et le » trône de Clovis, trop longtemps battus des mêmes orages, vont » reprendre en même temps leur ancienne splendeur ; *la religion* » *refleurira à l'ombre de ces lys.* »

» Hélas ! hélas ! que conclure de tout cela, et quelle leçon faut-il recueillir de tant de tristes choses ?

» Pauvre faiblesse humaine ! Le moins qu'on puisse dire, c'est que, quand il y a parfois péril d'éblouissement sur la terre, c'est alors que les hommes doivent se défier d'eux-mêmes et des autres : c'est alors que tout honnête homme doit veiller à toutes ses paroles, surtout à ses louanges, afin de n'être jamais condamné à chanter un jour des palinodies qui le déshonorent, et de ne pas tomber dans cette *odieuse éloquence* que flétrissait autrefois Pindare, « qui s'é- » lève entourée d'un cortége de flatteuses paroles, et qui, faisant » violence à la vérité, jette sur des noms malheureux une gloire » corrompue. » (Pind. Nem. VIII.)

» Ces douloureux retours sur le passé, monsieur, me rappellent une autre grande douleur du diocèse d'Orléans. J'ai eu pour prédécesseur aussi Mgr de Jarente, lequel fut l'un des quatre évêques apostats qui trahirent l'Eglise et fondèrent en France le schisme constitutionnel. Si je rappelle, en frémissant, dans cette lettre, un tel souvenir, c'est que, tout affligeant qu'il est pour mon Eglise, il me reporte par le contraste à un des souvenirs les plus illustres de l'Eglise de France, et qu'après avoir attristé mon esprit par tout ce que vous m'avez obligé, monsieur, de rappeler ici, j'ai besoin, pour reposer et relever mon âme, d'arrêter un instant mes regards sur ce contraste consolant et glorieux.

» Oui, sur 135 évêques français, il n'y en eut que quatre qui fléchirent devant les menaces de l'impiété, et refusèrent de suivre leurs frères dans les généreuses voies de la pauvreté, de l'exil et du martyre.

» Tous les autres, sans exception, ces *évêques courtisans*, ces *flatteurs* du pouvoir temporel, comme on a bien osé les nommer dans la plus injuste des préventions, suivis de cinquante mille prêtres.

accomplirent la forte parole que Bossuet, cet autre *courtisan*, adressait à Louis XIV : *Sire, j'y mettrai ma tête!* — Ils y mirent leur tête: ils furent plus nobles encore sur l'échafaud et dans la mort, qu'ils ne l'avaient été dans la vie et sur le siége de leur gloire pontificale, et il n'y eut jamais dans l'Eglise une confession de foi plus grande, plus héroïque.

» Quand Pie VI et le Sacré-Collége dispersé se rencontrèrent avec les évêques de France dans cette sublime communion de l'exil, des prisons et du martyre; quand, au même jour, dans les fers, dans les tribulations, dans la mort, et dans l'invincible liberté de la même foi, ils triomphèrent ensemble de l'impiété révolutionnaire et de l'impiété schismatique, la paix de Jésus-Christ triompha dans leurs cœurs : « *Vicit pax Christi in cordibus eorum.* »

» Les évêques de France montrèrent alors avec éclat comment ils entendaient les libertés de l'Eglise gallicane, et 1793 traduisit et expliqua 1682.

» Certes, après ces choses, je comprends que Pie VI s'adressant à tout l'univers catholique, ait pu dire que « l'*Eglise gallicane tout » entière, unanime dans la confession de la vraie foi, avait soutenu, » par son héroïque conduite, la fermeté des déclarations mémorables » par lesquelles elle flétrissait et repoussait loin d'elle à jamais des » serments parjures et sacriléges ; et que les évêques de l'Eglise gal- » licane, inviolablement attachés à leurs devoirs et enflammés de » l'amour de la vérité, foulaient aux pieds tous les intérêts » humains.* »

» Je comprends que Pie VII, à son tour, se soit écrié : « *Que » dirons-nous du très-illustre clergé de l'Eglise gallicane, du pro- » fond attachement qu'il a fait éclater pour notre personne, et de ses » mérites envers nous, qui ont été si grands, que nous sommes comme » dans l'impuissance d'exprimer les sentiments de notre cœur recon- » naissant? Toutes les plus fortes expressions du langage ne peuvent » dire l'amour, le zèle, la vigilance, les soins infatigables avec » lesquels ce clergé, et surtout les évêques, gouvernent le troupeau » qui leur est confié, honorant ainsi la religion dont ils sont les mi- » nistres, et lui attirant les plus grands respects, même de ses enne- » mis. Comme nous avons été le témoin de toutes ces choses, nous nous » sommes cru obligé de décerner ces louanges au clergé de France à » la face de l'Eglise universelle.* »

» Et pour que rien ne manquât au témoignage rendu par Pie VII à l'Eglise de France, n'est-ce pas encore lui qui disait : *Le clergé de l'Eglise gallicane a fourni au ciel plus de martyrs que tout le » reste de l'Europe ensemble.* »

» Du reste, monsieur, ce ne fut pas seulement au dix-huitième siècle que les évêques français surent honorer, par leur fidélité à l'Eglise et leur dévouement au Saint-Siége, le caractère épiscopal. A l'époque même dont nous parlons, Mgr Daviau, archevêque de Bordeaux, Mgr Fournier, évêque de Montpellier, Mgr de Boulogne, évêque de Troyes, Mgr Dessolles, Mgr de Broglie, l'évêque de Tournay, l'évêque de Soissons, Mgr d'Astros, depuis archevêque de Toulouse, le cardinal Fesch lui-même, et d'autres encore, surent opposer une conscience invincible à des volontés alors toutes-puissantes. Le donjon de Vincennes et la forteresse de Fenestrelle reçurent plusieurs d'entre eux (1); et le concile de 1811, assemblé pour un autre but, s'ouvrit par cette motion de Mgr Dessolles : « Que les évêques ne pouvaient délibérer comme membres » de l'Eglise, lorsque le père commun, le chef universel, était » dans les fers, et qu'ils réclamaient de l'Empereur la liberté du Pape. »

» Enfin, monsieur, je suis aussi heureux de l'ajouter, et ce sera ma dernière parole : nous nous souvenons à Orléans, et c'est du moins une consolation dans notre tristesse, que Mgr Raillon se réconcilia avec le Saint-Siége et mourut en communion avec lui. Mgr de Jarente lui-même fit une fin chrétienne. Et puisque j'ai parlé des quatre évêques qui eurent le malheur d'oublier leur devoir au jour du péril, je dirai que celui d'entre eux qui mourut le dernier, celui que de plus déplorables égarements, une plus profonde chute, une plus célèbre et plus longue existence ont signalé à tous les souvenirs, fut aussi touché par la main de la divine miséricorde à sa dernière heure. J'ai recueilli son dernier soupir : et on sait qu'avant de paraître devant Dieu, — et il n'avait pas même attendu pour cela le jour suprême — il déplora sa vie, il déplora la révolution et réprouva les œuvres de son triste épiscopat.

» J'ai été entraîné, monsieur, plus loin que je ne voulais sur le terrain où vous auriez mieux fait peut-être de ne pas m'appeler.

» (1) Je ne puis refuser à l'honneur du diocèse d'Orléans de nommer ici M. l'abbé Desjardin, pieux et généreux prêtre orléanais, qui fut alors transporté et renfermé à Fenestrelle. Il fut depuis le digne vicaire-général de M. de Quélen.

Je ne le regrette pas: et les catholiques qui auront lu cette lettre pardonneront à mes intentions et à l'intérêt supérieur de cette grande cause les tristes révélations que j'ai dû faire; et ils seront heureux en finissant de se joindre à moi pour redire avec Bossuet et déposer aux pieds du Saint-Père cette immortelle protestation :

« Sainte Eglise romaine! Eglise, mère, nourrice et maîtresse » de toutes les Eglise. Eglise choisie de Dieu pour unir ses enfants » dans la même foi et dans la même charité, nous tiendrons tou- » jours à ton unité par le fond de nos entrailles; si je t'oublie. » Eglise romaine, puissé-je m'oublier moi-même! que ma langue » se sèche et demeure immobile dans ma bouche, si tu n'es pas « la première dans mon souvenir, si je ne te mets pas au commen- « cement de tous mes cantiques de réjouissance: *Adhæreat lingua* » *mea faucibus meis, si non meminero tui, si non proposuero Jeru-* » *salem in principio lætitiæ meæ!* »

» Veuillez agréer, monsieur, l'hommage de tous les sentiments que, même dans ces tristes débats, je conserverai toujours pour mes adversaires.

» † FÉLIX, Évêque d'Orléans. »

Le Siècle a vu une diffamation dans cette Lettre, et il a assigné Mgr Dupanloup devant la 6e chambre du tribunal de police correctionnelle. Cette assignation directe d'un évêque étant contraire aux dispositions de la loi de 1810, *le Siècle* l'a retirée et a porté sa plainte devant M. le procureur-général.

Le 28 février, Mme Bertin, nièce de Mgr Rousseau, à laquelle se joignent plusieurs membres de la famille Rousseau, dépose également dans les mains de M. le procureur-général une plainte en diffamation. Saisi de cette double plainte, M. le procureur-général assigne Mgr Dupanloup, évêque d'Orléans, devant la première chambre de la Cour de Paris, jugeant correctionnellement, sous la prévention du délit prévu par les articles 13, 14, 16, 18 et 19 de la loi du 17 mai 1819.

C'est en cet état que s'ouvrent les débats.

COUR IMPÉRIALE DE PARIS.

PREMIÈRE CHAMBRE.

Présidence de M. le premier président DEVIENNE.

Audience du 15 mars 1860.

LE SIÈCLE ET LES HÉRITIERS ROUSSEAU CONTRE MGR DUPANLOUP, ÉVÊQUE D'ORLÉANS.

PLAINTE EN DIFFAMATION.

M. le procureur-général Chaix-d'Est-Ange, assisté de ses substituts, MM. Sapey et Moignon, occupe le siége du ministère public.

La plainte est soutenue, au nom du *Siècle*, par Me Senard, assisté de Me Lesage, avoué; et au nom des héritiers Rousseau, par Me Plocque, assisté de Me David, avoué.

Mgr Dupanloup est défendu contre le *Siècle*, par Me Berryer, et contre les héritiers Rousseau, par Me Dufaure, assisté de Me Déroulède, avoué.

Le *Siècle* est représenté par MM. Havin, directeur politique; Lehodey, gérant; Louis Jourdan, Léon Plée, Taxile Delord et Emile de la Bédollière, rédacteurs de ce journal.

Les héritiers Rousseau sont représentés par Mme veuve Bertin, née Rousseau, fille de M. Rousseau, ancien maire du 3e arrondissement de Paris, ancien pair de France, frère de M. Rousseau, ancien évêque d'Orléans; MM. Pierre Bertin, propriétaire; Jean Rousseau, ancien magistrat; Pierre Bonnard, notaire et adjoint au maire de la ville de Chartres; M. le comte et Mme la comtesse Des Fossez, petits-neveux de M. Rousseau, évêque d'Orléans.

Dans la salle, on remarque S. A. I. le prince Napoléon, accompagné d'un aide-de-camp; M. le maréchal Magnan; M. de Royer, ex-ministre de la justice, vice-président du Sénat; M. le comte de Montalembert; M. de Falloux; M. le prince A. de Broglie; M. le général Oudinot; M. Dupin aîné, procureur-général à la Cour de cassation; M. Benoît Champy, président du tribunal civil de la Seine; M. Charles Abatucci; M. Poujoulat; M. Napoléon Daru; M. Estancelin; M. Nicias Gaillard; M. de Peyramont; M. Bethmont, M. Mirès; le bâtonnier et plusieurs avocats du barreau d'Orléans; plusieurs fonctionnaires de l'ordre administratif ou judiciaire.

L'audience est ouverte à une heure.

M. le Président. Huissier, appelez!

L'Huissier. Les héritiers Rousseau contre Mgr Dupanloup!

Le *Siècle* contre Mgr Dupanloup!

M. le Président. Monseigneur n'est pas arrivé?

Me Dufaure. Monseigneur Dupanloup doit venir avec Me Berryer, mon confrère; je suis étonné qu'il ne soit pas encore là, mais il est impossible qu'il tarde.

A ce moment, Mgr Dupanloup entre par le fond, accompagné de Me Berryer et suivi de deux grands-vicaires. Il se rend à la place qui lui a été réservée à la gauche du banc des défenseurs.

M. le Président. Huissier, appelez de nouveau.

L'Huissier. Les héritiers Rousseau contre Mgr Dupanloup!

Le *Siècle* contre Mgr Dupanloup!

M. le Président, s'adressant à l'évêque d'Orléans : Monseigneur, veuillez vous lever.

Quels sont vos nom et prénoms?

Mgr l'Evêque d'Orléans. Antoine-Félix-Philibert Dupanloup.

D. Votre âge?

R. Cinquante-huit ans.

D. Vous êtes évêque d'Orléans?

R. Oui, monsieur le Président.

D. Vous reconnaissez être l'auteur d'une lettre adressée à M. Granguillot, le 4 février 1860?

R. Oui, M. le Président.

M. le Président. Les héritiers de Mgr Rousseau, votre prédécesseur, et le journal le *Siècle*, se plaignent que, par la publication de cette lettre, vous ayez porté atteinte à leur honneur et à leur considération. Vous allez les entendre.

La parole est à Me Senard.

PLAIDOYER DE Me SENARD.

Messieurs,

La plainte sur laquelle vous êtes appelés à statuer est à nos yeux et sera, je l'espère, aux vôtres, un exemple utile donné à la presse contemporaine en même temps qu'un grand hommage rendu à l'indépendance et à la fermeté de la magistrature.

Les rédacteurs du *Siècle* ont compris qu'il faut que la polémique s'arrête quand une des parties qui y sont engagées arrive à jeter de côté le sujet du débat pour s'en prendre à la personne de son adversaire, et pour lui adresser quelqu'un de ces outrages qu'aucune parole ne saurait venger; mais ils ont compris aussi que, si la condition de l'agresseur peut le soustraire aux conséquences ordinaires de ces sortes d'attaques, elle ne peut pas cependant lui faire obtenir l'impunité, et ils ont tourné avec confiance leurs regards vers la justice du pays, sachant bien que devant elle toutes les inégalités sociales s'effaçent, et que jamais les citoyens outragés ne lui demandent en vain la réparation à laquelle ils ont droit.

La Cour me permettra de lui rappeler très-rapidement les circonstances dans lesquelles s'est produit le fait que nous venons lui dénoncer. Nous avons tous gardé la mémoire des agitations d'opinion qui suivirent la paix de Villafranca. La marche glorieuse de nos armées avait été tout à coup suspendue, et la délivrance de l'Italie parut un moment remise aux décisions de la diplomatie européenne.

Alors surgirent les graves questions des grands-duchés et des Romagnes, et avec elles apparurent les thèses du droit des souverains sur les nations, ou du droit des nations de disposer d'elles-mêmes et de régler librement leurs destinées. Mais Parme, Modène et la Toscane furent bientôt effacées dans la polémique par la question des Romagnes, c'est-à-dire par la question du pouvoir temporel du Pape, car les partisans de ce pouvoir ne s'en tinrent pas longtemps à la raison politique, et c'est par des appels au sentiment religieux et par une véritable agitation catholique qu'ils avaient entrepris de le soutenir.

Il est triste de le dire, ces appels ne furent pas l'œuvre de quelques âmes pieuses et naïves que leurs sentiments de respect et de tendresse pour le père spirituel des fidèles auraient entraînées à voir dans toute atteinte portée à ses droits de souverain une atteinte à la religion elle-même, et à se croire par suite obligées, *comme catholiques*, à prendre parti pour la souveraineté du Pape contre les populations qui voulaient s'en affranchir. C'étaient les pasteurs eux-mêmes, c'étaient ceux qui auraient dû éclairer les esprits, qui les poussaient à cette déplorable confusion. On écrivait dans une adresse au Pape, offerte à la signature de tous les catholiques :

« Si le Pape n'était plus roi, la croix serait arrachée de toutes les couronnes, et rien ne préserverait plus le monde, *bientôt ramené au culte des idoles de boue et de chair.* »

En même temps, les mandemens, les lettres pastorales des évêques montraient la religion en péril et appelaient les fidèles à la soutenir ; et plus tard, le Pape lui-même, dans une encyclique adressée aux évêques, leur disait :

« Enflammez chaque jour davantage les fidèles confiés à votre soin, afin que, sous *votre conduite*, ils ne cessent jamais d'employer tous leurs efforts, leur zèle et l'application de leur esprit à la défense de l'Eglise catholique et de ce Saint-Siége, ainsi qu'au maintien de son pouvoir civil. »

C'est dès les premiers temps de cette agitation, que Mgr Dupanloup entre dans l'arène. Le 6 octobre 1859, les journaux qu'on désigne habituellement dans la polémique sous le nom de journaux du parti clérical, publièrent un long factum, intitulé :

« **Protestation de Mgr l'Evêque d'Orléans contre les attentats dont notre Saint Père le Pape et le Saint-Siége apostolique sont menacés et frappés en ce moment.** »

Quant à présent, je ne vous dis que le titre ; plus tard, je vous demanderai la permission d'examiner l'œuvre. La grande situation de l'auteur, son incontestable talent, la gravité des questions agitées appelaient une polémique énergique de la part des journaux qui soutiennent habituellement ces sortes de discussions, et du *Siècle* en première ligne. Plus tard, nous aurons un coup d'œil à jeter sur cette polémique ; je me borne, en cet instant, à noter que le *Siècle* publia quatre articles de réfutation, les 7, 8, 11 et 13 octobre. J'ajoute que, suivant ses habitudes de loyauté, ce journal donna à ses lecteurs le *factum* tout entier de Mgr Dupanloup, quoique ce *factum* ne remplit pas moins de quatre de ses colonnes.

Ainsi que je vous l'ai dit, ceci se passait dans les premiers jours d'octobre.

Deux mois s'écoulent.

Au mois de décembre, paraît la fameuse brochure *le Pape et le Congrès.*

Mgr Dupanloup reprend la plume. Il publie une *Première lettre à un catholique*, datée du 25 décembre, et donnée le 28 dans les journaux.

Le retentissement de cette publication fut plus grand encore que celui de la protestation du mois d'octobre.

Le *Siècle* annonça cette pièce, puis il l'inséra en entier, avec trois articles de réfutation, à la date du 30 décembre, des 1er et 6 janvier.

Le 20 janvier, l'*Union* fait paraître une nouvelle brochure de Mgr Dupanloup, sous ce titre : *Deuxième lettre à un catholique.* Le lendemain, le *Siècle* l'annonce et la critique, rien de plus. Mais, à quelques jours de là, le *Constitutionnel* insère une lettre imprimée en 1810, et dans laquelle Mgr Rousseau, alors évêque d'Orléans, développait sur le pouvoir temporel du Pape, des idées contraires à celles de Mgr Dupanloup. Le lendemain, le *Siècle* reproduit quelques fragments de cette lettre, en les faisant suivre de ces seuls mots :

« Que va répondre Mgr Dupanloup à son prédécesseur ? »

Quatre jours après, le 8 février, trois journaux publiaient une longue lettre adressée par Mgr Dupanloup à M. Grandguillot, rédacteur en chef du *Constitutionnel*. Ces trois journaux étaient :

La *Gazette de France*,

L'*Union*,

L'*Ami de la Religion.*

Les deux premiers, la *Gazette de France* et l'*Union*, donnaient un texte qui paraissait tout à fait complet et où le *Siècle* n'était pas même nommé. Il paraît, Messieurs, que les rédacteurs de ces journaux, bien qu'en lutte et en lutte très-animée avec le *Siècle*, avaient été frappés de l'énormité de l'insulte adressée à ce journal et n'avaient pas voulu en charger leurs colonnes. Le troisième, l'*Ami de la Religion*, n'avait pas reculé, et, au lieu de faire le retranchement des six lignes que ses confrères avaient supprimées et que je vais mettre sous vos yeux, il publiait intégralement le texte de Mgr l'évêque d'Orléans.

Voici le passage dans lequel se trouve la diffamation dont nous nous plaignons :

« Quant aux arguments de ma *Seconde lettre à un catholique*, ils n'étaient pas nouveaux, dites-vous ; voilà pourquoi vous n'avez pas essayé de les réfuter. C'est vrai, mes arguments n'étaient pas *nouveaux* : c'étaient simplement les principes éternels de la raison, de la justice et de l'honneur ; jusqu'à preuve contraire et réfutation quelconque, j'ai droit de les croire irréfutables. Vous me trouverez peut-être bien présomptueux, monsieur ; mais je vais plus loin et je crois que c'est précisément parce qu'ils sont irréfutables que vous ne les avez ni publiés ni réfutés : ni vous, ni d'autres. »

La *Gazette de France* et l'*Union* s'étaient arrêtées là dans la reproduction du texte de Mgr Dupanloup ; puis ces deux feuilles avaient repris, conformément à ce texte :

« Si je me trompe, faites ce que vous n'avez pas fait, publiez ma lettre et réfutez-la. »

Il existe là une lacune qui ne se trouve pas dans l'*Ami de la Religion*. Ce journal a conservé les lignes supprimées par la *Gazette de France* ainsi que par l'*Union*, et il a imprimé ce qui suit :

« Ni vous ni d'autres, sauf le *Siècle* toutefois, dont la réfutation n'a été qu'une lâche calomnie. Puissants adversaires qui ne savent lutter contre leurs contradicteurs qu'en étouffant leur voix dans l'oppression de la « calomnie » ou du silence ! Mais j'ai tort, monsieur, de vous comparer au *Siècle*. Laissons ce journal. Vous avez de l'honneur ; si je me trompe, faites ce que vous n'avez pas fait : publiez ma lettre et réfutez-la ! »

A la simple lecture, on comprend le refus de reproduction de la *Gazette de France* et de l'*Union*. En effet, il est difficile d'accumuler plus d'outrages en aussi peu de mots : au lieu de réfuter, le *Siecle* a *calomnié*. Mgr n'a pas reproduit le mot *lâche* quand il a fait imprimer sa lettre en brochure ; il a simplement écrit le mot « *calomnie ;* » mais, dans l'*Ami de la Religion*, nous lisons en toutes lettres : « *lâche calomnie.* » Nous sommes donc autorisé à dire que le *Siècle* est accusé par Mgr l'évêque d'Orléans *d'avoir calomnié* et *d'avoir calomnié lâchement*. Mais, en outre, ce n'est pas la première fois que cela lui arrive. Ses rédacteurs, dont le premier devoir est la sincérité et la loyauté, que font-ils habituellement, s'il faut en croire Mgr Dupanloup ? « Ils ne savent lutter contre leurs » contradicteurs qu'en étouffant leur voix dans l'oppression de la

» calomnie ou du silence. » Et ce n'est pas encore assez ! Monseigneur, presque honteux d'avoir prononcé le nom du *Siècle*, se détourne avec mépris : « Mais j'ai tort, monsieur, ajoute-t-il, j'ai tort de vous com-» parer au *Siècle*. Laissons ce journal. Vous avez de l'honneur ! »

Tenez, messieurs, je suis convaincu de n'être démenti par personne en disant que, dans le pays où nous vivons, des outrages d'une moindre violence ont été lavés dans le sang toutes les fois que la main qui les avait adressés était capable de porter autre chose qu'une plume !...

Ici cette main était celle d'un ministre de paix et de conciliation, et si Mgr Dupanloup l'avait oublié au moment d'adresser l'insulte, il n'était permis à personne de l'oublier au jour de la réparation.

Que faire cependant? Fallait-il suivre le conseil de Pascal, qui fut souvent traité de la sorte? Fallait-il imprimer à la suite des imputations un *Mentiris impudentissime !*

Fallait-il, comme l'avait fait l'agresseur, s'en prendre à la personne, traîner Mgr Dupanloup devant le public et lui rendre mépris pour mépris, outrage pour outrage? Rien de semblable n'était possible, et il n'y avait pas d'hésitation sur le parti à prendre pour des hommes habitués à se respecter. Aucun des lecteurs du *Siècle* n'éprouva donc de surprise en lisant, dès le lendemain de cette publication, un article où la lettre de Mgr Dupanloup était appréciée à des titres divers et qui finissait ainsi :

« Nous le disons très-sincèrement en terminant : c'est avec une profonde tristesse que nous avons lu des paroles qui annoncent si peu de bienveillance, de charité, de la part de celui qui les a écrites. Nous n'avions pas cru que la controverse dût amener de la part d'un évêque de tels écarts envers des prélats qui n'existent plus et qui, d'après les enseignements que l'Église donne chaque jour, ont pu obtenir pardon du Dieu des miséricordes. Mgr l'évêque d'Orléans invoque d'avance le jugement de la postérité. Si elle est indulgente pour lui, elle jettera un voile sur cette page de ses œuvres de 1860. »

Cet article était signé du directeur politique, M. Havin, et accompagné du *post-scriptum* que voici :

« *P. S.* Quant à la *diffamation flagrante* dirigée contre le *Siècle*, qui se » trouve seulement dans l'*Ami de la Religion*, sans avoir été reproduite par » la *Gazette* ni par l'*Union*, et d'après laquelle nous sommes *qualifiés de » gens sans honneur*, nous ne la tolérerions d'aucun particulier ; *nous en de-» manderons donc réparation à la justice du pays.* »

Voilà, messieurs, la réponse immédiate du *Siècle*, et voilà comment la plainte fut à l'instant résolue avant même qu'on eût consulté personne en dehors de la rédaction réunie pour prendre connaissance de la publication nouvelle de Mgr Dupanloup.

Et maintenant, il m'est impossible de passer sous silence des bruits d'abord semés dans l'ombre et auxquels on est parvenu depuis quelques jours, à donner une certaine consistance. La plainte du *Siècle*, dit-on, ne serait pas faite pour son compte ; elle lui aurait été suggérée, et le journal se ferait l'instrument d'autres vengeances.

Pour accueillir et pour répéter de telles choses, il faut n'avoir pas lu, ou bien il faut n'avoir pas de cœur !... Qu'il me soit permis ici de faire un appel direct à la conscience de notre éminent adversaire, et de lui dire, en lui empruntant son beau langage : « Croyez-vous donc, monsei- » gneur, que le sang chrétien » — et nous savons bien que pour vous, le sang chrétien, c'est le sang français — « croyez-vous donc que le sang » français ait cessé de couler dans nos veines, et que nos cœurs ne » battent plus dans nos poitrines ? »

Comment ! des hommes d'honneur sont cruellement offensés, ils demandent réparation de l'outrage, et voilà qu'on essaiera de flétrir leur conduite, alors même que leur plainte aura été annoncée instantanément, sur la simple lecture de l'article incriminé !... Mais c'est inqualifiable !... Non ! non ! je plaide ici pour des hommes qui sont habitués à payer de leur personne et qui, lorsqu'ils se produisent dans une arène quelconque, ne savent pas ce que c'est que de s'y présenter pour le compte d'autrui.

Mais, en vérité, dites-nous donc de quelle autre inspiration que la leur ils auraient eu besoin ? N'était-ce donc pas assez du ressentiment de l'outrage qui leur avait été fait ? Quel est celui d'entre nous qui ne comprendra pas pour eux l'impérieuse nécessité d'une réparation, alors qu'il s'agissait d'une insulte qui devait être d'autant plus sensible, d'autant plus profonde que vous saurez bientôt, par le langage même de la polémique de la veille, qu'ils étaient accoutumés à tenir en haute estime et en grand respect la personne même qui les a si cruellement offensés.

Tenez, j'ai hâte de laisser là ces rumeurs : elles m'affligent plus encore qu'elles ne m'indignent !

Un mot sur les phases de la poursuite.

Nous avions donné notre assignation devant le tribunal correctionnel ; un jour nous avait été indiqué suivant la loi commune ; mais nous avions oublié la loi du 20 avril 1810, et au parquet on n'y avait pas plus songé que nous. Pourquoi ? Ce n'est pas seulement parce que la loi de 1819 y avait touché, non ! mais parce que ceux pour les délits desquels elle institue une juridiction exceptionnelle, se tiennent, Dieu merci, dans des conditions assez irréprochables pour que la loi qui leur a fait une situation particulière ait pu s'effacer du souvenir de ceux-là mêmes qui sont chargés de l'appliquer.

Du reste, aussitôt qu'elle a été rappelée, nous nous sommes empressés de nous soumettre à la loi de 1810, car elle nous offrait à nous-mêmes des garanties plus grandes, et nous avions l'avantage de vider le débat en une seule fois.

Voyons maintenant la plainte elle-même.

Avant toute chose, j'ai besoin de rechercher, avec vous, quels sont les plaignants qui se présentent à votre barre.

Qu'est-ce que ce journal, traité avec tant de dédain et à qui, en passant, on jette une si pénible, une si cruelle injure? S'agit-il de quelque feuille de bas étage, faisant métier d'injures et de calomnies, ou bien la Cour a-t-elle devant elle un journal sérieux et des hommes qui, lorsqu'on met leur honneur en doute, aient le droit de réclamer une éclatante réparation?

Le *Siècle* compte aujourd'hui vingt-quatre années d'existence. Il a été fondé le 1er juillet 1836. C'était alors un journal d'opposition constitutionnelle, créé sous le patronage de tous les hommes les plus considérables du temps, MM. Dupont de l'Eure, Laffitte, Odilon Barrot, Nicod, de Bryas, de Bricqueville, etc... M. Guillemot en fut le rédacteur en chef.

Au bout d'une année, une assemblée générale offrit la présidence du conseil de surveillance à M. Odilon Barrot, qui entra dans le conseil avec MM. Viardot et Horace Say.

La voie fut tracée alors; elle a été invariablement suivie; et, après vingt-quatre années d'existence, qui ont été troublées par bien des bouleversements, le *Siècle* peut, avec quelque orgueil, reproduire les lignes suivantes qui composaient son programme :

« Le *Siècle* est consacré à la défense des principes de souveraineté nationale, de monarchie représentative, d'égalité et de liberté, proclamés par les deux révolutions de 1789 et de 1830. Il en réclamera toutes les conséquences sans sortir du cercle de la constitution existante...

» Les institutions et les formes de gouvernement ne sont que des moyens d'action; le but de la politique est l'amélioration intellectuelle, morale et physique des sociétés. Le *Siècle* se montrera plus préoccupé du but que des moyens, car les formes politiques n'ont pas la puissance exclusive qu'on leur attribue trop souvent, et les progrès auxquels elles font obstacle peuvent s'accomplir autrement. L'opinion publique, éclairée par la presse, est une force à laquelle rien ne résiste longtemps...

» Le *Siècle* n'est pas créé pour servir de tribune à quelque coterie ancienne ou nouvelle, à quelques ambitions plus ou moins pressées : ses sympathies sont acquises, sa publicité est ouverte à toutes les idées utiles, à tous les sentiments généreux, à toutes les vues de progrès social, d'améliorations politiques, morales, économiques! — Il fait appel pour l'accomplissement de la mission à laquelle il se consacre, au concours de tous les patriotismes, de toutes les intelligences, de tous les cœurs qui savent s'émouvoir aux noms de patrie et de liberté. »

Voilà le programme de 1836.

Des révolutions ont passé depuis, de grands mouvemens se sont opérés dans toutes les politiques, le *Siècle* peut aujourd'hui reprendre cette page comme la règle à laquelle il n'a jamais cessé de se conformer.

Un seul jour, il y eut une division dans les conseils du *Siècle* : c'était en mars 1849. Une coalition s'était formée sous le titre de grand parti de l'ordre, de ce parti destiné à de si étranges déceptions. Quelques-uns des fondateurs du journal furent entraînés ; les autres, sentant la réaction contre les principes jusqu'alors suivis, opposèrent une résistance inébranlable. La majorité regretta de se séparer d'hommes honorables à tous égards, mais elle dut tout sacrifier au maintien de la ligne de conduite jusqu'alors suivie. M. Chambolle, qui, depuis douze ans, était rédacteur en chef, se retira et fonda le journal l'*Ordre*, qui eut la même durée que la coalition ; et M. Louis Perrée, membre de l'assemblée constituante, maire du 3e arrondissement, et déjà gérant, prit la rédaction en chef du *Siècle*, qu'il garda jusqu'à sa mort, arrivée en 1851.

C'est alors que la direction politique fut confiée à M. Havin, qui la représente aujourd'hui et qui est le premier des plaignants à cette barre.

Pendant vingt ans, M. Havin a fait partie de toutes nos assemblées parlementaires ; pendant vingt ans, il a été membre du conseil général de son département, qu'il a souvent présidé. Cinq fois il fut secrétaire de la Chambre des Députés, et, pendant les six derniers mois de la constituante, il fut constamment appelé à la vice-présidence de cette assemblée. Depuis 1842, il était membre du Conseil de surveillance du *Siècle* ; quand il prit la direction politique de ce journal, il en connaissait toutes les traditions : rien ne fut donc changé.

Encore un mot : le 16 avril 1851, l'assemblée générale des actionnaires du *Siècle* appelait au conseil de surveillance M. le général Cavaignac, exprimant par ce choix, comme par celui de M. Havin, les pensées de liberté et d'ordre, d'énergie et de modération auxquelles le journal entendait rester fidèle.

Voilà pour la constitution du journal. Quant aux rédacteurs signataires de la plainte, leurs noms sont suffisamment connus dans les lettres. Tous ont une honorabilité personnelle incontestable ; tous ont constamment suivi la ligne politique qui leur était tracée par des convictions sincères. Si leur polémique est toujours énergique, souvent passionnée, comme la discussion doit l'être inévitablement de la part d'écrivains qui sont toujours sur la brèche et qu'emporte la rapidité de la composition d'un journal, cette polémique est constamment loyale ; et, dans la presse comme dans le monde, les rédacteurs du *Siècle* sont connus pour des gens d'intelligence et surtout pour des gens de cœur.

C'est avec leur concours que le *Siècle* a traversé des circonstances bien difficiles, ne s'écartant jamais de son programme, qui se résume en trois mots :

Démocratie ;

Liberté ;

Institutions parlementaires.

Avec cette devise, le journal s'est naturellement trouvé, en 1852, un journal d'opposition dans les limites autorisées par la législation sur la presse. Son opposition constante et ferme ne l'a pas empêché, cela est vrai, d'approuver toutes les mesures utiles au pays et conformes aux principes que défend ce journal. Mais n'est-ce pas ainsi que la critique conserve sa véritable valeur? Et, après tout, lorsqu'une voie est nettement tracée et qu'elle est celle où j'ai marché toute ma vie, devrai-je la quitter et me jeter dans des fondrières parce que des adversaires politiques viennent y marcher accidentellement avec moi ?

Le *Siècle* ne l'a pas pensé, et dans la guerre de Crimée, dans la guerre d'Italie, lui, le défenseur des nationalités opprimées, a donné, sans hésitation, son approbation à une politique grande et généreuse où il trouvait la réalisation d'une partie de ses vœux. Ah ! je sais bien qu'en agissant ainsi, il a froissé des susceptibilités, excité des mécontentemens, et quelquefois même des soupçons injustes; mais le sentiment public ne s'y est pas trompé, parce que, en France, on aime toujours ce qui est digne et sincère ; aussi le *Siècle* est-il devenu l'un des organes les plus importants de l'opinion ! Et certes, j'ai bien le droit de tenir ce langage. car, en 1840, le nombre de ses abonnés était de 35,000 ; en 1848, il s'est élevé à 44,000.

Aujourd'hui, après les chiffres énormes obtenus pendant la guerre, il est de 48,500, alors que le plus accrédité des journaux dépasse à peine le nombre de 30,000 abonnés.

Voilà le journal dans son ensemble.

Vous comprenez que ce journal, que ses rédacteurs peuvent être bien venus à demander qu'on garde à leur égard quelque convenance, et qu'ils ont droit d'être écoutés quand ils viennent réclamer une réparation qui leur est due.

J'ai encore un mot à vous dire sur l'esprit du journal.

L'attitude du *Siècle* dans la polémique religieuse, — et ceci est d'une haute gravité quand nous nous trouvons en présence d'un prélat qui nous accuse de l'avoir calomnié, — l'attitude du *Siècle* dans la polémique religieuse a eu constamment pour point de départ et pour règle ceci :

Liberté de conscience,

Respect de toutes les croyances,

Droit de critique et d'examen.

J'ai vu et j'ai lu, avec attention, une masse des articles du *Siècle*, et je puis, d'un mot, résumer ma pensée sur sa polémique.

Il y a eu de sa part des écarts, écarts inévitables dans les conditions où se fait un journal; mais ces écarts sont très-rares. La donnée capitale du *Siècle*, c'est la lutte contre l'intolérance, qu'il a partout blâmée et partout combattue, non-seulement contre le catholicisme, mais surtout quand les catholiques ont eu à en souffrir.

A cet égard, je ne veux vous rappeler qu'un fait. C'est en 1857 ; le *Siècle* publia une série d'articles remarquables contre l'intolérance des institutions suédoises. Sa polémique fut assez remarquable pour que M. le comte Hamilton, président des Etats de Suède, crût devoir adresser au rédacteur, une lettre dans laquelle il justifiait la législation de son pays sur la nécessité de le préserver des excès du catholicisme. A cette lettre, le journal fait une réponse excellente, que vous trouverez dans mon dossier : il demande comment on peut justifier l'intolérance par l'intolérance, et comment on peut interdire une croyance à ceux dont la conscience leur dit que la vérité est là!

Et l'année suivante, lorsque la Cour royale de Stockholm prononça un arrêt d'expulsion du royaume de Suède et de privation du droit d'héritage et de tous droits civils contre six pauvres femmes convaincues d'avoir abandonné l'Eglise suédoise pour embrasser la religion catholique romaine, le *Siècle* publia, le 28 avril 1858, le texte de cet arrêt, en le flétrissant au nom de la conscience, au nom de ce qu'il y a de plus sacré parmi les hommes. En même temps, il annonçait qu'une souscription était ouverte pour ces courageuses femmes dans les bureaux de l'*Univers*, et qu'il y envoyait son offrande.

Et ce que le *Siècle* a fait dans cette circonstance, il l'a fait dans beaucoup d'autres, notamment dans l'affaire des catholiques anglais contre les presbytériens de Belfast ! C'est qu'au milieu de quelques inévitables écarts, la pensée du journal est toujours bonne, toujours irréprochable, et on la calomnierait indignement si on lui attribuait le parti pris d'attaquer, d'insulter la religion qui est celle de la majorité des Français. Non ! non ! le *Siècle* respecte toutes les croyances sincères : il a constamment distingué et il distingue toujours la religion des abus et des actes d'intolérance.

A quelques mois de là, en octobre 1858, le *Siècle* rappelait cette grande lutte qu'il avait soutenue dans la question suédoise, et la rappelait, avec raison, quand le monde entier était consterné par l'enlèvement du jeune Mortara. Alors s'éleva cette triste polémique terminée par un mot qui, dans un moment où la puissance temporelle du Pape est mise en question, revient comme l'aveu le plus formel d'une souveraine impuissance. Comment ! le chef du gouvernement pontifical, qui réunit à la fois sur sa tête et la couronne de roi et la tiare, répond à l'Europe entière qui lui dit : mais rendez cet enfant : « *Non possumus !* » Ah ! prenez garde ! c'est là un mot bien grave et bien triste. Le *Siècle* le recueillit et devait le recueillir, et il le reproduit aujourd'hui comme la condamnation la plus décisive du pouvoir temporel de la Papauté.

A ces données générales sur la polémique religieuse du *Siècle*, il faut joindre la lutte qu'il soutint avec énergie de 1853 à 1857, contre les feuilles cléricales, lorsqu'abusant de la bienveillance peut-être excessive du gouvernement, elles en vinrent à attaquer nos institutions les plus chères, à s'en prendre au code Napoléon lui-même, et à afficher les prétentions ultramontaines les plus intolérables.

Alors on luttait pour l'abolition du mariage civil,

Pour la remise des registres de l'état-civil au clergé,

Pour le rétablissement du droit d'aînesse.

Et en même temps arrivait le cortége des miracles et des superstitions, dont il est nécessaire de fatiguer l'esprit des hommes quand on veut obscurcir les notions les plus élevées du droit.

A cette époque, dis-je, et dans ces circonstances, le *Siècle* eut à soutenir contre l'*Univers* une lutte ardente et passionnée. Mais permettez-moi de vous dire qu'il ne la soutenait pas seul : il avait avec lui une partie notable du clergé français. Les évêques les plus éminents n'étaient pas fâchés alors de trouver dans ses colonnes le texte et l'apologie de leurs mandements et de leurs lettres pastorales, car ils savaient très-bien qu'il n'y avait là, de la part du *Siècle*, ni politique, ni calcul, mais au contraire sincérité parfaite..., et que c'était pour ce journal un véritable bonheur que de rendre hommage à toutes les gloires de la France, à tous les dévouements qui l'honorent et, plus encore qu'à tous autres, à ceux dont le principe est puisé dans le sentiment religieux.

Le 23 février 1856, le *Siècle* disait :

« Est-il un seul principe évangélique, un seul que nous n'acceptions avec respect?... Quel est le dévouement de la Sœur de charité, quelle est la mission bien remplie de l'humble et simple prêtre que nous n'ayons exaltée et que nous ne soyons prêts à exalter? »

Dans le mois de mai suivant, il reproduisait en entier les articles enthousiastes de Lamartine sur l'*Imitation de Jésus-Christ*.

Le 13 novembre, il rapportait le martyre du missionnaire catholique Chapdelaine, et terminait son récit par ces mots :

« En présence de ces intolérances et de ces barbaries, nous n'avons que des sentiments d'admiration pour la victime et d'horreur pour ses bourreaux ! »

Le 28 février 1858, il commençait son Courrier de Paris par ces mots :

« L'Eglise vient de faire une perte considérable dans la personne de M. de Ravignan. Cet éminent orateur s'était toujours distingué par la sincérité de ses convictions, par la modération de son langage. Nous ratifions sans hésitation les éloges que lui décernent l'*Union* et l'*Univers*. »

Enfin, quelques lignes encore, et ce seront les dernières ; elles me serviront de transition pour arriver au point sur lequel je veux désormais appeler spécialement votre attention. Ces lignes se trouvent dans un compte-rendu très-étendu des œuvres du cardinal Donnet, qui porte la date du 27 août 1859, et dont voici le commencement :

« Quoi qu'en disent les ultramontains, les rationalistes sont heureux de rencontrer des prêtres qui comprennent bien les véritables devoirs du sacerdoce. Ceux-là du moins ramènent à Dieu « par la persuasion et l'exemple » les âmes que les autres ont éloignées « à force d'injures et de menaces. » MM. Dupanloup, Deguerry, Lacordaire eurent-ils jamais à se plaindre des termes dans lesquels les écrivains de la presse libérale jugèrent leurs actes et leurs œuvres? nous ne le pensons pas. C'est qu'il y a chez les ecclésiastiques honorables que nous venons de nommer, une qualité essentielle devenue rare aujourd'hui : « la tolérance. » c'est-à-dire « la vraie charité chrétienne. »

» Un éminent prélat, dont nous ne partageons point à coup sûr toutes les idées, « donne depuis longtemps au clergé l'exemple de cette modération » nécessaire dans les luttes de la pensée. » Consacrant tour à tour son influence, sa parole ou sa plume à « l'union de la religion et de la liberté, » M. Donnet cherche à relever les croyances tombées. Il s'appuie, pour atteindre ce but, sur trois éléments distincts liés entre eux par une corrélation nécessaire : l'inflexibilité des principes de justice et de vérité, la connaissance approfondie des besoins du temps, et enfin le développement large et fécond d'une charité universelle. Le pieux écrivain, on le voit dès les premières pages de ses œuvres, a été mêlé activement, par son ministère, à toutes les classes de la société, et surtout aux plus pauvres. »

Un peu plus loin :

« L'été dernier, durant un voyage d'exploration artistique, nous avons suivi de loin la trace de ce digne prélat à travers les Landes. Partout nous entendions un concert d'éloges et de bénédictions que nous sommes heureux de pouvoir publiquement renvoyer à son adresse. Tel est l'homme charitable dont on vénère le nom dans ces provinces privilégiées, heureuses de retrouver dans leur chef spirituel un émule de M. de Cheverus. »

L'article rend compte ensuite de toutes les œuvres du cardinal. Je ne vous en citerai plus qu'un passage, celui-ci :

« M. Donnet nous a constamment habitué à ne voir en lui que l'apôtre intelligent d'une religion de pardon et d'amour, toujours prêt à montrer à ses frères ce *pont de la miséricorde de Dieu* sur lequel le fils de sainte Monique voulait faire passer les *naufragés de la raison humaine*. Aussi, nous le répétons : recommander les six volumes du cardinal aux amis des lettres et des arts, c'est rendre un réel service à ceux qui cherchent des modèles d'éloquence, d'instruction et de charité chrétiennes. Lisez les œuvres de M. Donnet, vous connaîtrez sa vie. »

C'est la première fois que je prononce, en vous parlant des articles du *Siècle*, le nom de Mgr Dupanloup. Je vous prie de remarquer en quels termes et à quelle date. C'est quelques mois avant l'époque où le *Siècle* va entreprendre la polémique dans laquelle il a été si cruellement outragé; et quel langage tient-il vis-à-vis de Mgr l'évêque d'Orléans? Ecoutez, je vous prie :

« MM. Dupanloup, Deguerry, Lacordaire eurent-ils jamais à se plaindre des termes dans lesquels les écrivains de la presse libérale jugèrent leurs actes et leurs œuvres? Nous ne le pensons pas : c'est qu'il y a chez les ecclésiastiques honorables que nous venons de nommer, une qualité essentielle devenue rare aujourd'hui : la tolérance, c'est-à-dire la vraie charité chrétienne. »

Cela est très-grave, messieurs, et je vous prie de le retenir : vous comprendrez alors quels sentiments sont au fond des phrases qu'on nous opposera certainement tout à l'heure, dans la polémique que nous venons de soutenir contre les dernières brochures de Mgr Dupanloup. Pour arriver *à la calomnie* contre un homme, il faut avoir de la haine ou la volonté de nuire, et certes, vous le voyez, le *Siècle* a toujours été loin de ces sentiments avec Mgr Dupanloup. Si j'interrogeais cette grande collection que j'ai été obligé de relire, j'en trouverais des preuves nombreuses : je n'en veux citer que quelques-unes, pour ne pas abuser de votre patience.

C'est en 1852 que le *Siècle* commence à s'occuper de Mgr l'évêque d'Orléans, et il le soutient d'abord avec de vifs éloges dans sa lutte en faveur des classiques païens contre l'*Univers* et l'abbé Gaume.

Le 18 mai, on rend compte du premier volume de son *Traité sur l'éducation*. On regrette la part que monseigneur a prise à la loi de 1850 sur l'enseignement, mais on rappelle en y applaudissant la défense qu'il a présentée des chefs-d'œuvre de l'esprit humain, et les conclusions de l'article sont formulées dans les termes les plus convenables pour sa personne et pour son caractère.

Pendant la même année, on intervient plusieurs fois, et en faveur de Mgr Dupanloup, dans la lutte qu'il soutenait contre l'*Univers*.

Le 16 juin, le *Siècle* publie un article de trois colonnes qui contient une défense énergique de Mgr l'évêque d'Orléans contre la feuille ultramontaine et Mgr Parisis. Plus tard, le 23 juin, paraît un article signé Havin, et où, après avoir défendu les doctrines de Mgr Dupanloup sur l'épiscopat, on ajoute :

« Nous concevons la colère de l'*Univers* quand il se voit frappé par un de nos plus *respectables prélats*. »

J'insiste sur cette phrase et vous le comprendrez. Telle était alors l'appréciation du journal ; et certes, les entraînements de la plaidoirie pas plus que les entraînements de la polémique ne le détermineront à rien retirer de cette appréciation, dans laquelle il a toujours persisté et dans laquelle il persiste encore aujourd'hui.

Le 11 novembre 1854, le *Siècle* rendait compte de la réception de Mgr Dupanloup à l'Académie française. Ce compte-rendu contient quelques lignes qu'il est bien important de retenir dans la situation actuelle. L'article, qui est très-long, commence par ces mots :

« C'était fête à l'Institut... »

Puis on poursuit ainsi :

« Nous sommes encore sous le charme de ce discours éloquent et chaleureux, plein de sentiments élevés, de pensées justes, et, pour en rendre ici un compte rapide, nous ne chercherons pas à combattre ou à apaiser notre émotion, oui, une émotion sincère! Et comment ne pas l'éprouver lorsqu'un des membres les plus éminents de l'épiscopat français a le courage de protester hautement contre les tentatives déplorables faites dans ces derniers temps pour abaisser le niveau de l'intelligence humaine et proscrire de l'enseignement l'étude de l'antiquité, celle des poëtes, des historiens, des philosophes de Rome et d'Athènes! lorsqu'en présence de ces coupables efforts, de ces luttes entreprises sous le manteau de la religion, un évêque vient, dans une circonstance aussi solennelle, déclarer que l'amour des lettres a été, après celui de l'Eglise, le plus ancien et le plus pur amour de sa vie, que le génie antique aussi bien que le génie moderne a été éclairé d'un reflet divin!

» Non! s'est écrié l'orateur, les vers que citait saint Paul à l'Aréopage » n'étaient pas des vers païens! Non! Virgile et Platon n'étaient point » païens lorsqu'ils chantaient les espérances de l'humanité ou lui révélaient » ses destinées immortelles! » Une triple salve d'applaudissements a accueilli ces belles paroles. »

Un peu plus loin :

« C'est en justifiant ainsi l'œuvre impérissable de l'intelligence et du génie humain que l'orateur a trouvé de pathétiques accents. Il a fait appel à des sentiments de tolérance que nous voudrions retrouver plus souvent chez ceux qui se donnent mission de défendre, au risque de les compromettre, les intérêts de la religion. »

Permettez-moi de vous dire que le signataire de cet article est M. Louis Jourdan, qui, dans un autre article fort récent sur la liberté de discussion, a été jugé, reconnu avoir dépassé les bornes assignées, permises à la polémique dans un journal. Il semblerait, en vérité, qu'il pressentît les écarts toujours possibles de la part de ceux qui tiennent la plume dans les luttes de chaque jour, quand il écrivait ce que je vais maintenant vous lire :

« Les serviteurs de Dieu sont nombreux sur la terre, plus nombreux qu'on ne le croit généralement; ils ne travaillent pas tous dans la même direction, ils ne fécondent pas tous la même vigne. Ceux que leurs passions ou leurs préjugés rendent le plus ouvertement hostiles à l'Eglise vont souvent, à leur insu, vers la vérité éternelle et travaillent à sa glorification. *Il faut prendre garde de les insulter jamais!* » a dit d'une voix touchante M. Dupanloup. Sage conseil que nous recommandons à nos adversaires, et dont nous ne négligerons en aucune occasion de faire notre profit. Pour moi, a-t-il ajouté, je n'outrage la lumière nulle part! Je suis le disciple d'un maître qui ne veut pas qu'on éteigne le flambeau. »

J'espère, messieurs, vous montrer bientôt que le *Siècle* n'a pas mis en oubli ces paroles qu'il avait recueillies, et c'est vous qui direz si Mgr Dupanloup s'en est souvenu à notre égard.

J'omets beaucoup d'articles qui le concernent, et notamment un article du 4 septembre 1857, dans lequel le *Siècle* défend énergiquement Mgr l'évêque d'Orléans contre l'*Univers* ; mais, à la fin de cette même année, il se produisit quelque chose d'étrange. On apporta au bureau du *Siècle* le *deuxième* volume du *Traité sur l'éducation* que venait de publier Mgr Dupanloup. En remettant ce volume aux rédacteurs du journal, on leur signala les énormités qu'il contenait; on leur fit remarquer que Mgr l'évêque d'Orléans, qui jusque là avait été le défenseur, non-seulement des classiques latins, mais encore des institutions modernes, venait d'écrire des pages qu'on aurait pu croire empruntées à l'*Univers*, qu'il avait toujours si vaillamment combattu. Voici, en effet, ce qu'on lit à la page 127 du tome II du *Traité sur l'éducation* :

« .... La première bénédiction nuptiale fut solennellement donnée par Dieu lui-même aux premiers auteurs du genre humain.

» Et voilà pourquoi, aujourd'hui encore, la bénédiction des alliances humaines, chez tous les peuples civilisés, est une des plus augustes fonctions du ministère *sacerdotal!* Voilà pourquoi nous gémissons amèrement quand nous voyons, en plein soleil de l'Evangile, des hommes aveugles, des femmes égarées *s'avilir* dans des alliances *honteuses;* quand nous voyons surtout des *législateurs sans dignité et sans lumières*, cédant à des préjugés étroits et à de basses rancunes, s'obstiner à reléguer, à dégrader l'union conjugale, loin de la bénédiction de Dieu, et en dehors de la civilisation religieuse de tous les peuples. »

La feuille ultramontaine n'a certainement jamais rien écrit de plus violent à l'adresse des législateurs. Mais ce n'est pas tout : on montrait encore au *Siècle*, dans le même volume, à la page 320, ce que voici :

« ... Comment dissimuler d'ailleurs ce que tout le monde voit, ce dont tout le monde souffre? L'égalité des partages, portée à l'excès, a eu pour conséquence forcée la disparition de la maison paternelle, de la terre patrimoniale, et par suite la disparition même de la famille et de toutes les traditions religieuses et morales qui se conservaient au foyer antique... »

En présence de ces théories inattendues, on se demanda au *Siècle* ce qui s'était passé dans cette belle intelligence qui, jusqu'à ce moment, s'était tenue à une si grande hauteur, au-dessus de toutes les misérables attaques dirigées contre le monument le plus beau de nos temps modernes en matière de législation, et savez-vous ce qu'on fit? On garda le volume et, attribuant ce que je viens de vous lire à une de ces défaillances passagères dont les esprits les plus élevés ne sont pas toujours exempts, ne voulant pas surtout en chercher l'explication dans des causes fâcheuses, on laissa dormir dans la poussière le tome II du *Traité sur l'éducation.*

Bien plus, au commencement de 1858, un des rédacteurs du *Siècle*, renseigné, comme cela arrivait souvent, par l'un des plus respectables curés de la capitale, apprend que Mgr l'évêque d'Orléans doit venir à Paris et prêcher à l'Église de la Madeleine. On oublie tout, et le 6 février 1858, on rend compte, avec les éloges les plus mérités, du sermon prononcé par Mgr Dupanloup et du succès oratoire obtenu par le prélat.

Telle était la position prise par le *Siècle* vis-à-vis de Mgr l'évêque d'Orléans; et cette position, il l'a maintenue intacte bien longtemps, car, le 27 août 1859, dans le compte-rendu des œuvres du cardinal Donnet, nous avons encore retrouvé l'éloge de Mgr Dupanloup.

Maintenant il faut voir s'il est survenu des modifications dans cette attitude, et si les diffamations dont nous demandons la répression, peuvent avoir été motivées, ou même atténuées par les changements qui se seraient opérés dans notre polémique, toujours si convenable et je puis dire même si bienveillante à l'égard du prélat.

Je savais déjà que la défense de Mgr Dupanloup devait s'appuyer sur les articles du *Siècle*. Une publication récente m'indique d'une manière précise la voie dans laquelle on veut s'engager.

Nous avons trouvé, dans la *Gazette de France* du 12 mars, une adresse *du clergé* d'Orléans à Mgr Dupanloup. On ne nous donne pas les noms, on ne nous dit pas le nombre des signataires de cette adresse; peu m'importe! elle vient du clergé, je le veux bien; et de plus, après les sentiments tout naturels de sympathie et de respect pour le prélat, elle entreprend, elle essaie une justification anticipée. Voici ce que nous y lisons :

« Vos juges auront sous les yeux les paroles de vos adversaires où, répondant à votre seconde lettre, *dans laquelle vous excluez en propres termes l'emploi de la force*, ils ont osé dire :

« D'après Monsieur l'évêque d'Orléans, c'est par la force des armes que « l'autorité du Pape doit être rétablie sur les provinces révoltées. Que le « sang coule, que les massacres commencent, l'odeur de la poudre n'effraie « pas le fougueux ligueur. Il ne recule pas devant le carnage. Frappez, frap- « pez, Dieu reconnaîtra les siens. »

» En présence d'un tel langage, la religion de vos juges décidera s'il n'est pas permis de laisser tomber de sa plume le mot *calomnie*. »

Ainsi l'on dit à Mgr Dupanloup qu'il a pu laisser tomber sur ses adversaires le mot *calomnie*, parce qu'ils l'ont traité de « fougueux ligueur » qui fait appel à la guerre, qui demande le rétablissement du pouvoir temporel par la force des armes, tandis que, au contraire, *il excluait, en propres termes*, l'emploi de la force.

C'est donc là la prétention de notre adversaire. Tant mieux ! elle va nous guider dans l'examen de la polémique sur laquelle je prie la Cour de concentrer toute son attention.

Cette polémique commence au mois d'octobre 1859.

J'ai eu l'honneur de dire à la Cour que Mgr Dupanloup était entré dans l'arène par une publication qui porte la date du 30 septembre 1859 : je lui demande la permission de lui en lire les premières lignes et un seul passage, ce document devant lui être par nous remis tout entier.

« **Protestation de M. l'évêque d'Orléans contre les attentats dont notre Saint-Père le Pape et le Saint-Siége sont menacés et frappés en ce moment.**

» Il m'est impossible de me taire et de ne pas enfin protester, pour ma part, contre les attentats que notre Saint-Père le Pape et le siége apostolique continuent à subir sous nos yeux.

» Je ne puis comprimer plus longtemps dans mon âme les émotions que soulève un tel spectacle, et que tous les cœurs catholiques, je le sais et je le sens, éprouvent comme moi. Et quel cœur aurions-nous si nous ne souffrions pas à l'heure qu'il est, ou plutôt si nous souffrions en silence tant d'indignités !

» Comment voir, comment écouter de sang-froid ce qu'on voit, ce qu'on entend chaque jour ?

» Se peut-il, « lorsqu'on abreuve d'amertumes le père des fidèles, lors-
» qu'on violente indignement le chef auguste de l'Église catholique, lors-
« qu'on accable d'outrages un doux et pieux pontife, lorsqu'on souffle l'anar-
» chie et la révolte parmi ses peuples, » lorsqu'on prépare et consomme enfin, au mépris des droits les plus antiques et les plus sacrés, des spoliations odieuses, « se peut-il qu'un cri ne s'échappe de nos poitrines et que nous ne
» protestions autrement que par nos douleurs comprimées et des larmes
» silencieuses ? »

Beaucoup plus loin, dans le cours de la même publication, se trouve le passage suivant, que je recommande à toute l'attention de la Cour :

« Ces questions, et bien d'autres, naissent d'elles-mêmes, et nul ne peut y échapper.

» Oui, pourquoi, si vous êtes révolutionnaires et anticatholiques, vous arrêtez-vous tremblants devant votre principe de spoliation ? Et si vous êtes catholiques, pourquoi le posez-vous ?

» Où allez-vous ? Où vous conduit ce détestable principe ? Dites-nous-le donc du moins clairement ; dites-nous *ce qu'allait faire à Rome la France en 1849*, et s'il nous faut *renier cette gloire ?* Ces tentatives *qu'elle a comprimées alors* ne sont-elles pas aujourd'hui celles des révolutionnaires romagnols ? ne sont-ce pas toujours les mêmes hommes ?

» Quoi donc? Qu'y a-t-il ici? Et que faut-il que nous pensions?

» Est-ce de votre part un calcul habile, et, ne pouvant pas, ou n'osant pas aujourd'hui davantage, *attendez-vous le reste* du temps et de la violence des événements? Mais qui voulez-vous qui en soit dupe?

» Nous ne le sommes que trop peut-être de l'inaction des honnêtes gens, *de la lenteur des uns* pendant *la marche rapide des autres*, de ceux qui veulent précipiter les événements dans l'espoir qu'on sera bien un jour forcé de compter avec la logique des faits accomplis. »

Voilà les termes dans lesquels Mgr Dupanloup s'irritait alors de l'inaction dans laquelle restait la France. Mgr l'évêque d'Orléans s'écriait : Qu'est-ce donc qu'allait faire la France à Rome, en 1849, et faut-il aujourd'hui renier cette gloire? Puis il se demandait si notre conduite actuelle venait de ce qu'on n'osait pas agir, et il s'indignait de la lenteur des honnêtes gens!... Monseigneur croit et son clergé pense avec lui que tout cela n'était pas de sa part, l'expression du désir de voir la France faire en 1860, à Rome, ce qu'elle avait fait en 1849!... Cette incurie contre laquelle le prélat s'indigne, cette marche rapide des autres dont il parle, tout cela signifie que Monseigneur entendait non-seulement ne pas provoquer, mais même *exclure*, en quelque sorte, l'emploi de la force!... Que la Cour apprécie, et qu'elle se rappelle ce début de Mgr Dupanloup, quand elle aura à déterminer le sens de ses publications subséquentes!

Voyons maintenant en quels termes a été discutée cette protestation, et comment l'œuvre et la personne de l'auteur ont été traitées dans la polémique.

Je vais moi-même mettre sous les yeux de la Cour, les passages les plus acerbes et les plus vifs.

On lit dans le numéro du 7 octobre :

« Mais voici que la croisade épiscopale continue.

» Ce n'est aujourd'hui ni un mandement, ni une lettre pastorale que nous avons sous les yeux; ce n'est rien moins qu'une « *Protestation contre les » attentats dont notre Saint-Père le Pape et le siége apostolique sont mena- » cés et frappés en ce moment.* »

» Cet immense *factum*, signé de M. Dupanloup, évêque d'Orléans, « qui » nous avait habitués à plus de sagesse et de modération, » n'est pas seulement un long plaidoyer en faveur de la restauration « du règne des cardinaux », c'est encore une réclamation faite au nom du duc de Modène, du duc de Toscane et de la duchesse de Parme. Au dire de l'évêque d'Orléans, les peuples qui revendiquent leurs droits invoquent une politique anarchique et spoliatrice. Il paraît qu'aux yeux de nos prélats, ces princes seuls ont des droits, et « que le seul droit des peuples » est de toujours « courber la tête » et de se laisser gouverner à tort ou à travers par ceux que le hasard de la naissance a mis à leur tête. C'est la glorification du droit prétendu divin des rois, c'est « la négation » de tous les principes proclamés par la France depuis 1789. »

Et un peu plus loin :

« Vous protestez en faveur du pouvoir temporel de la Papauté, « car il ne s'agit pas de son indépendance spirituelle, » personne ne la menace ! Eh bien, nous, encore une fois, nous protestons au nom des populations sur lesquelles on veut, par la force ou par l'intrigue, imposer un pouvoir qu'elles repoussent.

» Mgr l'évêque d'Orléans s'écrie qu'il proteste comme Français de voir cette misérable suite de nos victoires et du sang précieux de nos soldats !

» Nous aussi nous protestons, au nom des mères qui ont perdu leurs fils dans les champs de Montebello, de Buffalora, de Magenta, de Marignan, de Solferino, contre ces misérables subterfuges au moyen desquels on voudrait leur ravir le prix du sang de leurs enfants.

» Qu'ils osent donc demander à la France, ces fougueux champions des droits des princes, qu'ils osent donc demander, avec le rétablissement du règne des cardinaux dans la Romagne, la restauration des ducs de Parme, de Modène et de la Toscane, et la restitution de la Lombardie ! Qu'ils osent demander à la France de se donner le plus sanglant démenti, et de déclarer au monde qu'elle est allée faire tuer ses enfants pour le plaisir de verser du sang !

» Le *Siècle* reviendra, au reste, sur cet étrange document. »

Le lendemain 8, un article de réfutation est publié. Encore ici, je prie la Cour de remarquer comment la personne de Mgr Dupanloup est ménagée en même temps qu'on discute ses doctrines. Je cite :

« Comment Mgr Dupanloup, évêque et académicien, homme d'esprit autant qu'homme d'église, qui a dû surtout sa réputation à l'éloquente défense si souvent et si heureusement entreprise par lui des principes de l'Église gallicane ; comment Mgr Dupanloup, qui eut fréquemment maille à partir avec les vers rongeurs de l'école ultramontaine, est-il devenu tout-à-coup l'ange de cette école ? Pourquoi encense-t-il aujourd'hui ce qu'il aurait volontiers brûlé hier ? Dieu nous garde de chercher à ce soudain revirement des causes purement mondaines ! Mgr l'évêque d'Orléans a fait un voyage à Rome, et, comme Saül, il a eu son chemin de Damas. Les voyages, on le voit, ne forment pas seulement la jeunesse.

» Quoi qu'il en soit, et quels que puissent être les motifs de sa conversion à l'ultramontanisme, Mgr Dupanloup proteste hautement contre les « attentats » dont notre Saint-Père le Pape et le siége apostolique sont menacés et frappés en ce moment.

» Les attentats ! C'est un bien gros mot ; vous savez à quoi cela se borne : les Romagnes, ne pouvant plus supporter les abus du gouvernement pontifical, veulent se détacher de lui et vivre de leur vie propre et indépendante.

» Il n'y a pas d'autre attentat que celui-là. Dans la longue diatribe de Mgr Dupanloup, nous avons vainement cherché un autre grief, nous y avons vainement aussi cherché un argument nouveau contre le droit élémentaire qu'invoquent les populations romagnoles; nous n'y avons vu qu'un débordement d'injures directes contre le roi Victor-Emmanuel notre allié, et d'allusions peu bienveillantes, de menaces peu déguisées contre le gouvernement français. »

Je m'arrête ici, parce que je n'entends prendre dans la polémique du *Siècle* que ce qui touche à la question spéciale qui s'agite entre Mgr l'évêque d'Orléans et le journal; de même que je laisserai de côté dans les écrits de Mgr Dupanloup, ce qui ne se rapporte pas directement à son débat avec le *Siècle*. Je mets donc à l'écart ce qui concerne le roi Victor-Emmanuel, comme ce qui regarde le gouvernement français. Nous avons bien assez de l'étude de ce qui tient nécessairement au débat, pour n'y pas ajouter des éléments inutiles.

L'article poursuit en ces termes :

« Mgr Dupanloup proteste comme fils dévoué de l'Eglise romaine et comme évêque catholique; il proteste au nom du catholicisme, puis il proteste comme Français; il proteste au nom de la reconnaissance qui lui montre dans l'histoire les souverains pontifes comme les lumineux symboles de la civilisation européenne, comme les bienfaiteurs de l'Italie et les « sauveurs de sa liberté; » il proteste au nom du bon sens et de l'honneur, au nom de la pudeur et du respect, au nom de la bonne foi, au nom de la justice contre la spoliation, au nom de la vérité contre le mensonge, au nom de l'ordre contre l'anarchie; enfin, il proteste dans sa conscience devant Dieu, à la face de son pays, à la face de l'Eglise et à la face du monde.

» Rien n'y manque, on le voit, et Mgr Dupanloup a eu quelque raison d'intituler sa diatribe : une *Protestation !*

» Les évêques ne sont pas seuls, Dieu merci! à avoir la parole. Si humble que nous soyons, nous avons le droit de protester, nous aussi, contre des appels factieux qui troublent les consciences faibles et portent le désordre dans le sein des familles; car, nous ne le voyons que trop : le père, le frère, qui, à tort ou raison, — ce n'est pas la question, — font des vœux pour l'émancipation des populations romagnoles; ce père, ce frère sont mis à l'index et considérés presque comme des maudits par les mères de familles, les sœurs, les filles, qui reçoivent directement des inspirations détestables, qui, allant à l'église pour prier, suivent, à leur insu, un cours de passions et de haines politiques.

» Oui, ces appels factieux troublent les consciences et portent la division au sein des familles; c'est pourquoi nous protestons contre eux de toute notre énergie. Mais nous avons d'autres raisons de protester. Ce que Mgr Dupanloup et ses collègues attaquent si violemment, c'est ce que nous avons, dès l'enfance, appris à respecter, c'est la France moderne; c'est l'idée nouvelle, ce sont les grands principes sortis de la révolution, c'est notre initiation à la vie généreuse des peuples libres, c'est notre foi, en un mot, et nous avons bien le droit de protester contre ces coupables agressions qui mettraient en péril la société tout entière si le bon sens public n'en faisait justice.

» Nous protestons, nous aussi, contre cette intervention de l'élément spirituel dans les choses politiques et temporelles.

» Nous faisons appel au bon sens public contre ces divagations d'un autre âge. Vous dites : Haïssez, exterminez! Nous répondons : Aimez et pardonnez! Pardonnez à ces évêques qu'un zèle maladroit emporte, et qui soufflent la discorde dans l'Etat, dans l'Eglise, dans les familles ; qui osent invoquer nous ne savons quelle douteuse légitimité de droit divin en présence d'un gouvernement issu du suffrage populaire, comme si l'acclamation du peuple n'était pas le seul droit divin aujourd'hui! A leur propagande impie, opposez une propagande vraiment religieuse! Apprenez à vos femmes, à vos sœurs, à vos filles, à vos fils, que nul attentat n'a été commis contre le Saint-Père et contre le Saint-Siége. Résumez pour tous ceux qui vous entourent cette question italienne, si étrangement dénaturée, en termes simples et clairs. Dites-leur :

» Les peuples ne sont pas toujours de grands enfants ; la virilité arrive pour eux comme elle arrive pour les individus.

» Or, voici ce qui se passe en Italie : les populations sont lasses d'être gouvernées et administrées par des souverains qui abusent de leur pouvoir ; elles veulent vivre au grand air, vivre librement, choisir leur chef. L'Italie ne veut pas autre chose que ce que la France a voulu pour elle-même. Cet attentat dont on vous parle, dont on vous effraye, se borne à ceci : une province faisant partie des Etats romains, veut s'affranchir du gouvernement des cardinaux; elle prétend avoir droit à la justice, à la liberté, à sa nationalité. Voilà son seul crime. Elle se met aux pieds du Pape en tant que chef du catholicisme, elle repousse seulement le prince temporel. »

Cet article fut suivi d'un autre signé Léon Plée, secrétaire de la direction politique, et dont quelques lignes doivent également être mises sous vos yeux. Je lis :

« Examinons cependant, parmi les pièces qui ont été publiées, celle dont le retentissement a été le plus grand, celle de l'évêque d'Orléans. »

» Ici encore, revient la distinction déjà signalée entre la personne et les doctrines.

» Il est des moments dans la vie où les plus belles intelligences, mises hors de leur voie, vacillent et cherchent vainement le chemin. Nous sommes forcés, à la vue des arguments sur lesquels s'étaie la protestation de Mgr l'évêque d'Orléans, de penser que c'est dans une de ces crises morales, que cette protestation a été écrite par son auteur. »

Je le demande à la Cour : dans cette polémique où le *Siècle* doit soutenir avec énergie, contre les attaques de l'évêque d'Orléans, la doctrine de la souveraineté populaire et du droit des nations à disposer d'elles-mêmes, et la distinction entre la puissance temporelle du Pape et sa puissance spirituelle, est-il possible de rencontrer quelque chose de plus digne et de plus convenable que les lignes que je viens de citer!

Dans le même article, on lit :

« Et d'abord il proteste contre quoi? Contre les violences que le Saint-Père subirait. Nous ignorons absolument l'existence de ces violences, à moins que Mgr d'Orléans ne regarde comme une violence la protection donnée au gouvernement romain par la France dans Rome même. Les populations qui se sont séparées des Etats de l'Eglise n'ont commis aucune violence. On en a commis contre elles à Pérouse; mais il n'y a pas eu de représailles. On se détestait, on s'est quitté, voilà tout. »

J'arrive aux dernières lignes de cet article :

« La protestation de M. d'Orléans ne contient donc rien qui ne retombe sur ceux qu'il a voulu défendre. Elle n'en reste pas moins une pièce éminemment dangereuse pour l'ordre public. Cela s'envoie aux curés de campagne, cela se colporte de sacristie en sacristie, se transmet d'ignorance en ignorance, et bientôt l'on croira que le Pape est violenté, qu'on le couronne d'épines, qu'on le flagelle, qu'il est martyr, et tout le catholicisme criera à la persécution. »

L'article qui suit est de M. Havin, directeur politique du *Siècle;* il porte la date du 18 octobre. L'auteur s'en prend non-seulement à la protestation de Mgr Dupanloup, mais encore à d'autres écrits publiés par de nombreux évêques et sur lesquels la Cour voudra bien jeter les yeux.

« Nous assistons, dit-il, à un singulier spectacle! Une grande guerre a été entreprise; de mémorables victoires sont venues encore ajouter à la réputation guerrière de notre glorieux pays, et c'est lorsque la paix va être signée, lorsque l'Europe va donner dans un congrès la solution de toutes les questions pendantes, que nous voyons des prélats, qui devraient prêcher avant tout l'amour du prochain, la pacification des esprits, jeter des brandons de discorde, de haine et de colère au milieu de nos populations si désireuses de repos et de tranquillité. »

Voilà toute la polémique sur la première publication de Mgr Dupanloup.

Deux mois et demi s'écoulent sans que Mgr l'évêque d'Orléans élève de nouveau la voix; mais en décembre paraît la brochure *le Pape et le Congrès.* Cette publication est suivie d'une réponse de Mgr Dupanloup, ayant pour titre : *Première lettre à un catholique.* Les journaux du parti clérical l'insèrent le 28, et, le lendemain, le *Siècle* l'annonce dans les termes que voici :

« L'orateur des évêques a pris de nouveau la parole; c'est lui qui, dans une *Lettre à un catholique*, s'est chargé de pulvériser la brochure *le Pape et le Congrès.*

» Si nous en jugeons par les dernières phrases de Mgr Dupanloup, il faut qu'il croie bien puissant l'auteur de cet opuscule ; la péroraison du fougueux prélat donnerait lieu de penser que l'écrivain anonyme est maître du monde, et qu'il faut la foudre pour l'abattre. »

Suit une citation textuelle de l'écrit de Mgr Dupanloup :

« Les calculs mêmes les mieux conçus réussissent mal contre Dieu. Dieu, du haut des cieux, veille sur son Eglise, et par des conseils imprévus, et par des coups de tonnerre, s'il le faut, comme dit Bossuet, la tire des plus grands périls, et se joue des habiles de la terre. Il éclaire, quand il lui plaît, la sagesse humaine, si courte par elle-même, et puis, quand elle se détourne de lui, il l'abandonne à ses ignorances, il l'aveugle, il la précipite, il la confond : elle s'embarrasse dans ses propres subtilités, et ses précautions lui sont un piége. L'épreuve passe enfin et l'Eglise demeure ; cela s'est vu bien des fois déjà ; cela se verra encore. »

Plus loin :

« Une aumône ! » Ah ! si le père des fidèles doit en être réduit là, il la recevra plus noblement des mains des pauvres que de vous. Cinq cents Evêques qui, dans le monde entier, ont fait, pour lui, entendre leurs voix, recueilleraient encore, au besoin, l'antique denier de saint Pierre, et le monde catholique « lui donnerait même des soldats, » s'il le fallait.

» Croyez-vous donc que le sang chrétien ait oublié de couler dans nos veines, et que nos cœurs ne battent plus dans nos poitrines?

» Prenez-y garde ! vous finirez par nous blesser. Je ne sais si nous avions besoin d'être réveillés ; mais vous réussissez à merveille à nous ouvrir les yeux. »

Le *Siècle* ajoute :

« Ces paroles altières, loin d'émouvoir ceux à qui elles s'adressent, les feront peut-être sourire, car elles nous semblent empreintes d'un profond cachet de ridicule. Holà! messieurs les Evêques! vous vous méprenez sur votre époque ; vous oubliez que vous êtes en plein dix-neuvième siècle, que les meilleurs catholiques sont éclairés, et qu'ils ne se soucient point de vous suivre dans vos croisades...

» Car, pensez-le bien, comme nous ne cesserons de le répéter, le temps des guerres de religion est passé. Quand l'auteur anonyme de la brochure est menacé par vous des attaques de vos soldats catholiques, quel qu'il soit, il n'aura pour eux qu'un profond dédain, et les sifflets de la France répondront à vos forfanteries. »

On voit que la polémique devient plus vive. Le polémiste a changé de style et ceux qui lui répondent doivent se laisser entraîner dans la même voie. Il ajoute encore :

« Nous le disons avec sincérité à Mgr l'Evêque d'Orléans, nous le disons au prélat qui avait su se concilier jadis les sympathies des âmes pieuses et libérales : il fait aujourd'hui fausse route, et quand il aura réfléchi plus mûrement, il reconnaîtra peut être que ses défis, ses bravades, ses *insolences*, c'est le mot, auront médiocrement servi la cause de la religion. »

Je ne discute pas ; la Cour appréciera. Elle voit si nous dépassons le cercle d'une polémique ardente, et surtout si nous ne sommes pas le journaliste sur la brèche, répondant au prélat et gardant dans cette phrase même où se trouve le mot « insolence, » la retenue et le respect qu'on doit à la personne...

Me Berryer. A qui on reproche des *insolences!*

Me Senard. Oui : mais à qui on les reproche avec raison ! Rappelez-vous donc le passage de la brochure, et les bravades, et les défis qui y sont amoncelés ! Et rappelez-vous aussi la phrase même que je viens de lire, et dont on veut essayer d'isoler un mot.

En ces matières, messieurs, c'est l'ensemble qu'il faut juger, et c'est la conscience qui doit être le seul juge. C'est à elle que j'en appelle ici, et c'est elle encore qui va apprécier l'article du 30 décembre dont on a fait tant de bruit, et que je voudrais pouvoir lire tout entier à la Cour. Il est intitulé :

« LES FOUDRES ÉPISCOPALES.

» En attendant les foudres du Vatican, nous avons celles de l'épiscopat. Sans doute il ne faut pas s'inquiéter outre mesure de ces manifestations violentes, de ces tristes colères ; mais il ne faut pas les dédaigner non plus ; et le devoir de la presse, en ces douloureuses circonstances où l'agneau se change en loup, est d'éclairer l'opinion, de la mettre en garde contre ces furieuses excitations. »

La phrase qui suit a été bien des fois signalée déjà ; je la signale moi-même à la Cour.

« Quand le prêtre menace, si audacieuse ou si extravagante que soit sa menace, « quel que soit le culte qu'il défende, il ne faut pas rire. » Le prêtre menaça un jour Luther ; il ne tua pas la doctrine de Luther, mais des flots de sang coulèrent, des abominations et des iniquités furent commises. Lorsque le mot de réforme a été prononcé en Orient, « le prêtre a menacé ; » l'idée de réforme a survécu, il est vrai, mais à la voix du prêtre le fanatisme a répondu et les massacres de Djeddah sont venus épouvanter le monde.

» Ne traitons donc pas légèrement ces pieuses forfanteries, et puisque ceux qui devraient nous enseigner le calme, la mansuétude et la résignation se laissent entraîner à des emportements tels que ceux dont Mgr l'évêque d'Orléans vient de nous donner le spectacle affligeant, remontons nous-mêmes aux sources pures de la foi, et sachons y puiser tout ce qui malheureusement fait défaut à nos fougueux adversaires.

» La diatribe que Mgr Dupanloup vient de publier en réponse à la fameuse brochure dont l'Europe entière s'occupe en ce moment, cette diatribe est une œuvre irréligieuse au premier chef. »

Ah! c'est ici qu'on nous attaque : eh bien! écoutez et jugez si nous ne sommes pas dans la polémique et dans la polémique loyale ; jugez si nous avons dépassé la limite de notre droit :

« Quiconque croit en Dieu a le droit et le devoir de la combattre soit publiquement, soit dans l'intérieur des familles où de si coupables excitations pourraient produire les divisions les plus funestes si la raison des particuliers comme la raison publique n'avaient progressé. Nous ne sommes plus, grâce à Dieu, au temps de Charles IX ou de Louis XIV.

» S'il est une loi universelle et vraiment divine, s'il est une loi que Dieu lui-même ait formulée, c'est celle qui nous enseigne que tous ici-bas nous sommes les fils d'un même père et que nous devons nous aimer comme des frères. *Vos omnes fratres estis!* Mgr Dupanloup ne récusera certainement pas l'autorité de laquelle ces paroles émanent.

» La religion, ce grand mot et cette grande chose ! la religion est le résumé de cet enseignement. La religion n'est pas tel ou tel culte, tel ou tel prêtre, tel ou tel pape ; la religion est une comme la loi ; elle est ce qui relie les hommes entre eux et ce qui les relie à leur Dieu, à leur père commun ; elle n'est pas autre chose. Tout ce qui divise, tout ce qui provoque à la haine est antireligieux. Tenez cela pour un axiome de morale.

» Mgr l'évêque d'Orléans vient donc de commettre un acte simple, une mauvaise action, et nous le lui reprochons hautement. Il a oublié le caractère dont il est revêtu, la mission de paix et d'union qui lui a été confiée ; l'évêque, le prêtre du Christ, de celui qui ordonna à Pierre de remettre l'épée dans le fourreau, ce prêtre infidèle a manqué à son devoir, et aussi loin que notre voix peut s'étendre, nous voulons réagir contre son pernicieux enseignement. Nous voulons dire à tous ceux que l'on cherche à émouvoir et à passionner : On vous trompe ! Non, la religion n'est pas menacée parce qu'une province des États pontificaux conquiert son indépendance. La religion, c'est la liberté ; l'impiété, c'est la servitude. Chaque fois qu'un homme, qu'un peuple s'affranchit, la religion, la vraie, l'éternelle religion gagne tout le terrain que cet homme et ce peuple ont conquis. Non, la religion ne serait ni menacée, ni compromise, alors même que le pape de Rome serait réduit à vivre pauvrement comme vécut le Christ, alors même que le pape de Russie, le pape de Constantinople, la papesse d'Angleterre, le pape de Suède, etc., etc., verraient leur pouvoir temporel s'évanouir. »

Je m'arrête un moment ici : ce passage que je viens de vous lire, et dont vous acceptez tous la pensée à la fois si juste, si forte, si élevée, c'est un de ceux qu'on a le plus incriminés : acte impie, mauvaise action, prêtre infidèle manquant à son devoir! Oui, les mots sont durs, mais replacez-les dans la phrase dont on a si grand soin de les extraire, et à l'instant même l'injure s'efface, la violence disparaît, et il ne reste que le cri d'une conviction ardente et sincère.

Je continue :

« Ah! monseigneur, comme la passion vous égare, et quel mauvais exemple vous donnez à votre troupeau! Vous l'appelez presque à la révolte ; vous songez, vous, prêtre du Christ, à lever des soldats pour défendre le Saint-Siége, que nul ne menace dans la plénitude de son pouvoir spirituel. C'est donc pour conserver à la Papauté cette « motte de terre » dont a parlé le père Ventura, que vous voulez organiser une armée de volontaires, de soldats de la foi! Mon Dieu! que vous seriez embarrassés, vous et vos collègues, si l'on vous prenait au mot et si l'on vous demandait chaque matin le nombre des enrôlements survenus dans la journée.

» Des soldats! mais que fait donc la France depuis plus de dix ans à Rome, où elle tient garnison? Ne fait-elle pas faction à la porte du Vatican? Où serait, sans son appui, le trône pontifical? Vous l'êtes-vous demandé quelquefois, monseigneur? Croyez-vous que vos soldats papistes réussiraient mieux que les soldats français? Que la France retire sa division demain, et demain les fidèles sujets de Sa Sainteté donneront congé au roi temporel des États romains.

» Que feraient donc de plus vos soldats, monseigneur, ces fanatiques soldats dont vous passez la revue?

» Nous allons plus loin. Admettons pour un instant que l'épiscopat parvienne à lever une armée de volontaires, non une armée de Ravaillac agissant dans l'ombre et le poignard à la main, mais une véritable armée hardie et vaillante, marchant au soleil, bannières déployées. Verra-t-elle rentrer les Romagnes dans le devoir et sous le joug qu'elles ont brisé? Non. Ce sera donc une guerre avec l'Europe. Que le Ciel vous préserve d'un tel malheur! Voyez-vous d'ici une armée catholique aux prises avec la France, avec l'Angleterre, avec toutes les nations européennes?

» Il faut que la passion ait étrangement aveuglé l'esprit de Mgr Dupanloup pour qu'il n'ait pas vu le côté odieux ou ridicule d'une telle proposition. »

Voici le dernier paragraphe que je vous citerai de cet article :

« Nous engageons fort Mgr l'évêque d'Orléans et ses collègues à s'en tenir là et à ne pas prolonger la plaisanterie d'une levée de boucliers cléricaux. Le temps est passé de ces bravades ; l'esprit humain ne peut plus tomber en des piéges si grossiers. Mais des agitations imprudentes comme celles que l'on provoque au nom de l'Église peuvent avoir encore quelques conséquences fâcheuses, ne fût-ce que pour la religion et ses ministres. C'est à cause de cela que nous protestons contre elles avec toute l'énergie dont nous sommes capables. Si avancés que nous soyons, si grands que soient les progrès réalisés, l'ignorance peut encore fournir quelques recrues ; nous regrettons de voir un prélat aussi distingué que Mgr Dupanloup faire appel à ces misérables auxiliaires. C'est une honte pour l'Église que ses principaux représentants causent tant de bruit et sèment tant d'inquiétudes par cela seul que le progrès des temps restreint le domaine temporel de celui qui ne doit pas avoir ici-bas de domaine temporel. »

Enfin, laissez-moi vous citer quelques passages d'un article du 1er janvier, qui vont, mieux que ne le pourrait faire une discussion d'audience, répondre aux attaques dirigées contre les expressions du précédent article, et en dégager la pensée encore plus nettement :

« Nous soutenons ce matin un feu roulant bien nourri ; les coups partent de tous côtés, mais ils ne portent pas, et, grâce à ces maladroits tireurs, le *Siècle* est encore debout. C'est comme une coalition : l'*Univers* tend la main au *Pays*, et celui-ci signe un pacte d'alliance avec l'*Ami de la Religion*, avec l'*Union*, etc., etc.

» Nous ne nous effrayons pas de tout ce bruit, et nous ferons face à chacun de nos adversaires. Ceux-ci nous menacent, les autres nous dénoncent. Dénonciations et menaces sont vaines. Nous avons usé du droit dont Mgr Dupanloup a abusé ; il faudrait condamner l'abus, ce nous semble, avant d'en venir à condamner l'usage. Nous sommes donc bien tranquilles, et, forts du témoignage de notre conscience aussi bien que du concours de l'opinion ; nous poursuivrons la tâche que nous nous sommes imposée.

» Oui, Mgr l'évêque d'Orléans, en essayant de soulever les passions religieuses, en faisant une sorte d'appel aux armes, en portant le trouble dans les âmes, a commis une *mauvaise action*, et nous répétons le mot après en avoir mesuré toute la portée.

» Ah ! nous le savons bien que nous avons affaire à forte partie ! nous ne nous sommes pas dissimulé les difficultés de la lutte que nous avons entreprise ! Coûte que coûte, nous ferons notre devoir.

» Un des écrivains qui nous apostrophent ce matin, dit qu'il ne nous a pas fallu moins de quatre colonnes pour écouler notre bile ; un autre nous menace du fouet vengeur qui chasse les marchands du temple ; un troisième prétend que nous ordonnons à nos lecteurs de courir sus aux prêtres...

» C'est le *Pays*, je crois, qui nous accuse de faire courir sus aux prêtres. A ce propos, que ce pieux journal nous permette de redresser une petite supercherie assez déloyale qu'il a mise en œuvre pour justifier son accusation. « Quand le prêtre menace, il ne faut pas rire, » avions-nous dit, et, à l'appui de cette phrase, nous avions cité l'exemple des massacres sans nombre commis contre les réformés et le souvenir des fanatiques cruautés de Djeddah.

» L'honnête journal se garde bien de reproduire toute notre pensée ; au lieu de la généraliser, il la particularise pour persuader à ses lecteurs que le prêtre catholique est l'objet de notre haine. Cette petite perfidie ne portera pas d'heureux fruits.

» Si le pape était attaqué dans son pouvoir spirituel, nous comprendrions l'intervention épiscopale; mais quand il s'agit seulement de rendre à des peuples leur nationalité, de restreindre le pouvoir temporel du chef des Etats romains, cette intervention, ces menaces, ces colères sont hors de saison, elles sont coupables. Il ne faut pas que Mgr Dupanloup et ses amis se fassent illusion à ce sujet : ils commettent une mauvaise action. »

Je trouve encore dans le numéro du 4 janvier, quelques lignes qui pourraient être relevées, et qu'en conséquence je dois vous citer :

« L'ouvrage de M. Dupanloup, « si confit en charité, si expurgé d'orgueil, » va bientôt, dit le rédacteur du Courrier, retomber dans les ténèbres de l'oubli. Deux jours encore, et il n'en sera plus question. »

Et plus bas, parlant des ménagements auxquels le *Constitutionnel* croit devoir avoir recours pour aborder la question, le même rédacteur ajoute :

» Quoi! « un prélat sort du sanctuaire; » il se jette à corps perdu dans l'arène où combattent les gladiateurs de l'*Univers* et de la *Gazette de France ;* il quitte le ton onctueux des lettres pastorales pour « pousser un cri de guerre » et de défi, » et on n'aurait pas le droit de lui riposter! et, en se mesurant avec lui, il faudrait à chaque botte lui demander « pardon de la liberté grande » qu'on prend de pourfendre ses arguments et de le toucher au défaut de la » cuirasse! » Nous ne saurions avoir tant d'humilité même envers des évêques qui viennent nous attaquer dans nos foyers, et « qui déblatèrent avec » tant d'acrimonie » contre les gouvernants et les gouvernés. »

Le 6 janvier, je trouve un numéro dans lequel le secrétaire de la direction politique prend la plume et dit en commençant :

« Puisque nos adversaires s'obstinent à nous présenter la *Lettre à un catholique* de Mgr l'évêque d'Orléans, comme un modèle de dialectique et de raison contre lequel on peut bien « lancer des injures, » mais que « l'on ne saurait » réfuter, » nous sommes forcés de parler encore de cette lettre, et de montrer qu'il n'en doit rien rester, qu'il n'en restera rien. »

Après cette déclaration, M. Léon Plée attaque pied à pied la brochure, la réfute d'un bout à l'autre; puis il termine en disant :

« Pour qu'on puisse juger de la vérité de notre réfutation, nous publions *en entier* les arguments de Mgr l'évêque d'Orléans. »

Suit en effet le texte complet de la brochure. Il en résulte que le numéro du *Siècle* de ce jour est à peu près complétement consacré à la reproduction de l'écrit de Mgr Dupanloup et à l'article qui le réfute. Je n'ai rien à vous dire de cet article rédigé avec sang-froid, dans le silence du cabinet; il ne contient même pas une de ces expressions ardentes, animées, qu'expliquent et justifient les entraînements d'une discussion instantanée. Je me contente donc de déposer sur votre barre, le numéro du 6 janvier, certain que les adversaires n'y pourront pas relever un mot qui ne soit conforme aux convenances les plus parfaites.

Depuis ce jour jusqu'au 20 du même mois, rien de nouveau dans la polémique ; mais le 20, plusieurs journaux publient un nouveau *factum* de Mgr. Dupanloup ayant pour titre : *Deuxième lettre à un catholique*. Cette fois le *Siècle* annonce et critique tout à la fois la publication nouvelle : et c'est par le travers du Courrier que le journaliste, à propos de la seconde lettre de M. l'Evêque d'Orléans, va lui lancer un de ses traits rapides qui appartiennent à la polémique de chaque jour.

« Les ultramontains, dit le rédacteur du Courrier, recommencent la campagne ; pendant la trêve qu'ils s'étaient donnée, ils ont rassemblé des munitions, et reviennent avec ardeur sous la conduite de leur généralissime. Ses lieutenants, nosseigneurs les évêques d'Arras, de Perpignan, de Nîmes, de Poitiers et de Montauban, n'ont pas suffisamment réussi à son gré, et « Mgr » l'évêque d'Orléans rentre en lice pour cribler de ses coups la lettre de » l'Empereur au Pape. » N'ayant pas cette fois affaire à un anonyme, on y met un peu plus de circonspection ; on n'est pas moins outrecuidant, mais les attaques sont conduites avec ménagement : les armes dont on se sert ont pour ainsi dire la pointe cachée sous la soie et l'hermine ; au lieu de menacer d'une façon altière, on cherche à anesthésier son adversaire avant de lui lancer son javelot. »

» Intraitable ami du pouvoir temporel du Pape, Mgr l'évêque d'Orléans ne veut pas qu'on en retranche la moindre parcelle. « Il est homme de parti, et par conséquent passionné. Nous ne détestons pas la passion chez les hommes politiques ; elle est souvent l'indice d'une conviction. Mais dans l'opuscule que publie aujourd'hui l'*Union*, Mgr Dupanloup a froidement aligné ses phrases ; ses arguments sont compassés, alambiqués. Ce ne sont plus les accents de la passion et de la foi : c'est le langage d'un rhéteur qui cherche à recruter des prosélytes et à faire accepter ses sophismes.

» Il adopte un principe, celui de la légitimité, et, après avoir mis de côté celui de la souveraineté du peuple, il chevauche hardiment, sans s'inquiéter de ce qui est arrivé, de ce qui peut arriver encore. A ses yeux, il n'y a de vrai, de sincère, que le droit des souverains appuyé sur la tradition. Ces principes absolus vont loin, et les maisons régnantes d'Espagne, de Portugal, de Belgique, de France, n'ont qu'à bien se tenir. La couronne d'Angleterre même ne serait pas en sûreté sur la tête de Victoria si Mgr Dupanloup avait un petit Stuart dans la main. Il n'y a de vrai, de saint, que la légitimité des rois.

» L'argumentation de Mgr l'évêque d'Orléans, scindée en vingt petits paragraphes, sans y comprendre la conclusion, s'adresse à la fois à la brochure et à la lettre du 31 décembre. Le savant prélat ne se contente pas des raisons que lui fournissent les ressources de son esprit, il s'appuye sur le prince de Talleyrand, sur Joseph de Maistre, sur M. Villemain surtout, qui, par une heureuse transformation des choses d'ici-bas, se trouve le bras droit de l'ultramontanisme et de la légitimité. Tout en présentant ce faisceau d'autorités, Mgr Dupanloup se permet quelques plaisanteries; la souveraineté des cardinaux, qui va succomber en Italie si on lui ôte les Romagnes, mérite d'autant plus d'être assistée et respectée, qu'elle est « faible, innocente et opprimée. » Bons cardinaux! estimable monsignor Antonelli! vous attendiez-vous à être classés parmi les innocents?

» Mais il faut en convenir, Mgr l'évêque d'Orléans s'explique avec une entière franchise. L'*Union* faisait des réticences; le prélat n'y met point tant de façons. C'est par les armes de la France que l'autorité du Pape doit être rétablie sur les provinces révoltées. « Que le sang coule, que les massacres commencent : l'odeur de la poudre n'effraye pas le fougueux ligueur; il ne recule point devant le carnage. Frappez! frappez! Dieu reconnaîtra les siens. » Il faut que la légitimité triomphe; il faut que la révolution soit vaincue. Tous ceux qui ont jusqu'à présent témoigné de leur respect pour la Papauté, qui ont dit de bonnes paroles dans l'intérêt de Pie IX, deviennent « des parjures, des gens sans parole, s'ils ne forcent pas tous les sujets du Pape à » rentrer dans le devoir. » Il n'y a pas de transaction possible : il n'est pas permis de faire la concession la plus légère au vœu des populations. Dieu le veut; les jésuites, et Mgr l'évêque d'Orléans en tête, l'exigent ainsi. »

Le rédacteur du Courrier continue en s'occupant de Venise, et, voulant montrer que le *Siècle* n'est pas un ennemi systématique de l'épiscopat, il se plaît à reproduire une charmante lettre de Mgr l'archevêque de Bordeaux à propos d'un pauvre orphelin traduit en police correctionnelle et dont ce prélat revendique l'adoption.

J'ai terminé la lecture que je devais faire à la Cour des principaux passages des articles auxquels ont donné lieu les écrits de Mgr Dupanloup, et, je le dis à l'avance, quoique je n'aie pas pu mettre sous vos yeux ces articles dans leur entier, je ne crains pas d'avoir omis une seule phrase, une seule ligne qui puisse servir d'argument à mes adversaires pour expliquer ou pour atténuer les injures et les diffamations de Mgr Dupanloup à notre égard.

Vous venez d'entendre, messieurs, tout ce qui peut être relevé dans nos articles comme empreint de violence à l'égard de Mgr l'Évêque d'Orléans. Je désirais que l'opinion de la Cour se formât par une connaissance complète de notre polémique : voilà pourquoi j'ai multiplié les citations.

Le dernier article est du 21 janvier. A partir de ce jour jusqu'à la fin du mois, il n'est plus question de Mgr l'Evêque d'Orléans.

A cette époque, le *Siècle* soutint une polémique contre M. de Falloux, et publia l'encyclique du Pape avec une protestation que je prierai la Cour de lire, car, dans son énergie même, cette protestation conserve à l'égard du chef de la souveraineté spirituelle tout le respect qu'on doit attendre d'hommes qui comprennent la situation et qui veulent remplir leur devoir.

C'est en cet état que, le 3 février, le *Constitutionnel* publie la lettre de Mgr Rousseau, prédécesseur de Mgr Dupanloup. Le *Siècle* en reproduit quelques lignes et pose cette question :

« Que va répondre Mgr Dupanloup? »

C'est en réponse à la publication du *Constitutionnel*, à laquelle le *Siècle* était complétement étranger, que Mgr l'Évêque d'Orléans nous jeta les diffamations et les injures dont nous poursuivons la réparation.

J'en aurais fini avec la polémique, et je laisserais à votre conscience à apprécier, sans autre discussion, les prétendues provocations du *Siècle*, si je ne devais répondre à l'objection spéciale du clergé d'Orléans, qui me dit : on a bien pu vous accuser de calomnie, car la dernière brochure de Mgr Dupanloup excluait, en propres termes, l'emploi de la force pour rétablir le pouvoir temporel du Pape. J'avoue que lorsque j'ai lu cette phrase, mon étonnement a passé toutes les bornes.

J'ai cherché, pendant quelque temps, à quels passages le clergé d'Orléans voulait faire allusion quand il présentait le dernier écrit de Mgr Dupanloup comme excluant l'emploi de la force. Je crois l'avoir trouvé, non dans le texte de Mgr l'évêque d'Orléans, mais dans une citation de M. Villemain faite par le prélat. Seulement, en voyant comment cette citation est encadrée, et en lisant ce qui la suit et ce qui la précède, je n'ai pas compris comment le clergé d'Orléans avait pu faire dans son adresse l'argumentation qu'on y rencontre.

Voyons, en effet, pièces en mains, où est l'exclusion de la force dans la seconde brochure de Mgr Dupanloup. Au bas de la page 14, on lit :

« 9° Voilà ce que dit la bonne foi. Le droit est certain pour la partie comme pour le tout, pour le présent comme pour l'avenir; et quant aux moyens, j'ajoute qu'un droit, lorsqu'il est reconnu et proclamé par l'Europe entière, a une force devant laquelle tomberont, plus aisément qu'on ne le pense, toutes les résistances.

» C'est ce que disait l'éminent publiciste (M. Villemain) que nous avons déjà cité :

« La puissance intervenante et victorieuse, n'aurait nul besoin d'agir par
» la force contre aucun des districts insurgés ou troublés. Il lui suffirait de
» ne pas reconnaître nominalement une translation de pouvoir, que l'avenir
» ne maintiendra pas, et que n'a jamais admis l'intérêt de la France. »

Il est bien certain que M. Villemain exclut ici en propres termes, l'emploi de la force. Mais Mgr Dupanloup s'approprie-t-il ce qui est de M. Villemain? Lisons la phrase qui suit et la singulière incise qu'elle renferme :

« Mais « si on laisse faire la révolution; » si on n'intervient pas, « je ne dis même point par la force des armes, » mais par la proclamation ferme du droit, par le refus net de reconnaître une dépossession injuste et violente, qui me dit qu'on garantira efficacement quelque chose dans l'avenir? »

Pourquoi donc Mgr Dupanloup écrit-il : « Si nous n'intervenons pas — je ne dis même pas par la force des armes, » — à quoi bon cette réserve, si en effet son sentiment exclut l'emploi de la force? A quoi bon surtout cette réserve, si le sens de ses publications antérieures est bien qu'on ne doit pas recourir à l'emploi de la force? A quoi bon?

Mais si Mgr Dupanloup a fait cette réserve, c'est que sans elle, la citation de M. Villemain se serait trouvée en contradiction manifeste avec la brochure tout entière et avec toutes ses publications antérieures?

Dans le but d'éclairer la Cour sur la véritable nature de la polémique soutenue de part et d'autre, nous avons fait bien des lectures; eh bien! il en est une dont certainement elle a gardé le souvenir : je veux parler de cette phrase de *la protestation* de Mgr Dupanloup, phrase d'impatience, d'irritation, rappelant ce que nos soldats étaient allés faire à Rome en 1849 demandant si ce n'étaient pas toujours les mêmes Romagnols, et la même insurrection en 1859, et pourquoi on les laissait faire, et gourmandant le gouvernement français sur sa morosité! Mais dites, est-ce que c'était là exclure l'emploi de la force? N'était-ce pas là au contraire une provocation à l'intervention armée?

Faut-il maintenant ouvrir la brochure suivante avec ses défis et ses bravades, et le passage si grandiose où le monde catholique offre au Pape des soldats, apparemment pour faire ce que ceux qui sont à Rome ne font pas? Mais non, tout cela est inutile, car la dernière brochure ne permet pas plus que les autres, de se méprendre sur la véritable pensée du prélat.

Il est vrai, pour me servir des paroles mêmes du rédacteur du Courrier, que la pointe de l'arme est ici enveloppée dans la soie et dans l'hermine; mais elle ne s'y cache pas si bien qu'on ne puisse la découvrir.

Que la Cour veuille prendre la page 6 de *la seconde Lettre à un catholique*; nous y lisons :

« La situation reste au fond ce qu'elle était, devient même pire; c'est le Pape avec une province de moins et une faiblesse de plus, au milieu des mêmes ennemis, des mêmes dangers, de plus grands encore.

» Il ne faut donc pas se laisser tromper par les apparences et de faux semblants de conciliation et de générosité; il ne faut point, par impatience ou découragement, prendre pour un accommodement utile ce qui ne serait qu'un sacrifice superflu et désastreux. »

Page 8 :

« 5° Le mécontentement des provinces révoltées? J'ai sur ce point deux choses à vous dire.

» La première, je la dirai avec franchise et sans récrimination, en constatant simplement le fait : c'est que si ces provinces ont passé du mécontentement à l'insurrection, c'est notre entrée en Italie qui en a été l'occasion.

» Tout d'abord le danger fut prévu et hautement annoncé par les catholiques ; et ce fut aussi pour le prévenir et signifier d'avance aux passions révolutionnaires qu'on ne travaillait pas pour elles, que le gouvernement français proclamait solennellement que la France « n'allait pas en Italie fomenter le désordre et ébranler le pouvoir du Saint-Père ; — que ses droits demeureraient garantis dans toute leur intégrité. » C'est cette parole formelle que tous les évêques de France, dans la confiance de leur bonne foi, ont redite aux fidèles.

» Il y a donc ici pour nous une part de solidarité qu'il est impossible de décliner ; une parole solennellement donnée qui oblige. »

A quoi?

» Eh bien! je le demande, est-ce que la responsabilité encourue ne demeure pas tout entière? Est-ce que la parole donnée ne reste pas vaine, si ce qu'on redoutait d'une part, ce que l'on désavouait de l'autre, « se consomme sous vos yeux et de notre consentement?

» Je demande s'il est de notre honneur de laisser démembrer une souveraineté que nous avions prise sous notre sauve-garde et qui devait compter sur nous?

» La révolution d'ailleurs ne veut pas autre chose. Elle se déclare satisfaite et reconnaissante (les journaux l'ont dit) non-seulement de ce que nous avons fait pour l'Italie, mais de ce que nous y laisserions faire.

» Notre abstention lui est nécessaire, et elle lui suffit. »

Voilà l'inaction contre laquelle le prélat s'indignait ; mais que voulait-il donc à la place?

Je poursuis :

« Nous avons dit que « nous ne voulions pas accepter son concours. » Par notre adhésion, que ferions-nous? Nous viendrions lui prêter le nôtre.

» Non : la France, première nation catholique du monde, a fondé la souveraineté temporelle du Pape. En tout temps, elle l'a soutenue. Il y a dix ans, elle l'a maintenue. Avant la guerre, elle l'a garantie. Jamais elle n'a demandé à l'Europe la permission de remplir son rôle séculaire : autant aurait valu demander la permission de s'appeler la France.

» Ma seconde observation, c'est qu'on ne peut avoir deux poids et deux mesures : permettre à un peuple ce qu'on refuse à un autre ; proclamer ici un principe qu'on tremblerait d'appliquer ailleurs.

» Depuis quand le mécontentement fomenté par la cupidité ambitieuse des uns et l'esprit révolutionnaire des autres a-t-il donné un droit à l'insurrection et à la séparation?

« Et où conduirait l'introduction de ce droit dans le code international de l'Europe? »

Un peu plus loin, page 13, je lis encore :

« On a osé faire allusion, à propos du gouvernement du Pape, au gouvernement du grand Turc. Acceptons un moment cette misérable allusion. Est-ce que « l'Angleterre et le Piémont ne se sont pas unis à la France pour empêcher les sujets chrétiens du grand Turc d'aller trouver le bonheur sous » le sceptre du czar? On a soutenu le Turc, non parce qu'il était Turc, mais » parce qu'il était opprimé. L'Angleterre et le Piémont veulent dépouiller le » Pape, quoiqu'il soit opprimé, parce qu'il est le Pape. »

Ainsi, vous l'entendez, monseigneur rappelle que nous avons soutenu le Turc ; mais comment? Ah! monseigneur ne dit pas que nous avons fait la guerre pour le Turc, c'est vrai, mais qui de nous a donc oublié la campagne de Crimée? Monseigneur se borne à rappeler que la France a soutenu le Turc, et il ne demande qu'une chose aujourd'hui : c'est qu'on ne laisse pas faire, c'est qu'on soutienne le Pape comme on a soutenu le Turc. Pas davantage!

Comment donc vous aurions-nous calomnié quand nous avons dit que vous faisiez appel à la force?

Page 13, monseigneur a dit encore :

« Mais pour nous consoler de la dépossession présente, et nous rassurer pour l'avenir, on nous promet la garantie du reste. L'Europe, dit-on, garantira au Saint-Père, pour prix de ce sacrifice à l'insurrection, la *possession paisible des Etats de l'Eglise*. Mais quoi! est-ce qu'à l'heure qu'il est, toutes les puissances ne sont pas engagées envers le Pape? Est-ce qu'il ne peut pas les invoquer au nom des traités et du droit public européen? Oui, *s'il y a encore un droit public européen, le Pape peut aujourd'hui sommer la France*, l'Angleterre, la Russie, la Prusse, l'Espagne, la Suède, le Portugal, *d'exécuter les garanties jurées.* »

Pour cette fois vous me dispenserez, je l'espère, d'aller plus loin, car ma démonstration est complète.

Comment! après nous avoir rappelé quel appui on a accordé au Turc, vous demandez qu'on accorde au Pape le même appui! Comment! après avoir gourmandé le gouvernement sur son incurie et signalé la marche rapide des autres, vous venez nous dire :

» S'il y a encore en Europe aujourd'hui un droit public européen, le Pape » peut sommer la France d'exécuter les garanties jurées! »

Mais vraiment, chaque ligne des écrits de Mgr Dupanloup porte avec elle la démonstration de ce qui est l'évidence même : l'appel constant à la force, à l'intervention armée. — Et je prie la Cour de me pardonner d'avoir tant insisté pour établir, par des textes, ce qui est la vie, ce qui est la pensée, ce qui est le souffle même de toutes les publications que nous avons en ce moment sous les yeux.

Cependant je veux aller plus loin encore. Je suppose que Mgr Dupanloup vienne nous dire ici :

Que ses sommations à la France, à l'Europe d'exécuter les garanties jurées ;

Que ses appels contre les révolutionnaires ;

Que ses impatiences contre l'inaction des uns par rapport à la marche rapide des autres ;

Que ses grandes images du monde catholique prêt à donner des soldats au Pape ;

Je suppose que Mgr Dupanloup vienne nous dire ici que tout cela, non-seulement n'impliquait pas, mais encore excluait dans sa pensée, l'emploi de la force pour soumettre les provinces soulevées contre le pouvoir temporel du Pape ; je suppose que Mgr Dupanloup se lève à cette barre et fasse cette déclaration : eh bien ! à l'instant même j'imposerai silence à toutes mes impressions antérieures, j'étoufferai toutes les révoltes de mon intelligence, et j'accepterai sans réserve son affirmation, car je considère Mgr l'évêque d'Orléans comme incapable de se tirer d'un mauvais pas par un mensonge.

Mais, au moins, je le prierai de reconnaître que tout ce qui aurait été si pacifique dans sa pensée s'est produit sous sa plume avec une allure bien guerrière, et que les rédacteurs du *Siècle* sont au moins très-excusables de s'être, dans la vivacité de la polémique, laissé tromper par la fougue de son style et par l'ardeur de ses métaphores.

Oui, quelle qu'ait été la pensée de Mgr Dupanloup, les impressions des lecteurs les moins prévenus n'ont pu être un seul instant douteuses ; tous ceux qui ont lu ses publications les ont comprises de même, tous y ont vu l'appel à une intervention armée, et celui des rédacteurs du *Siècle* qui considérait comme un appel à la force la sommation faite à la France d'exécuter les garanties jurées, celui-là a rencontré naturellement sous sa plume les expressions de « fougueux ligueur, que n'arrête ni l'odeur de la poudre, ni la pensée du carnage, » parce qu'il était convaincu que Mgr Dupanloup sommait la France de rétablir aujourd'hui, comme elle l'avait rétabli en 1849, le pouvoir temporel du Pape.

Or, si l'incontestable bonne foi de l'écrivain devait être reconnue par Mgr Dupanloup, à l'heure même où il viendrait nous déclarer que sa pensée était essentiellement pacifique, je lui demanderai que devient l'imputation de calomnie qu'il a adressée au *Siècle*.

Notez que, d'après l'adresse du clergé d'Orléans, c'est l'interprétation donnée par le journaliste à la *Seconde lettre d'un catholique*, qui a entraîné Mgr Dupanloup à laisser tomber le mot de calomnie. Mais, monseigneur, vous connaissez la valeur des mots? Eh bien ! si avec la plus complète bonne foi, tout le monde a dû s'y tromper, aviez-vous le droit de traiter de calomniateur celui qui a donné à votre brochure l'interprétation que tout le monde y donnait?

La conscience de la Cour et la vôtre ont répondu à cette question.

Mais où trouvez-vous donc, dans les articles du *Siècle*, la pensée de vous calomnier? Partout au contraire, partout et toujours, vous y rencontrez le regret d'avoir à combattre les doctrines de celui qu'on avait considéré comme un défenseur des idées libérales. Encore une fois, où est la calomnie, monseigneur? Et ce n'est pas ce mot-là seul que vous avez, selon le langage de votre clergé, *laissé tomber de votre plume!* Vous y avez ajouté une épithète atroce, celle de *lâche*, qui se trouve dans la publication que nous poursuivons, et que vous avez cru devoir retirer de votre brochure.

Ainsi, vous nous traitez de calomniateurs et de lâches calomniateurs. La réfutation du Courrier, où l'on prend pour point de départ, cette idée que vous en appelez à la force, et où l'on vous appelle « fougueux ligueur que n'arrête ni l'odeur de la poudre, ni la pensée du carnage; » cette réfutation serait une calomnie et une lâche calomnie! Tous les mots portent sous la plume d'un homme aussi éminent et aussi habile dans l'art d'écrire; vous ne rédigez pas vos brochures avec la précipitation du journaliste, obligé de faire son article entre l'instant où arrive une brochure et l'instant souvent bien proche où doit paraître le journal; vous avez pris votre temps, vous avez mesuré vos expressions; nous avons donc le droit de vous demander compte non-seulement de votre accusation, mais encore de l'épithète odieuse dont vous l'avez accompagnée. Mais vous ne vous en êtes pas même tenu là. Dans les six lignes que nous relevons, vous avez froidement, — j'ai peur du moins qu'il n'en soit ainsi, — vous avez froidement accumulé imputations sur imputations. Les habitudes des rédacteurs du *Siècle* ont été par vous indignement attaquées. Eux dont la première obligation est la sincérité et la loyauté, eux dont le journal ne peut vivre qu'à la condition que l'honnêteté publique y trouvera toujours satisfaction, eux qui n'ont pas manqué un seul jour de placer l'attaque à côté de la défense, vous les avez présentés comme des hommes d'une partialité révoltante et oppressive.

Ce n'est plus de l'article du 21 janvier qu'il s'agit ici, de cet article qui, aux yeux de votre clergé, devait justifier l'accusation de calomnie lancée contre nous; c'est l'existence tout entière du *Siècle*, ce sont les habitudes de ses rédacteurs que vous incriminez. Comment! un journal qui s'est placé, et par l'honorabilité de ceux qui le rédigent et par la consistance des doctrines qu'il soutient, au premier rang des organes de l'opinion publique en France, ce journal ne saurait répondre à ses contradicteurs qu'en étouffant leur voix dans l'oppression de la calomnie et du silence! Mais si vous aviez dit vrai, Monseigneur, ce journal serait infâme, et l'opinion publique, au lieu de se rallier à lui, au lieu de le placer à la tête des journaux qui la représentent, devrait se retirer de lui comme d'une œuvre de turpitude et de honte!...

En vérité, Monseigneur, vous êtes trop préoccupé d'étouffements; vous veniez de montrer en perspective le prochain *étouffement* du Pape; mais il n'y avait ni justice ni convenance à y ajouter celui de vos contradicteurs. J'ai fait justice de l'accusation de calomnie; voyons ce que c'est que l'oppression du silence exercée par le *Siècle*.

J'ai lieu de croire que Mgr Dupanloup a emprunté l'idée, avec une légère modification dans le mot, à son honorable ami M. de Falloux. La Cour comprendra la valeur et la justesse du reproche par la lecture de l'article même que le *Siècle* adressait à M. de Falloux, le 27 janvier 1860:

« Nous n'avons ni le temps ni le désir de reprendre un à un tous les arguments du noble écrivain : de pareilles discussions sont toujours oiseuses ; nous n'avons pas plus la prétention de modifier les convictions et les idées de M. de Falloux qu'il ne peut avoir celle de modifier les nôtres. Il a sa foi, nous avons la nôtre, et à coup sûr nous n'en changerons pas. Mais ce qu'il nous sera permis de relever dans l'article de notre contradicteur, c'est la calomnie qu'il commet en affirmant que nous faisons partie d'une coalition imaginaire, et que cette coalition a pour but « de faire sans cesse appel aux moyens *de compression* contre l'émission énergique de toute pensée favorable au maintien du Saint-Siége dans ses conditions normales. »

» Combattre ses adversaires est un droit, mais les combattre loyalement est un devoir, et puisque c'est précisément cette question du devoir que M. de Falloux voulait traiter, il aurait bien dû commencer par tout autre chose que par une petite calomnie bien acérée et bien doucereuse.

» Jamais, en aucun temps, nous n'avons fait appel aux moyens de compression dont parle le pieux académicien. Les colonnes du *Siècle* sont sans doute sous ses yeux, puisqu'il parle de nous si pertinemment; qu'il y trouve une seule phrase qui justifie son assertion, et nous ferons amende honorable. Il ne l'y trouvera pas. Nous avons contesté aux évêques, en tant qu'évêques, et dans l'exercice de leurs fonctions épiscopales, le droit d'intervenir dans les discussions politiques, de passionner les fidèles pour ou contre telle question.

» Nous avons contesté et nous contesterons toujours ce droit, non-seulement au clergé catholique, mais à tout clergé.

» Non, nul clergé n'a le droit de sortir du temple, de la cathédrale, de la synagogue, de la mosquée pour lutter contre les pouvoirs civils. Tout clergé doit rendre à Dieu ce qui est à Dieu, et à César ce qui est à César.

» Voilà la règle ; disons mieux, voilà l'axiome fondamental des sociétés modernes. Mais que les membres du clergé, les curés, les évêques, les pasteurs, les rabbins, non plus en leur qualité de prêtres, mais en leur qualité de citoyens soumis à toutes les lois qui régissent la communauté, entrent dans l'arène et publient leur opinion sur les faits accomplis ou à accomplir, c'est leur droit incontestable, et ce droit nous ne l'avons jamais contesté, nous l'avons hautement reconnu au contraire, quoi qu'en dise M. de Falloux. Est-ce clair? »

Voilà notre réponse à M. de Falloux. Est-ce à elle que Mgr Dupanloup a voulu faire allusion quand il a dit que nous sommes de puissants adversaires, étouffant la voix de leurs contradicteurs dans l'oppression du silence?

Mais Mgr Dupanloup savait mieux que personne que le *Siècle* n'a jamais étouffé ni voulu étouffer la voix de ses contradicteurs. Est-ce que ses brochures, fort belles sans doute, mais fort longues, ne sont pas entrées en entier dans notre feuille à côté de nos réfutations? et est-ce que nous n'avons pas le droit de réveiller encore ici bien d'autres souvenirs?

En 1853, alors que nous pouvions donner un libre cours à nos sentiments de respect pour vous, nous étions ensemble, et nous luttions vous et nous contre le journal l'*Univers*. Auriez-vous oublié, Monseigneur, qu'il vint un jour où, par suite de certaines habitudes ecclésiastiques, quelqu'un eut la pensée que ce qu'il y avait de mieux à faire contre l'*Univers*, c'était de l'étouffer sous l'oppression du silence, en interdisant l'abonnement, et, par suite, la lecture du journal à tous les membres du clergé des diocèses dont les évêques étaient en lutte contre lui?

L'archevêque de Paris prit cette mesure. Plusieurs autres prélats imitèrent son exemple.

Que fit le *Siècle?*

Il protesta dans un article du 16 mars 1853, et prit la défense du droit de discussion et des intérêts matériels du journal l'*Univers* contre les prélats.

« Qu'on ne s'y méprenne pas, disait alors M. Louis Jourdan, un des signataires de la plainte dont la Cour est saisie : nous reconnaissons le droit à M. l'archevêque de Paris de démasquer les faux dévots, les jésuites, les ultramontains; nous lui reconnaissons aussi le droit de proclamer qu'une feuille qui se dit exclusivement catholique, professe journellement les plus pernicieuses hérésies, et blasphème, sans relâche, contre l'esprit de charité et de conciliation évangélique; mais « nous croyons humblement que le genre de censure employé » dépasse le but, puisqu'il peut compromettre les intérêts d'une entreprise commerciale. » (*Sourires.*)

On s'étonne de ce dernier mot : « entreprise commerciale... » Mais pour qui la défendions-nous? Pour l'*Univers*, de même que nous défendions pour son compte la liberté de discussion; et en même temps que nous combattions de toutes nos forces ses doctrines, nous avertissions les prélats, alors nos alliés, qu'ils n'avaient le droit ni d'étouffer sa voix, ni de porter atteinte à sa propriété.

L'article se termine ainsi :

« ... Si l'on reconnaissait à l'autorité ecclésiastique le droit exorbitant, le droit impossible de frapper les fidèles dans leurs biens temporels, mieux vaudrait déchirer nos codes, etc. »

Qui donc, encore une fois, écrivait ces lignes? le *Siècle*. Et au profit de qui les écrivait-il? au profit du plus acharné de ses adversaires. Et maintenant, n'avons-nous pas le droit de dire que c'est contre science et conscience que Mgr Dupanloup a osé nous représenter comme des gens ayant l'habitude d'étouffer la voix de leurs contradicteurs dans l'oppression de la calomnie ou du silence?

Plus on examine les six lignes qui forment la matière du débat, plus on y reconnaît la volonté arrêtée d'injurier et de diffamer. Ce n'est pas seulement la réfutation du *Siècle*, qui n'est qu'une calomnie, une lâche calomnie; ce sont encore ses habitudes, qui sont des habitudes de déloyauté et d'infamie. Et pour dernier trait, Monseigneur ajoute qu'il se gardera bien de comparer le rédacteur en chef du *Constitutionnel* aux rédacteurs du *Siècle*. Mais j'ai tort, lui dit-il, de vous comparer au *Siècle*. Laissons ce journal : vous avez de l'honneur.

C'est le dernier mot de monseigneur, c'est sa dernière insulte. Il est vrai qu'elle est jetée, en quelque sorte, par antithèse, et que l'interprétation pourrait s'y donner ample carrière. Mais nous sommes ici face à face avec notre adversaire, et sans vouloir démontrer un sens sur lequel jusqu'alors personne ne s'est mépris, nous interpellons catégoriquement Mgr Dupanloup d'expliquer sa pensée, et de maintenir ou de rétracter l'injure qu'il a ajoutée à ses diffamations.

Terminons tout ceci en rappelant à la Cour que, sur trois des journaux qui ont reproduit la lettre de Mgr l'évêque d'Orléans, deux, qui sont nos adversaires ardents et tous les jours en lutte avec nous, la *Gazette de France* et l'*Union*, ont apprécié comme nous l'énormité de l'outrage, en refusant d'insérer dans leurs colonnes, le passage qui le renfermait.

Voilà les faits jugés au point de vue de la conscience. Jugeons-les maintenant au point de vue du droit.

Voici le texte de l'article 13 de la loi du 17 mai 1819 :

« Toute allégation ou imputation d'un fait qui porte atteinte à l'honneur ou à la considération de la personne à laquelle le fait est imputé, est *une diffamation*.

» Toute expression outrageante, terme de mépris ou invective qui ne renferme l'imputation d'aucun fait, est *une injure*. »

Nous accusons Mgr Dupanloup de nous avoir injuriés et diffamés : y a-t-il, sur le sens de la loi ou sur l'appréciation des faits, un doute, une controverse possible?

Quant à *l'injure*, elle est dans toutes les lignes, dans tous les mots de l'écrit incriminé. Il semble que l'écrivain ait étudié tout ce qui se pouvait dire à la fois de plus méprisant et de plus odieux. La dénégation même de l'honneur n'est-elle pas plus outrageante encore par la forme dans laquelle il l'a produite, que par le fond même de la pensée !

Quant à la diffamation, où fut-elle jamais plus caractérisée?

On impute aux rédacteurs du *Siècle* de n'avoir pas réfuté, mais d'avoir lâchement calomnié. On ne s'en tient pas là : on leur impute des faits habituels de nature à porter la plus grave atteinte à leur considération et à leur honneur.

Eux journalistes, dont le premier devoir est de respecter la liberté de discussion et d'apporter la loyauté la plus parfaite dans la polémique, ils ne savent lutter contre leurs contradicteurs qu'en étouffant leur voix sous l'oppression de la calomnie et du silence !

Autant vaudrait dire à un magistrat qu'il ne sait juger les causes qui lui sont soumises qu'avec une honteuse partialité.

Que la Cour me permette de lui rappeler, sur cette considération professionnelle, que la loi de 1819 a surtout voulu protéger quelques paroles de M. de Serres :

« Un sens du mot *considération*, auquel le mot *honneur* ne répond pas du tout, c'est particulièrement, si j'ose me servir de ce terme, *la considération professionnelle*, l'estime que chacun peut avoir acquise dans l'état qu'il exerce, estime qui fait une partie de sa fortune, qui est pour lui une propriété, un capital précieux, que la diffamation peut évidemment atteindre même sans porter atteinte à son honneur. Car on peut être homme d'honneur, n'être pas diffamé comme tel, et l'être, par exemple, dans les autres qualités morales qui font un bon négociant, un bon avocat, un bon médecin. En un mot, un homme quelconque a mérité, par ses actions, par sa vie tout entière une portion d'estime, il a acquis une mesure de considération morale parmi ses concitoyens : eh bien ! voilà le patrimoine que la loi doit protéger et défendre, et c'est l'objet de l'article. »

Voilà la loi expliquée par le ministre qui l'avait présentée aux Chambres, et qui en soutint si admirablement la discussion. Voilà la loi protectrice dont nous réclamons l'application.

Le délit est flagrant : aucune excuse, aucune compensation n'y peut être admise. La répression doit donc en être prononcée sans hésitation.

Je demande à la Cour une sévérité qui me paraît indispensable. Je lui ai fait connaître quels motifs avaient dicté la plainte : l'écarter, ne serait-ce pas dire aux écrivains insultés, qu'ils ont eu tort de ne pas se faire justice à eux-mêmes, et les pousser ainsi dans l'avenir aux plus fâcheuses extrémités ?

Quant à la position élevée de l'offenseur, je n'ai rien à en dire. Je sais trop bien que les magistrats n'y verront jamais qu'une cause d'aggravation de l'outrage, et par suite une cause d'augmentation de la pénalité.

Je ne terminerai pas, Messieurs, sans appeler votre attention sur un rapprochement qui s'est présenté plus d'une fois à mon esprit pendant que j'étudiais cette grave affaire, et qui me paraît contenir pour tous un grand et salutaire enseignement.

Au milieu du siècle dernier, un homme dont la France ne prononce le nom qu'avec admiration et respect, Jean-Jacques Rousseau, fut insulté dans un mandement de Mgr de Beaumont, alors archevêque de Paris.

L'injure était intolérable. Mais, avec les institutions qui pesaient alors sur le pays, l'inégalité des conditions rendait la poursuite et la réparation impossibles.

Jean-Jacques protesta dans des pages éloquentes, dont je veux mettre un passage seulement sous vos yeux.

« Que vous discourez à votre aise, vous autres, hommes constitués en dignité! Ne reconnaissant de droits que les vôtres, ni de lois que celles que vous imposez..., les outrages ne vous coûtent pas plus que les violences; sur les moindres convenances d'intérêt ou d'état, vous nous balayez devant vous comme la poussière!... Quand vous nous insultez, il ne nous est pas même permis de nous plaindre; et si nous montrons notre innocence et vos torts, on nous accuse encore de vous manquer de respect.

» Monseigneur, vous m'avez insulté publiquement; je viens de prouver que vous m'avez calomnié! Si vous étiez un particulier comme moi, que je puisse vous citer devant un tribunal équitable, et que nous y comparussions tous deux, moi avec mon livre et vous avec votre mandement, vous y seriez certainement déclaré coupable et condamné à me faire une réparation aussi publique que l'offense l'a été. Mais *vous tenez un rang* où l'on est dispensé d'être juste, et *je ne suis rien.* »

En regard de ces lignes écrites le 18 novembre 1762, et où se reflète si douloureusement le régime auquel l'ultramontanisme voudrait encore nous ramener, nous placerons, messieurs, l'arrêt que nous attendons de votre sagesse, heureux de penser que si nous avons bien à lutter encore pour nous saisir de toutes les conquêtes de notre glorieuse révolution, il en est une au moins qui ne peut plus être disputée :

L'égalité devant la loi et la justice pour tous.

PLAIDOYER DE Me BERRYER.

Messieurs,

On m'appelle à prendre dès à présent la parole : cette discussion va donc être engagée devant vous dans un ordre inaccoutumé. Cités par un seul acte à la requête de M. le procureur-général pour voir statuer sur deux plaintes dont un seul auteur et un seul écrit ont été l'objet, nous pensions que ces deux plaintes, qui doivent être jugées par un seul et même arrêt, seraient l'une et l'autre exposées et développées au nom des parties plaignantes, et que M. le procureur-général, qui les a embrassées dans une même citation, nous ferait connaître son opinion sur la poursuite qu'il a ainsi autorisée, avant que nous eussions de notre côté à répondre à nos trois adversaires et à faire apprécier par la Cour quels devoirs, dans la grande lutte engagée au nom de l'Eglise catholique, sont imposés à l'épiscopat français; quelles doctrines et quelles circonstances l'ont provoqué à élever la voix; de quel esprit fut inspiré Mgr l'évêque d'Orléans en prenant part à cette polémique.

Il n'en sera pas ainsi. La Cour veut scinder l'unité que nous entendions apporter dans les moyens de la défense. M. le procureur-général, qui nous a assignés pour discuter à la fois sur les deux plaintes l'application des dispositions de la loi, au lieu de nous faire savoir à cette heure s'il considère en effet ces lois comme applicables à la cause, M. le procureur-général attend, pour se faire entendre, que le débat soit successivement vidé sur chacune des plaintes, entre les plaignants et le prévenu. Tel n'est pas l'ordre de discussion tracé par la loi dans les juridictions criminelles. Toutefois cette marche, j'en conviens, peut avoir un certain avantage pour la Cour; elle abrégera ma tâche. Je ne vais aujourd'hui réfuter qu'en peu de mots et avec autant d'ordre qu'il me sera possible. l'accusation qui vient d'être développée au nom des rédacteurs du journal le *Siècle*.

Je ne veux pas discuter ce qu'en donnant lecture d'un grand nombre de leurs articles, ces messieurs ont accordé d'éloges à l'esprit et aux sentiments qui les inspirent, aussi bien qu'aux scrupules avec lesquels ils se seraient montrés constamment fidèles aux principes d'un programme qui leur avait été donné en 1836. Je ne repousserai pas le tribut d'hommages que, comme moyen oratoire peut-être, leur avocat vient de rendre aux rares et aux grandes qualités de Mgr l'évêque d'Orléans : il n'a pas pu méconnaître comment en toutes circonstances l'évêque d'Orléans, avec l'autorité d'une doctrine libérale, généreuse, orthodoxe et vraiment chrétienne, a soutenu les droits et les principes qu'il est dans le plus grand intérêt, pour la catholicité et pour l'église de France en particulier, de défendre et de faire triompher.

Dans les luttes animées qu'on vient de rappeler; dans les discussions soulevées sur la question de la liberté d'enseignement, liberté si importante pour notre foi, pour la grande Eglise catholique, pour cette savante et illustre église de France, il n'est personne qui n'ait admiré l'esprit qui a dirigé Mgr l'évêque d'Orléans, esprit de paix et de conciliation qui a amené la plus sage et la plus heureuse des transactions.

Quand, plus tard, retentit un débat qui ne fut pas purement littéraire; quand on prétendit qu'il fallait écarter des études de notre jeunesse les chefs-d'œuvre de l'antiquité payenne et ne lui livrer que les écrits des poëtes, des historiens, des orateurs chrétiens, qui donc avec un zèle plus éclairé, qui avec plus d'autorité, de raison et de goût que l'évêque d'Orléans, a revendiqué pour les études françaises la connaissance approfondie des merveilles que l'intelligence humaine a produites dans tous les âges? C'est lui qui a été jusqu'à faire entendre ces mots qu'on répétait tout-à-l'heure : « *Platon, Homère, Cicéron, n'étaient pas payens.* » Oui, par les inspirations de leur génie, ces antiques et grands esprits s'élevèrent le plus souvent à la hauteur de la morale et des vérités évangéliques.

La haute sagesse, la prudence modératrice, le zèle intelligent que manifesta toujours Mgr l'évêque d'Orléans, lui ont-ils donc manqué? Est-il devenu si différent de lui-même, quand il s'est agi de servir des intérêts plus chers et plus sacrés encore; quand il a dû comme français, comme catholique, comme évêque, lutter contre les attaques passionnées dirigées contre les droits de l'Eglise, contre l'autorité et la souveraineté du pasteur des pasteurs?

Mgr l'évêque d'Orléans, a-t-on dit, était l'homme le plus éclairé, le plus conciliant. Mais il a fait récemment un voyage à Rome, et c'est sans doute là que son esprit s'est égaré : c'est sans doute là que cet homme dont la vie rappelle tant celle de Fénelon, s'est nourri de fiel et d'amertume pour venir engager une lutte qui n'est, après tout, qu'une provocation à la révolte au sein de notre pays, qu'une attaque au gouvernement actuel; en un mot, il n'a embrassé les intérêts de l'Eglise que pour s'en faire une arme de guerre dans un intérêt politique. Voilà l'étrange explication qu'on a donnée des efforts du zèle le plus légitime, explication qu'une certaine presse a propagée, et qu'on reproduisait tout-à-l'heure à votre audience.

Ce n'est pas avec les écrivains du *Siècle* que je discuterai le caractère et la gravité des événements récents qui ont amené Mgr l'évêque d'Orléans à prendre la plume : ce n'est pas à nos adversaires que je ferais comprendre le sentiment de devoir qui a animé ce prélat, la grandeur et la sainteté de la cause qu'il a défendue, le zèle apostolique qui l'a inspiré. J'aurai peut-être plus tard à m'expliquer sur ces divers points, si une voix plus magistrale incriminait la pensée qui a dirigé l'écrivain, si l'on essayait de dire que ses intentions ont été mauvaises et condamnables. De graves raisons, les doctrines que le *Siècle* a émises, le langage qu'il a constamment tenu sur les questions religieuses, me dispensent d'examiner avec lui le fond même du débat, c'est-à-dire, ce qui touche au lien étroit de l'autorité spirituelle et du pouvoir temporel de la Papauté, à ses libertés, à ses droits, quant à l'inculpation d'avoir voulu confondre une question diplomatique avec une question religieuse, de mettre l'intérêt de la Religion et de l'Eglise au service de je ne sais quelles passions politiques. Ces reproches n'auront leur place au débat qu'autant que le ministère public les reproduirait pour apprécier les faits qui vous sont dénoncés et leur imprimer le caractère d'un délit prévu par la loi.

Je n'aborderai donc pas quant à présent ces points de vue; je veux réduire la cause aux termes les plus simples. L'obligation que l'on m'impose de devancer le moment où le développement du débat aurait été complété par les plaidoiries de nos deux adversaires et par le réquisitoire du ministère public, cette obligation aura du moins, je le répète, l'avantage de ne pas m'exposer à fatiguer longtemps votre attention.

Qu'il me suffise de dire que Mgr d'Orléans n'est pas isolé dans cette lutte. Il a chaleureusement défendu la thèse de la nécessité d'une souveraineté temporelle pour la pleine indépendance de l'autorité spirituelle du Chef de l'Église; il a dit que, dans l'intérêt de l'unité de la foi, il faut que le Chef de la Catholicité, que le Vicaire de Dieu sur la terre ne paraisse pas dominé par une puissance temporelle quelconque, que sa souveraineté doit être pleine, entière et libre, non pas seulement pour l'exercice de l'autorité spirituelle, non pas seulement pour la sécurité de toutes les âmes catholiques dans le monde, afin qu'elles ne puissent pas supposer que la suggestion ou le commandement d'un pouvoir temporel aient déterminé les décisions du Chef de l'Église : j'ajoute que cette souveraineté est nécessaire pour que, mêlé comme prince temporel à toutes les affaires de ce monde, à toutes les questions qui s'agitent entre les États, le Pape ne soit pas comme renfermé dans un sanctuaire obscur, placé en dehors du mouvement des affaires humaines; pour que, s'asseyant aux conseils des Rois, il y intervienne comme modérateur; pour, enfin, qu'il ne fasse jamais usage de sa puissance spirituelle, avec l'omnipotence qui lui appartient, sans reconnaître les tempéraments, les ménagements que peuvent réclamer le repos des peuples, la paix de l'Église, la sécurité des États.

Quand, dis-je, l'évêque d'Orléans est entré dans ces graves et importantes discussions, gardez-vous de croire, Messieurs, qu'il soit devenu autre qu'il ne s'est montré dans sa vie entière; ne pensez pas qu'il ait cédé à un entraînement isolé, à une personnelle inspiration. Non, non : il est d'accord avec tout le clergé de France; les accusations qu'on porterait contre ses intentions, il faudrait les adresser à tous nos évêques : il n'en est aucun qui n'ait point partagé ses convictions, ou qui ne lui ait pas donné une entière approbation.

Laissez-moi donc, Messieurs, le faire apparaître devant vous avec l'escorte de tout l'apostolat, de tout l'épiscopat français. Certes, je ne veux pas fatiguer la Cour par des lectures multipliées de lettres que j'ai entre les mains; laissez-moi vous en présenter quelques-unes seulement, celles qui sont en tête du volumineux dossier que voici.

Mgr l'archevêque de Rennes, vous entendez bien, Mgr l'archevêque de Rennes (*mouvement*) écrivait à Mgr Dupanloup, le 27 janvier 1860 :

« ... Permettez-moi donc, Monseigneur, de vous adresser avec mes remerciments mes bien sincères félicitations, et de vous dire que *votre éloquent opuscule n'a qu'un défaut, celui d'avoir cent fois trop raison.* »

S. Em. Mgr le cardinal Morlot, archevêque de Paris, s'exprime ainsi dans une lettre du 26 janvier 1860 :

« C'est aujourd'hui seulement que je reçois votre lettre du 23. Deux jours auparavant, le nouvel écrit m'était parvenu, et déjà je l'avais lu avec autant de *reconnaissance* que d'empressement. — *Je ne saurais assez vous remercier*, Monseigneur, en ce qui me concerne personnellement, et *au nom de la Sainte-Eglise.* La grande cause qui tient tous les esprits en suspens, dont les âmes sont si profondément émues, *n'a pas de meilleur défenseur et de plus éloquent que vous.* Espérons et ayons confiance. »

S. Em. le cardinal de Bonald, archevêque de Lyon, écrit le 5 février :

« . . Il me tardait de vous remercier de l'envoi que vous avez bien voulu me faire de votre seconde lettre. Il me tardait surtout de vous remercier de l'avoir publiée. *Vous avez noblement fermé la discussion : il n'y a plus rien à répliquer après votre écrit.* Vous avez été d'une logique invincible. *Au milieu des tribulations du Saint-Père, votre lettre a été pour lui d'une grande consolation.* »

Mgr Régnier, archevêque de Cambrai, le 2 janvier :

« Permettez-moi de vous adresser mes félicitations pour le nouveau service que vous venez de rendre à l'Eglise, en publiant votre « Lettre à un catholique. » — *Vous avez exprimé, Monseigneur, nos sentiments à tous, et vous l'avez fait avec une énergie, une éloquence et une logique qui ne nous laissent rien à désirer.* — Votre succès, Monseigneur, est complet; *vous avez sans réserve l'approbation des amis de la religion, et sans mesure les imprécations de ses ennemis.* »

S. Em. le cardinal-archevêque de Besançon, le 24 janvier :

« Mon très-cher et très-honoré Seigneur, tout ce qui me vient de vous m'est précieux. Mais *vous méritez une louange spéciale de l'esprit et du cœur* pour vos deux derniers écrits, où la vérité et la justice ont répandu par votre plume le plus vif éclat et défendu avec un grand succès la bonne cause. Plaise à Dieu de la faire triompher! »

Mgr l'archevêque de Sens, le 13 octobre 1859 :

« Monseigneur, le jour où il me fut possible de lire *votre noble et courageuse protestation, mon adhésion pleine et entière lui était acquise, Vos sentiments, si éloquemment exprimés, à la vue du bouleversement de tous les principes et des attentats contre l'indépendance du Souverain-Pontife, Chef auguste et Père de tous les chrétiens, sont aussi les miens.* »

Voici une lettre de l'archevêque d'Aix; en voici qui sont émanées de presque tous les siéges épiscopaux, même de nos évêques dans les colonies. C'est assez vous révéler la véritable situation de Mgr l'évêque d'Orléans ; accusé, à votre barre, d'avoir apporté trop de virulence et de passion dans la lutte, il est remercié, félicité, béni, il est couronné comme vrai défenseur de l'Eglise par tout l'épiscopat français.

Dans cette lutte où Mgr l'évêque d'Orléans s'est si courageusement et justement engagé, il n'est pas seulement entouré de l'immense approbation des évêques français. Ce n'est pas une moindre satisfaction pour lui de voir, même en dehors du monde catholique, les hommes d'État, les écrivains les plus distingués, les esprits supérieurs revendiquer comme lui les droits de notre Église. Les accusations de ses ennemis doivent tomber devant les adhésions les plus éclatantes, devant les manifestations solennelles, devant les suffrages des hommes qui, par leur indépendance, leurs talents, ont le plus d'autorité : partout ne s'est-on pas ému de ce qui s'accomplit contre la souveraineté des Etats-Romains ?

Que dirai-je de cet étrange droit public que l'on prétend introduire dans le monde et qu'on a essayé tout à l'heure encore de justifier dans cette enceinte ? Il ne s'agit pas ici, Messieurs, de ce qu'on appelle « l'autonomie » des nations ; il ne s'agit pas de la faculté que peut avoir un peuple de se déclarer las de son gouvernement, de le renverser, d'en constituer un autre. Il ne s'agit plus du principe de ces grandes révolutions nationales qui ébranlent le monde, et enfantent de ces désastres dont la France a souffert plus qu'aucun autre pays. On propage aujourd'hui de bien autres maximes d'insurrection : c'est un droit nouveau, inouï qui s'introduirait dans les Etats. Que dirait-on si, à l'exemple des Romagnes, sous un vain prétexte de nationalité, de communauté d'origine ou de langage, l'Alsace, abusée par les manœuvres d'un ambitieux voisin, déclarait qu'elle ne veut plus du gouvernement français, qu'elle s'en sépare et s'annexe à une souveraineté étrangère ? Quoi de plus menaçant pour l'ordre européen, pour la dignité des nations, pour la paix du monde ? Un tel exemple, s'il était consacré, serait pour chaque pays une ère de déchirement.

Quoi ! chaque membre d'un grand corps politique pourra se séparer à son gré de la commune patrie, pour se rattacher par un honteux accouplement à je ne sais quel autre corps plus ou moins voisin, plus ou moins éloigné ! C'est là le principe de « l'annexion. » Et que faut-il en penser quand ce mot voile si mal une longue série d'intrigues, de mensonges et de perfidies, au grand déshonneur de ceux qui les mettent en pratique ? Et on hésiterait à démasquer et flétrir l'ambition criminelle de ceux qui, par ces lâches moyens, prétendraient acquérir des accroissements de territoire !

C'est ainsi qu'on a travaillé à démembrer les États du Saint-Père....

M. le premier Président. — Cette discussion est étrangère à la cause, Me Berryer.

Me Berryer. — Je ne veux pas insister. Je n'avais pris la parole aujourd'hui qu'avec l'intention d'être bref et de simplifier la discussion. Malgré moi, mes pensées me pressent et m'entraînent ; je les écarterai volontiers : elles sont au surplus dans l'esprit et la conscience de tout homme honnête et sincère.

Je rentre dans les observations spéciales à la question judiciaire.

En présence des évènements qui déchirent le patrimoine de Saint-Pierre, le monde s'est ému : vous en avez le témoignage partout. Il n'y a pas une contrée catholique qui n'ait manifesté ses alarmes, ses inquiétudes. Au milieu de ce mouvement général, au milieu de cette émotion universelle, en présence de ces adhésions, de ces protestations d'attachement et de fidélité au Saint-Siége, qui se sont élevées de tous les points de l'Europe, que pouvait penser, que devait dire un évêque français? En est-il un qui eût voulu faire entendre un autre langage que celui que Mgr d'Orléans nous a fait admirer? En face de ces unanimes réclamations, de ces unanimes manifestations des prélats allemands, belges, espagnols, anglais, italiens même, comment a-t-on accusé Mgr l'évêque d'Orléans de n'être excité que par l'esprit de parti, par des passions politiques, par un entraînement d'opposition systématique ?

Certes, Messieurs, je n'ai nul besoin de vous rappeler les actes du gouvernement impérial, qui, à toute époque, ont proclamé de la manière la plus nette et la plus formelle la nécessité de maintenir l'intégrité des Etats de l'Eglise. Si, sur ce point, la conformité des doctrines et des efforts de Mgr d'Orléans avec le langage du gouvernement était mise en doute, il serait trop facile de la démontrer par de nombreux documents empruntés au *Moniteur* seul. Pour ne parler que des actes solennels contemporains de la publication des écrits de Mgr Dupanloup, laissez-moi mettre sous vos yeux, en ce qui touche l'indépendance du Souverain-Pontife, l'intégrité de son patrimoine, le respect et l'étendue de ses droits, un simple article du *Traité de paix de Zurich*. Ce traité a été promulgué en France par le *Moniteur universel* du 29 novembre 1859; il ne fut signé qu'après de longues conférences. Son art. 18 suffit pour faire connaître les principes que les souverains qui le ratifièrent promettaient de faire respecter dans le monde :

Art. 18. — « Sa Majesté l'empereur des Français et Sa Majesté l'empereur d'Autriche s'engagent à favoriser de tous leurs efforts la création *d'une confédération entre les Etats italiens, qui serait placée sous la présidence honoraire du Saint-Père*, et dont le but serait de *maintenir l'indépendance et l'inviolabilité des Etats confédérés, d'assurer le développement de leurs intérêts moraux et matériels* et de garantir la sûreté intérieure de l'Italie par l'existence d'une armée fédérale. »

Peu de temps avant la signature de ce traité, une allocution du Saint-Père avait dévoilé toutes les intrigues qui, depuis les préliminaires de

Villafranca, s'étaient ourdies dans les Romagnes ; le Pontife protestait contre les attentats dont sa souveraineté était l'objet et faisait appel à tous les évêques de la chrétienté pour la défense de ses droits indignement violés.

C'est alors que l'évêque d'Orléans publia sa protestation. Cette protestation, je le répète, invoquait tous les principes proclamés jusque-là par le gouvernement français ; cette protestation s'élevait contre des actes que flétrissait aussi un article célèbre du *Moniteur* (1), dont le souvenir n'est pas effacé de vos esprits et qui, finissant par ces mots significatifs : « *la France a rempli sa tâche*, » incriminait la conduite des Italiens dans les termes les plus dignes et les moins équivoques.

C'est après cette déclaration, c'est un mois après la promulgation du traité de Zurich qu'a paru la brochure anonyme du *22 décembre 1859*. Qu'a lu Mgr d'Orléans en tête de cette brochure ? la reconnaissance, l'acclamation de ces mêmes principes au nom desquels il venait de protester : là était logiquement démontrée et invoquée la nécessité du pouvoir temporel du Pape pour le maintien et l'exercice libre de son autorité spirituelle. Même aux dernières pages de cet écrit nous trouvons encore ces mots : « Nous voudrions que le Congrès reconnût, comme un *principe essentiel de l'ordre européen*, la nécessité du pouvoir temporel du » Pape. Pour nous, *c'est là le point capital.* »

Mgr l'évêque d'Orléans écrit alors ; pourquoi ? parce qu'à côté de cette ferme déclaration de principes, par une inexplicable contradiction, la brochure anonyme proposait le démembrement, la spoliation d'une partie du patrimoine de l'Église.

La *première lettre à un catholique* est répandue et accueillie dans toute la France avec un immense succès.

La seconde fut publiée en janvier ; dans quelles circonstances ? La France venait de connaître l'adresse de Garibaldi aux étudiants de Pavie (je ne mets pas les termes de cette adresse sous vos yeux, ils sont indignes de votre audience) ; les plus odieux, les plus abominables outrages y sont prodigués contre la personne du Saint-Père ; l'Église entière est menacée ; le sacerdoce à tous les degrés est jeté au-devant des poignards ; il ne s'agit plus seulement d'envahir, d'anéantir le patrimoine de Saint-Pierre : l'assassinat est provoqué contre tout ce qui porte un habit ecclésiastique. C'est en réponse aux paroles de cet homme, qu'une trop juste indignation dicta à Mgr l'évêque d'Orléans sa *deuxième lettre à un catholique*.

Quand parurent ces divers écrits, le *Siècle*, durant trois mois, s'est appliqué à les combattre. On vous a lu une partie de ses articles ; tels qu'ils ont été choisis par son avocat, ils suffiraient pour justifier l'appréciation qu'en a faite plus tard Mgr d'Orléans. J'ai écouté tranquillement cette lecture ; je ne sais pas quelle impression elle a produite sur M. le pro-

(1) *Moniteur* du 9 septembre 1859.

cureur-général, mais je crois bien qu'il n'a pu entendre plus d'un passage sans s'étonner qu'ils n'eussent pas appelé l'attention de la justice. Ce n'est pas moi qui provoquerai des poursuites contre la presse ; et pour ne m'occuper que des outrages inouïs prodigués dans cette polémique à tout l'épiscopat français et à Mgr Dupanloup en particulier, je dois ajouter à ce qu'on vous a lu quelques autres extraits de la rédaction du *Siècle*.

Le 4 octobre 1859, à propos des mandements de nos évêques, le *Siècle* s'exprimait ainsi :

« Jamais tant de *sophismes* ne furent entassés l'un sur l'autre, jamais tant de *passions haineuses* ne furent soulevées. La passion ultramontaine de l'épiscopat français pousse *des cris de fureur...; la chaire est transformée en club ; on sème l'irritation et la haine.* »

Dans le n° du 8 octobre, je lis ces mots :

« Les évêques peuvent sans danger *calomnier*, du haut de leur grandeur, les intentions les plus droites. »

Ces passages, j'en conviens, ne sont pas personnels à Mgr d'Orléans. Mais assurément il doit se sentir offensé comme Français, comme catholique et comme dignitaire de l'Eglise. Poursuivons.

15 novembre 1859 :

« LA FORCE DES CHOSES. » — « Dieu n'est représenté tout entier, ni par le pape romain, ni par l'église romaine, ni par la confrérie Veuillot, ni par la papesse anglicane, ni par le pape grec, ni par le pape suédois, ni par le pape musulman. Dieu n'appartient à personne ; Dieu se donne à tous, et quiconque dit que Dieu lui a confié ceci ou cela, *quiconque affirme que hors de son Eglise il n'y a point de salut*, quiconque parle ainsi trompe ou se trompe...

» Une durée de dix-huit siècles pour *une superstition quelconque* ne prouve qu'une chose : c'est qu'elle a vécu dix-huit siècles; mais cela ne prouve pas qu'elle en vivra vingt ni même dix-neuf. Quant au miracle de cette durée, il n'a rien d'extraordinaire : le judaïsme est bien plus ancien, et *les Chinois ont des parchemins bien plus respectables...* »

Et plus loin :

« Le clergé romain fait ce qu'il doit faire ; il fait ce que firent *les maîtres de poste* pour empêcher l'établissement des chemins de fer, ce que fait *le boucher* pour entraver la liberté du commerce de la viande, ce que feraient *les agents de change* si l'on voulait proclamer la liberté du marché financier, ce que fait, en un mot, *tout animal* créé qui, méchant ou non, se défend quand on diminue ses prérogatives ; mais dire qu'il y a là le doigt de Dieu, une intervention divine, un miracle, c'est se moquer agréablement du public, et rien de plus. »

30 décembre, sous le titre :

« LES FOUDRES EPISCOPALES. » — « Quand le prêtre menace, si extravagante, si audacieuse que soit la menace, quel que soit le dieu auquel il fasse appel, quel que soit le culte qu'il défende, il ne faut pas rire. Le prêtre menaça un jour Luther ; il ne tua pas la doctrine de Luther; mais des flots de sang coulèrent; des iniquités, des abominations furent commises. Lorsque le mot de réforme a été prononcé en Orient, le prêtre a menacé; l'idée de réforme a survécu, il est vrai ; mais *à la voix du prêtre le fanatisme a répondu et les massacres de Djeddah sont venus épouvanter le monde*. Ne traitons donc pas légèrement ces *pieuses forfanteries.., œuvres irréligieuses au premier chef...* Quiconque croit en Dieu a le droit et le devoir de combattre, soit publiquement, soit dans l'intérieur des familles, ce que de si coupables excitations pourraient produire. »

Désormais, l'outrage est direct contre Mgr l'évêque d'Orléans.

Le 29 décembre :

« Quand il aura réfléchi plus mûrement, il reconnaîtra peut-être que *ses défis, ses bravades, ses insolences*, *c'est le mot*, auront médiocrement servi la cause de la religion. »

Le 21 janvier 1860 :

« Mais il faut en convenir, Mgr l'évêque d'Orléans s'explique avec une entière franchise. *L'Union* faisait des réticences ; le prélat n'y met point tant de façons. *C'est par les armes de la France* que l'autorité du Pape doit être rétablie sur les provinces révoltées. *Que le sang coule, que les massacres commencent ; l'odeur de la poudre n'effraie pas le fougueux ligueur, il ne recule pas devant le carnage.... Frappez ! Frappez ! Dieu reconnaîtra les siens.* Il faut que la légitimité triomphe, il faut que la révolution soit vaincue. »

Enfin, le 4 février avait paru dans le *Constitutionnel* une prétendue lettre pastorale d'un ancien évêque d'Orléans. Le *Siècle* dit seulement : « Que va répondre Mgr Dupanloup ? »

Pour terminer ces citations et pour vous donner une complète idée de la dignité et de la loyauté avec lesquelles le *Siècle* soutient la polémique sur de telles matières, écoutez ce qu'on a pu lire dans ses colonnes le 18 du même mois de février, même après qu'il eut déclaré qu'il allait réclamer de la justice du pays la réparation de la *diffamation flagrante* qu'il vous dénonce aujourd'hui :

« Polichinelle entre en scène au théâtre Argentina avec deux ours, l'un blanc, l'autre noir. Il demande à son compère Gennaro : « — sur lequel dois-je frapper? » — Gennaro, qui répond d'habitude : — « sur le blanc, » — crut devoir varier les plaisirs du public et répondre : — « sur le noir. » Or *comme les prêtres en général sont vêtus de noir*, le public saisit l'allusion et cria en chœur : Oui, sur le noir ! sur le noir ! ! sur le noir !!! — et Polichinelle frappa sur le noir, *jusqu'à ce que le noir, étendu et comme mort, restât sur la place.* » — « Pauvres Parisiens, si avancés aujourd'hui ! rappelez-vous le temps où vous applaudissiez les coups de bâton que Figaro donnait à Basile. — Lui aussi battait le noir. Seulement, à Paris comme à Rome, *le noir faisait semblant d'être mort, mais il ne l'était pas. Témoins messieurs de Poitiers et d'Orléans,* qui viennent de nous prouver qu'ils étaient vivants et très-vivants, comme disait feu Béranger, qui, comme Polichinelle, frappait tant qu'il pouvait sur le noir. »

Ai-je besoin de qualifier de tels outrages?...

Quelques jours auparavant, Mgr l'évêque d'Orléans, à qui le *Constitutionnel* opposait une lettre ou un discours d'un de ses prédécesseurs comme une puissante contradiction avec les principes qu'il venait de défendre, prend la plume et répond à M. Grandguillot, directeur de ce journal. Certes, Mgr Dupanloup pouvait se plaindre de ce nouveau moyen de polémique et de la forme sous laquelle M. Grandguillot exhumait ce contradicteur. C'est sous un titre fort apparent, disposé avec de grandes majuscules, qu'on lit en tête du *Constitutionnel* : LETTRE PASTORALE DE MGR L'ÉVÊQUE D'ORLÉANS, *adressée aux supérieurs et directeurs de son petit séminaire.* Cette mise en scène devait tromper les esprits superficiels, les lecteurs inattentifs.

Dans une réfutation complète et victorieuse des opinions et de l'autorité morale et théologique de son prédécesseur, Mgr l'évêque d'Orléans n'a pas pensé qu'après le langage profondément injurieux que vous venez d'entendre, le *Siècle* fût un contradicteur avec lequel les questions qui touchent à la religion et aux intérêts de l'Eglise, pussent être dignement débattues. Il s'adresse à M. Grandguillot seul :

« .... C'est vrai, mes arguments n'étaient pas nouveaux : c'étaient simplement les principes éternels de la raison, de la justice et de l'honneur. Jusqu'à preuve contraire et réfutation quelconque, j'ai droit de les croire irréfutables. Vous me trouverez peut-être bien présomptueux, Monsieur; mais je vais plus loin, et je crois précisément que c'est parce qu'ils sont irréfutables, que vous ne les avez ni publiés, ni réfutés, ni vous ni d'autres, *sauf « le* SIÈCLE » *toutefois, dont la réfutation n'a été qu'une calomnie....* »

Je lis la lettre telle qu'elle a été publiée dans le *Constitutionnel,* conformément à l'original revêtu de la signature de Mgr Dupanloup. Un autre journal et, après lui, le *Siècle,* ont ajouté au mot « calomnie » l'épithète de *lâche.* Je ne l'écarterai pas ; je ne sais point de calomnie qui ne soit une lâcheté, et je ne vois pas ce que, sans l'épithète, le reproche de calomnie aurait de moins grave. Mgr Dupanloup ajoutait :

« Puissants adversaires qui ne savent lutter contre leurs contradicteurs qu'en *étouffant leur voix dans l'oppression de la calomnie ou du silence. Mais j'ai tort, Monsieur, de vous comparer au* Siècle. *Laissons ce journal.* »

La phrase s'arrête là, comme la pensée de l'écrivain. Voilà tout le paragraphe qui concerne le *Siècle* et qui est le prétexte de sa plainte.

Mgr Dupanloup continue, reprenant l'interpellation qu'il adresse à M. Grandguillot :

« *Vous avez de l'honneur.* Si je me trompe, faites ce que vous n'avez pas fait : *publiez ma lettre et réfutez-la.* »

Dans ce qu'il dit du journal le *Siècle,* le langage de Mgr d'Orléans manque-t-il de modération? dépasse-t-il les bornes de la légitime défense, en face des attaques virulentes et injurieuses dont il avait été l'objet?

La modération, quelle est-elle? qui en posera les limites? — La justice! la justice! Ah! je m'en rapporte à elle. Mais, à côté et au-dessus même de l'autorité judiciaire, laissez-moi le dire, je m'en rapporte à la conscience du genre humain, à la conscience de tout homme droit, de tout homme qui a le sentiment de son propre honneur. Après les apostrophes que je viens de résumer ; après ces imputations de faire appel aux armes, aux poignards, de vouloir qu'on extermine, que le sang coule ; après cette accusation de susciter des révoltes au sein du pays, est-il quelqu'un, non-seulement parmi ceux qui vont nous juger, non-seulement parmi ceux qui m'écoutent, mais est-il au monde quelqu'un qui, comparant les invectives du *Siècle* avec le langage de l'évêque, reproche à ce dernier un excès, un abus de la colère, une expression démesurée de son indignation?

Durant près de trois mois, Mgr l'évêque d'Orléans a dédaigné les attaques personnelles et les insultes que le *Siècle* lui prodiguait chaque jour, il n'a point répondu aux doctrines et aux violences des journaux. Mais le jour où le *Constitutionnel* lui oppose un écrit oublié depuis cinquante années (ce n'est pas à moi à demander de qui il l'a reçu), le jour où on livre au public ce document posthume, comme l'œuvre de *l'un des plus augustes et des plus vénérés prédécesseurs de Mgr d'Orléans, d'un saint évêque, l'un des plus illustres de l'Eglise de France* (1), ce jour-là il fallait répondre à cette attaque nouvelle produite avec l'autorité et la majesté du tombeau, sur une feuille répandue dans toute la France et dans le monde ; ce jour-là il fallait répondre, et répondre avec cette même publicité des journaux. Si Mgr d'Orléans se fût réduit à adresser une lettre pastorale à ses curés, c'eût été ne pas répondre, puisque la publicité des écrits épiscopaux est maintenant interdite. Il a usé du droit commun à tous les citoyens français, il a répondu à M. Grandguillot : — Mais, Monsieur, vous ne m'avez pas réfuté, « ni vous ni » d'autres, sauf le *Siècle,* dont la réfutation n'a été qu'une calomnie. » — Non, s'écrie le *Siècle,* non, je n'ai pas calomnié : j'ai appelé, il est vrai, l'évêque d'Orléans « prêtre infidèle » ; je l'ai accusé de semer la discorde dans les familles, de provoquer la révolte en France : j'ai dit

(1) *Constitutionnel* du 3 février 1860.

que *ce fougueux ligueur ne s'effrayait pas à l'odeur de la poudre,* qu'il voulait tout troubler, tout briser, tout exterminer, voir couler le sang : je n'ai dit que cela. J'étais parfaitement fondé à le dire, car l'écrit de l'évêque n'est autre chose qu'une provocation à la révolte, qu'un appel à la force des armes, pour faire rentrer le Saint-Père dans ses provinces révoltées.

Passons sur l'excessive violence de ces outrageantes accusations. Mais est-ce avec quelque bonne foi que le *Siècle* a pu dire que tel est l'esprit des écrits de Mgr l'évêque d'Orléans? — Je m'arrête à tous les passages où il fait appel aux moyens d'arrêter la spoliation des Etats de l'Eglise.

Dans la *première Lettre à un catholique,* il invoque l'intervention d'un congrès, page 18 :

« *Le Congrès ne se déshonorera pas ;* et pour moi, bien que la brochure veuille d'avance l'enchaîner et lui tracer sa marche, pour moi, *j'ai pleine confiance dans les nobles caractères, dans les diplomates illustres que l'Europe y envoie.* »

Plus loin, page 31, on a commenté péniblement cette phrase :

« Cinq cents évêques qui *dans le monde entier* hier ont fait pour lui (le Père des fidèles) entendre leurs voix, recueilleraient encore au besoin l'antique denier de St-Pierre ; *et le monde catholique lui donnerait même des soldats, s'il le fallait.* »

C'est là ce que l'on traduit en un appel sanguinaire aux armes de la France. Ici, il suffit de savoir lire pour rejeter un tel commentaire.

Arrivons à la *deuxième Lettre,* celle qui fut suivie dans le *Siècle* de l'article du 21 janvier que j'ai mis tout-à-l'heure sous vos yeux. On a cité plusieurs passages de ce second écrit, celui-ci notamment, page 6 :

« Ce n'est pas l'étendue des Etats pontificaux qu'on reproche au Pape, c'est tout autre chose : en démembrant ses Etats, on n'enlève pas aux sujets qu'on lui laisse leurs griefs, vrais ou faux, contre lui ; au contraire, on les sanctionne, et par là même on les aggrave : la situation reste au fond ce qu'elle était, devient même pire : c'est le Pape avec une province de moins et une faiblesse de plus, au milieu des mêmes ennemis, des mêmes dangers, de plus grands encore. »

On a négligé de vous lire la phrase qui suit :

« Le Pape, il est vrai, est faible pour se défendre ; mais quand la faiblesse représente le droit, elle n'en est que plus digne de respect. »

Assurément ce premier passage n'indique en rien le recours aux armes.

Passons à la page 8 :

« Tout d'abord, le danger fut prévu, et hautement annoncé par les catholiques ; et ce fut aussi pour le prévenir et signifier d'avance aux passions révolutionnaires qu'on ne travaillait point pour elles, que le gouvernement français proclamait solennellement que la France *n'allait pas en Italie fomenter le désordre et ébranler le pouvoir du Saint-Père ; que ses droits demeuraient garantis dans toute leur intégrité*. C'est cette parole formelle que tous les évêques de France, dans la confiance de leur bonne foi, ont redite aux fidèles.

» Il y a donc ici pour nous une part de solidarité, qu'il est impossible de décliner ; une parole solennellement donnée, qui oblige. »

Jusqu'ici je ne vois autre chose que l'affirmation très-claire et très-juste de cette vérité, qu'on a promis de garantir les Etats du Saint-Père dans leur intégrité, et qu'on ne peut, sans manquer à la parole donnée, les laisser démembrer ; mais je ne trouve dans ce simple argument ni la colère, ni l'emportement qui eût permis au *Siècle* d'appeler l'évêque d'Orléans « fougueux ligueur, bravant l'odeur de la poudre, » sollicitant des violences sanglantes pour réintégrer le Souverain-Pontife dans ses Etats.

Mon honorable adversaire, en parcourant devant vous la brochure, a évité les passages où se produit toute la pensée, la seule pensée de Mgr Dupanloup lorsqu'il écrivait sa *deuxième Lettre à un catholique*. Ainsi, à la page 11, Mgr d'Orléans se demande :

« S'il est légitime de s'insurger pour livrer une province à un souverain voisin ? s'il est sincère d'appeler mouvement national une conspiration soutenue par l'étranger ? — Encore un coup, ce n'est pas là une question de droit canon, mais une question de droit public. — *Un congrès va être formé : je l'appelle de mes vœux*. Eh bien ! qu'il se compose de Russes ou d'Espagnols, de Suédois ou d'Autrichiens, j'aurai confiance si les plénipotentiaires ne méconnaissent pas ce premier article de la loi morale : « Ne faites pas à autrui ce que vous ne voudriez pas qui vous fût fait à vous-même. »

C'était le langage de la diplomatie impériale. Est-ce l'évêque d'Orléans, n'est-ce pas le *Siècle* qui s'est montré en opposition avec la pensée du gouvernement ? Serait-ce celui-ci qui plus tard aurait transformé sa politique ?

Le défenseur du *Siècle* vient de se fort appesantir sur ces mots qui se trouvent à la page 13 :

« On a soutenu le Turc, non parce qu'il était Turc, mais parce qu'il était opprimé. L'Angleterre et le Piémont veulent dépouiller le Pape, quoiqu'il soit opprimé, parce qu'il est le Pape. »

Vous le voyez, nous a-t-on dit, parce que, pour soutenir le Turc, on a fait la guerre de Crimée où cent mille Français ont péri, on veut que la France entreprenne une semblable guerre pour faire rendre au Pape les Légations.

Comment a-t-on espéré concilier cette perfide induction avec l'appel au Congrès, avec la confiance si hautement exprimée dans les diplomates de l'Europe?

Poursuivons; nous ne trouverons nulle part une excuse pour les imputations calomnieuses, pour les invectives outrageantes dirigées par le *Siècle* contre Mgr d'Orléans. Je lis en effet, au bas de la page 15 de ce même écrit :

« Je ne puis m'empêcher de remarquer que lord Palmerston, en septembre 1847, écrivait ces propres paroles : « *L'intégrité des Etats romains doit être considérée comme l'élément essentiel de l'indépendance de la Péninsule.* » (Dépêche à lord Posonby.) Mais laissons ce qu'il y a de contradictions. Je veux croire à la droiture. *Je crois surtout à la puissance du droit européen reconnu, proclamé ;* mais à la condition que l'Europe n'abdique pas ce droit en permettant qu'on le foule aux pieds, *à la condition qu'elle ne laisse pas ramener le droit au seul fait de la force.* »

Mgr l'Évêque d'Orléans n'a-t-il pas le droit de dire : — Ce ne sont pas les armées de l'Europe que j'ai appelées sur les champs de bataille : j'ai réclamé les délibérations d'un Congrès; j'ai invoqué la sagesse des diplomates; j'ai appelé ce Congrès de tous mes vœux, convaincu que les puissances européennes demeureraient fidèles aux engagements contractés par elles-mêmes, qu'elles ne reconnaîtraient pas une dépossession injuste, une conquête obtenue à l'aide de conspirations, qu'elles réprouveraient une annexion frauduleusement provoquée. Cela est si vrai que, pour développer ma pensée, j'ai écrit, p. 14 :

« Voilà ce que dit ici la bonne foi : le droit est certain pour la partie comme pour le tout, pour le présent comme pour l'avenir; et *quant aux moyens, j'ajoute qu'un droit, lorsqu'il est reconnu et proclamé par l'Europe entière, a une force devant laquelle tomberont, plus aisément qu'on ne pense, toutes les résistances.* »

C'est ce que disait l'éminent publiciste que nous avons déjà cité :

« *La puissance intervenante et victorieuse n'aurait nul besoin d'agir par la force contre aucun des* districts *insurgés ou troublés. Il lui suffirait de ne pas reconnaître nominalement une translation de pouvoir que l'avenir ne maintiendra pas et que n'a jamais admis l'intérêt de la France (1).* »

Mgr l'Évêque d'Orléans s'approprie cette pensée et la complète ainsi :

« Mais si on laisse faire la révolution, si on n'intervient pas, je ne dis même point par la force des armes, mais *par la proclamation ferme du droit, par le refus net de reconnaître une dépossession injuste, un démembrement impoli-*

(1) M. Villemain.

tique et violent, qui me dit qu'on garantira efficacement quelque chose dans l'avenir? »

Voilà quant aux moyens d'action conseillés et réclamés par Mgr l'évêque d'Orléans, voilà ses écrits tout entiers; il n'y a pas un mot de plus. Est-il un homme intelligent et honnête qui, au milieu d'événements si graves et si douloureux, n'approuve pas de tels conseils : qu'on assemble un Congrès, qu'on dise à l'Europe : Vous n'avez pas besoin d'employer la force; il vous suffit de manifester votre volonté contre une dépossession injuste, contre une annexion coupable; la tolérer est un danger immense pour tous les trônes, pour la paix et l'unité de tous les États?

Quoi! messieurs, on aura pu dire à l'évêque qui tient un tel langage : — Vous êtes un *prêtre infidèle*, un *fougueux ligueur*, l'odeur de la poudre ne vous fait pas reculer, vous n'hésitez pas devant le carnage!! on aura pu lui appliquer ces mots qui rappellent de détestables souvenirs : « *Frappez! frappez! Dieu reconnaîtra les siens*! » et il sera possible que cet Évêque n'ait pas le droit de répondre : « Je suis calomnié! » — Non, non; Mgr Dupanloup n'a pas eu tort de dire des écrivains du *Siècle*: « Puissants adversaires qui ne savent lutter contre leurs contra» dicteurs qu'en étouffant leur voix dans l'oppression de la calomnie ou » du silence. »

Eh! quoi? ces reproches trop mérités constitueraient un délit d'outrages? Quoi? ces mêmes journalistes qui ont écrit tout ce que je viens de mettre sous vos yeux, auraient le droit de qualifier de diffamation la réponse qu'ils ont si injurieusement provoquée! Organes violents de la presse, ce sont eux qui invoquent les lois de répression!

Il ne faut pas s'en étonner. Quels qu'aient été les principes du programme de 1836 auquel *le Siècle* prétend être resté fidèle, il n'est malheureusement que trop facile de montrer en grand nombre, dans ses colonnes, d'ardentes dénonciations contre les actes les plus légitimes, des applaudissements accordés aux mesures les plus contraires à cette liberté dont il se dit le constant défenseur. Lui! défenseur sérieux et fidèle de la liberté!!

Ah! messieurs, je ne peux rester enfermé dans le cercle trop étroit où je voulais me restreindre. Expliquons-nous ici à visage découvert. L'honnête, la vraie liberté est une grande et sainte chose; c'est le plus noble besoin, c'est la vie de quiconque sait vivre dans la dignité de son cœur et de son intelligence : mais il y a deux esprits de liberté dans le monde.

La belle et sérieuse liberté naît, dans l'homme, du sentiment légitime et fier qu'il a de son propre droit et du respect non moins profond, non moins sincère qu'il garde pour les droits d'autrui; elle a sa force dans le discernement du bien et du mal, dans l'observation de la foi jurée : sans fouler les lois aux pieds, elle en combat les imperfections et travaille à les améliorer; elle marche au progrès sans bouleverser toutes les institutions humaines: elle lutte contre toutes les iniquités, contre toutes les tyrannies sans courir à la sédition: voilà la liberté que je défends.

La vôtre, celle que vous voulez propager dans le monde, s'agite dans le mépris de tout ce qui lie les hommes entre eux, les sociétés entre elles. A ses yeux, ne sont rien les lois, les traités, les engagements les plus sacrés, les possessions les plus anciennes, les plus légitimes, les mieux consacrées. Tous droits, toute justice doivent se courber devant la misérable autorité du fait accompli. Que deviennent la raison et la conscience? que reste-t-il pour éclairer et gouverner les hommes? Le seul empire de la force, de la force brutale et aveugle. C'est l'affaissement de la dignité de l'homme; vous conviez les peuples à la dégradation de l'intelligence humaine.

Souffrez-moi cet orgueil: telle n'est pas la liberté à laquelle je suis attaché par le fond de mes entrailles, celle que je servirai jusqu'à mon dernier jour, tant que l'âge n'aura point épuisé mes forces. Je l'ai servie, je l'ai défendue au fort des grands événements que j'ai traversés durant ma longue carrière: je l'ai défendue sous des rois que j'aimais parce qu'ils l'avaient donnée à la France; je l'ai défendue sous une autre monarchie dont le principe fut, à mes yeux, douteux, et périlleux pour elle; je l'ai défendue, comme aujourd'hui, sous la république, qui par ses excès et ses divisions l'a livrée au pouvoir qui a brisé nos institutions libérales. Cette liberté dont je revendique ici les droits, ma liberté n'est pas la vôtre, et je déteste la vôtre, parce qu'elle tuerait la mienne. *(De bruyants applaudissements éclatent au fond de la salle.)*

M. le Président. — Si ce qui vient de se passer se renouvelait, je ferais immédiatement évacuer la salle.

Me Berryer. — Je disais que le *Siècle*....

M. le Président. — Me Berryer, la Cour vous a écouté avec patience, mais évitez ce qui pourrait provoquer l'auditoire à manquer de respect à la justice.

Me Berryer. — Je ne croyais pas, en défendant la liberté, provoquer un manquement de respect à la justice...

M. le Président. — La liberté n'est pas attaquée devant la Cour, vous n'avez pas à la défendre.

Me Berryer. — Mais, c'est la plus auguste des libertés qui est en question et que j'ai à défendre! C'est la liberté de la foi, de la conscience, de l'honneur: c'est le droit d'un évêque; c'est son devoir, plus grand encore que son droit; c'est le libre exercice de la puissance qu'il tient de Dieu même. C'est cette liberté que je viens revendiquer! — L'évêque d'Orléans en a-t-il fait un usage coupable? Dans cette lutte, dont il convenait d'examiner en quelques mots le principe et le caractère, a-t-il adressé des imputations excessives à un adversaire qui ne les méritait pas? C'est là la question du procès, je le maintiens.

M. le Président. — Oui, vous y êtes maintenant.

Me Berryer. — Je le disais : en se proclamant défenseur de la liberté, le *Siècle* a voulu étouffer les voix sous l'oppression du silence. Mgr d'Orléans n'a-t-il pas eu le droit de lui adresser ce reproche? Quand le gouvernement a interdit aux journaux de publier les actes épiscopaux, n'avons-nous pas lu dans le *Siècle*, que c'était un service signalé rendu au parti clérical et aux évêques? Le *Siècle* n'a-t-il pas dénoncé ces évêques dans un article du 13 octobre 1859 :

« On a beaucoup parlé, depuis le rétablissement de l'Empire, du principe d'autorité : que devient ce principe si des évêques peuvent, dans les mandements, prêcher une croisade contre la Constitution, contre le gouvernement qui les protége? »

Ailleurs, il provoque contre les actes de l'épiscopat des *appels comme d'abus*, et en quels termes? (22 novembre) :

« Dans notre pensée, beaucoup de mandements que nous avons lus ont dépassé la limite de la liberté et des pouvoirs des évêques. *Ils devaient être, aux termes du concordat, déférés comme d'abus, et ils eussent été certainement condamnés.*

» Nous n'avons pas de conseil à donner au gouvernement; mais, selon nous, *les voies de droit eussent mieux réussi que la douceur et la charité* dont le *Moniteur* vient de faire preuve. »

Un journal croit pouvoir publier les mandements d'évêques étrangers à la France. Ces voix indépendantes importunent le *Siècle*, et nous lisons dans ce journal :

« Est-ce que l'*Ami de la Religion*, par une *brillante escobarderie*, n'a pas éludé la défense qui pesait sur ses confrères, en disant qu'elle concernait les mandements de l'épiscopat français et non ceux de l'épiscopat étranger. »

Je n'insisterai pas davantage sur ces citations. Je pourrais vous montrer le *Siècle* dénonçant les œuvres de charité des Sociétés de St-Vincent-de-Paul, accusant la liberté de l'enseignement dans les écoles chrétiennes. Partout il veut placer sous l'oppression du silence ceux dont il se fait l'adversaire.

M'est-il besoin d'ajouter un mot pour anéantir le troisième grief articulé dans la plainte du *Siècle*? Déjà je vous ai fait remarquer que dans la Lettre du 4 février, Mgr d'Orléans, après avoir parlé incidemment du *Siècle*, ainsi qu'il avait bien le droit d'en parler, reprend la discussion avec M. Grandguillot en faisant appel à son honneur. Je n'ai pu ni dû vous lire ce passage comme on l'a fait au nom de notre adversaire, lisant ainsi : « j'ai tort de vous comparer au *Siècle*, laissons-là ce journal; vous avez de l'honneur, vous. » — Mais dans le texte ces deux membres de phrase sont complétement séparés par la pensée, par la forme du langage, par la ponctuation. Ce qui est dit de l'honneur de M. Grandguillot est tout-à-fait étranger aux rédacteurs du *Siècle*, dont il n'est plus question après ces mots : *Laissons-là ce journal*. Là cependant et à l'aide du rapprochement qu'il leur plaît de faire, ces messieurs prétendent que par une injurieuse insinuation, ils sont traités de *gens sans honneur*.

Vous n'admettrez pas, messieurs, ce commentaire équivoque, ces susceptibilités excessives. Le *Siècle* prétend que depuis sa fondation et plus tard encore il est demeuré gardien vigilant et sincère des droits de la presse ; je le veux croire. Mais si en un temps où il a pu être l'objet de moins d'indulgence, si pour lui intenter un procès, si pour lui faire appliquer une disposition de la loi pénale, ont eût voulu trouver une injure indirecte dans le rapprochement forcé de deux mots tirés de deux phrases distinctes par leur sens, par leur objet, par les personnes auxquelles elles seraient adressées, avec quelle énergie, avec quelle indignation le *Siècle* n'aurait-il pas repoussé la prétention de constituer ainsi un délit !

C'en est assez. La cause réduite à l'objet précis de la plainte du *Siècle* est jugée dans vos esprits. Si plus tard, à la voix de M. le procureur-général, elle doit être élevée dans un autre ordre de considérations, je m'efforcerai de ne pas manquer à la mission dont m'a honoré notre éloquent et bien-aimé évêque. A cette heure je m'interdis même d'exprimer ce qui se passe au fond de mon cœur en contemplant à votre barre cet illustre accusé, en pensant que les rédacteurs du *Siècle*, si peu autorisés à se plaindre, semblent n'avoir intenté ce procès que pour se donner la triste satisfaction (quelle que soit la dignité et l'élévation de votre juridiction) de faire comparaître un évêque en police correctionnelle.

Mais lui, j'en suis convaincu, il sortira de cette discussion ennoblie par la grandeur des intérêts qu'il a défendus et par sa seule présence aux débats, il sortira de cette audience sans que le caractère sacré de nos évêques ait reçu en sa personne la plus légère atteinte. Honoré par le corps auguste de l'épiscopat français dans son unité avec le Saint-Siége, il se félicitera d'avoir rempli avec courage un grand devoir envers le Souverain-Pontife, envers la catholicité tout entière, envers l'Eglise de France, envers nous, envers lui-même, et de n'avoir revendiqué devant vous que le droit commun, que la sanction des lois et des libertés qu'il appartient à tout citoyen d'invoquer.

Audience du 16 mars.

PLAIDOYER DE Me PLOCQUE.

Le débat à l'audience d'hier s'est agité dans une sphère élevée, où je n'ai point à suivre mes honorables confrères. Les grands intérêts de la publicité dans notre pays, les droits et les devoirs de la polémique dans les matières politiques et religieuses ont été mis en question et débattus devant la Cour.

Grâce au Ciel, ma position est plus modeste : c'est l'intérêt de la famille que je représente devant vous, c'est l'inviolable respect dû au tombeau que je viens défendre.

Un écrit regrettable, lancé au milieu des ardeurs d'une lutte passionnée, est venu surprendre une honorable famille et la blesser profondément en outrageant un de ses chefs mort depuis plus de cinquante années.

L'injure a été vivement ressentie, une plainte a été portée ; et à raison du rang de l'offenseur, elle est soumise à votre haute juridiction. J'ai reçu la mission de la développer devant vous.

Pour que la Cour en comprenne tout de suite la gravité et la portée, je dois dès le début vous faire connaître ce qu'est la famille qui m'a remis sa défense.

Les plaignants n'ont pas, comme leur adversaire, l'illustration du talent, l'éclat d'une situation qui commande le respect, le concours d'une foule empressée, et l'appui de mes éloquents confrères auxquels sont venus se joindre les chefs justement honorés du barreau d'Orléans. Mes clients se présentent seuls, ils ne veulent se recommander à votre justice que par la sainteté de la cause qu'ils soutiennent.

A la tête de cette famille désolée, la Cour voit une femme de 83 ans, Mme Ve Bertin, nièce de Mgr Rousseau mort évêque d'Orléans en 1810, fille de M. Rousseau, ancien maire du 3e arrondissement de Paris sous le premier empire, nommé pair de France après 1830. La mémoire de M. Rousseau est encore aujourd'hui pour ses anciens administrés l'objet d'un culte pieux, et ils ont voulu que son image restât placée dans les salles de la mairie. Mme Bertin a été pendant sa longue vie éprouvée par de grandes traverses, par de cruels malheurs. Elle avait deux fils ; l'un d'eux, notaire à Paris, est tombé en 1848 pour la défense des lois, victime des premiers coups de l'émeute. Elle ne s'attendait certes pas qu'à la fin de sa carrière, d'autres douleurs lui seraient réservées et qu'elle serait blessée dans ses plus chers sentiments.

Son père et son oncle avaient passé leur vie dans une intimité de sentiments religieux et politiques qui ne s'est jamais démentie. Mme Bertin a été élevée par son père et par son oncle dans la pratique, dans le respect des devoirs qui leur étaient chers à tous deux. Comme eux, elle est profondément imbue des sentiments religieux ; comme eux, elle aime avant tout la famille ; aussi elle n'a pas pensé qu'il lui fût possible quand après cinquante ans, les cendres de son vénéré oncle étaient, pour ainsi dire, dispersées et jetées au vent par son successeur, de garder le silence, et elle a dû demander à la loi la prompte et complète réparation du délit qui venait troubler si inopinément la paix de la famille et les derniers instants que le Ciel lui a réservés sur la terre.

A côté d'elle, à côté de la propre nièce, de la seule représentante, de la seule héritière possible de Mgr Rousseau, se pressent les petits-neveux du vénérable prêtre, tous animés du même zèle, pénétrés de la même douleur, sentant, comme elle, le besoin de la réparation.

Vous connaissez maintenant les plaignants ; et je veux le redire, ils ne se recommandent à vous que par leur honorabilité, par leur fidélité à défendre une mémoire qu'ils respectent et que tout le monde aurait dû respecter comme eux.

Hier, lorsque dans le cabinet de l'éminent magistrat qui préside cette audience, devant le chef de la Cour, se réglait l'ordre dans lequel ce débat devait s'agiter, un de mes adversaires a laissé tomber une parole dont j'ai été douloureusement impressionné et que je dois tout de suite porter à la connaissance des magistrats. On m'a dit que notre plainte n'était pas sérieuse, qu'elle n'était pas spontanée, que nous nous présentions ici pour jouer devant la Cour une indigne comédie, que j'étais en état de collusion avec le *Siècle*, que je ne me sentais pas blessé, que je ne venais pas demander la réparation de mon honneur, mais la réparation de l'honneur du journal.

Tout cela sans doute m'a été dit avec une grande réserve, avec une discrétion parfaite, mais tout cela m'a été dit. Et je ne dois pas me le dissimuler, quand mon honorable adversaire m'attribuait un rôle qui n'est pas, qui ne peut être le mien, il était l'écho des bruits du dehors. Autour de cette enceinte, dans cette enceinte même, on a dit et on a fait dire : Défiez-vous de ces semblants de douleur et de ressentiment ; Mme Bertin et toute cette famille ne viennent pas demander sérieusement que la Cour venge leur injure : auxiliaires des rancunes d'un journal, les représentants de Mgr Rousseau viennent défendre une cause qui n'est pas la leur et des intérêts qui ne les touchent pas.

Je dois protester tout d'abord devant la Cour contre ces rumeurs plus calomnieuses peut-être encore que l'écrit calomnieux que je combats. Mme Bertin toute seule, livrée à elle-même, quand on lui apporta le numéro du *Constitutionnel* qui contenait la lettre de Mgr Dupanloup, sans consulter personne, sans en référer même à un membre de sa famille, n'hésita pas à quitter immédiatement la campagne qu'elle habite et à se rendre à Paris. Elle part ; elle se présente dans les bureaux du *Constitutionnel*, elle interroge l'honorable rédacteur en chef ; elle veut savoir quel est le signataire de cette lettre dont la lecture lui a été si douloureuse, et elle apprend avec une profonde surprise que le signataire est un des membres les plus éminents de l'épiscopat français, le successeur même de son oncle au siége d'Orléans : un homme que le talent et l'éloquence ont depuis longtemps placé au premier rang.

L'offense devait-elle rester impunie ? La mémoire d'un mort était-elle livrée sans protection et sans défense aux entraînements de la polémique, aux diffamations, aux injures ? Elle ne l'a pas pensé, et seule, encore cette fois, spontanément et sans autres conseils que ceux de son cœur, elle a porté plainte. Sa famille, reconnaissant dans cette détermination, l'inspiration de l'amour et du respect qu'elle avait voué à son vénéré oncle, l'a suivie dans cette voie, s'est réunie autour d'elle et tous ont tenu à honneur de l'accompagner, de l'assister à votre barre et de venir avec elle implorer la justice de la Cour.

Et maintenant, s'il restait un doute dans l'esprit de mon adversaire; s'il ne se trouvait pas suffisamment convaincu que la plainte est bien l'œuvre de Mme Bertin et de Mme Bertin toute seule, je lui indiquerais la source où il pourra se renseigner. Je lui dirais que Mgr Dupanloup, mieux que personne, pourra lui affirmer que chez Mme Bertin l'âge n'a rien affaibli de la chaleur des sentiments ni de la fermeté du caractère, et que c'est elle qui a tout résolu et tout fait.

Il le sait si bien, qu'avant de paraître devant la Cour, il a senti la nécessité d'essayer s'il ne serait pas possible de conjurer la résolution de cette femme de 83 ans, et par une demi-satisfaction, d'arrêter une poursuite dont il ne méconnaît ni la gravité ni les périls. Je veux parler d'une pièce qui a été faite pour le procès; qui, nécessairement, doit être ou sera dans le dossier de mes adversaires.

La cause était indiquée au 12 de ce mois, et le 8, quatre jours avant celui de la comparution, Mgr Dupanloup écrivait une lettre qu'il remettait à un de ses amis intimes, à un des plus honorables ecclésiastiques de Paris, à M. le curé de Saint-Jacques-du-Haut-Pas. Il le chargeait de porter cette lettre à Mme Bertin et de lui en donner simplement communication. M. le curé, pour obéir à cette mission, se présente à Champigny, auprès de Mme Bertin, assisté de son honorable collègue, le desservant de la commune de Champigny.

La Cour va connaître tout-à-l'heure cette lettre. Qu'il me soit permis toutefois de dire un mot avant d'en donner lecture.

Quand elle me fut envoyée, sur les quelques mots que me disait le messager qui me l'apportait, mon cœur se sentit soulagé d'un poids énorme. Je me disais : O mon Dieu, si cette lettre pouvait renfermer quelques bonnes paroles de notre adversaire, qui nous permissent de déserter l'audience, que je serais heureux, et que l'honorable famille que j'assiste serait plus heureuse que moi encore!

J'ai vu la lettre. J'y ai trouvé bien des choses merveilleuses d'esprit et d'habileté. Je n'y ai pas trouvé ce que j'y cherchais; je n'y ai pas trouvé un seul accent parti du cœur.

Voici cette lettre :

« Mon cher ami,

» Je viens d'apprendre que Mme Bertin, qui a formé une plainte contre moi à l'occasion de la lettre publique où j'ai dû parler de Mgr Rousseau, son oncle, demeure près de Paris. Si je n'étais pas si éloigné et d'ailleurs si occupé, j'aurais été remplir auprès de cette dame un devoir pour lequel je voudrais bien que vous eussiez la bonté de me remplacer.

» Veuillez donc lui dire tout le regret que j'éprouve du chagrin que je lui ai causé malgré moi ; dites-lui bien à quel point ma réponse a été provoquée et malheureusement nécessaire.

» Je rends tout hommage à l'honneur de cette famille, et rien n'a été plus loin de ma pensée que d'y porter la moindre atteinte.

» Je comprends la juste douleur de Mme Bertin ; j'honore sa légitime susceptibilité, et je vous prie de lui dire qu'en dehors du débat religieux que je n'ai pu éviter, je regrette et partage sa peine.

» Tout à vous de cœur.

» DUPANLOUP. »

S'il y avait eu avec tout cela un mot, quel qu'il fût, par lequel Monseigneur eût semblé nous dire : Je regrette d'avoir parlé avec trop de précipitation de Mgr Rousseau, mon prédécesseur ; je regrette que vous ayez pu croire que ma pensée avait été de l'outrager et de l'insulter ; peut-être tout ce que j'ai écrit sur lui n'était-il pas toute la vérité ; — oui, si une seule parole de réparation nous eût été donnée, ah ! j'ose l'affirmer, nous n'eussions pas voulu aborder cette audience. Mais pas un seul mot consolateur !

Or, quand vous connaîtrez tout-à-l'heure ce que Mgr d'Orléans s'est laissé aller à écrire de Mgr Rousseau ; la manière dont sa vie, non-seulement sa vie religieuse et politique, mais sa vie privée, a été torturée et calomniée ; l'usage qu'on a fait des plus intimes épanchements de ses amitiés, vous ne comprendrez pas que l'auteur de ces diffamations, de ces calomnies, qu'un prélat, qu'un évêque, qu'un prêtre se borne, quand il veut désarmer la justice et la partie civile, à dire : Je regrette la peine que je vous ai causée bien malgré moi ; j'ai été provoqué, et tout cela était nécessaire ; je vous ai affligée, je le regrette, mais j'ai dû le faire. J'ai blessé l'honneur de votre famille, mais j'y étais contraint et les besoins de ma polémique exigeaient de moi ces représailles et ces récriminations contre un de mes prédécesseurs.

Mme Bertin me renvoyait donc la lettre de Mgr Dupanloup ; mais elle m'en adressait une autre, écrite et signée par elle, et dans laquelle elle me racontait la douloureuse impression que lui avait laissée la lecture des lignes si froides et si peu réparatrices tombées de la plume de son adversaire.

Voici les termes de cette lettre que la Cour doit connaître.

« Monsieur et honorable défenseur,

» Je m'empresse de vous envoyer la copie d'une lettre de Mgr Dupanloup adressée à M. le curé de St-Jacques-du-Haut-Pas, et qui m'est communiquée par ce vénérable ecclésiastique assisté de M. le curé de Champigny.

» Une explication de nature à donner satisfaction à notre famille désolée, si elle nous eût été apportée par ces messieurs, aurait eu peut-être le tort d'être un peu tardive, au moment où la justice est saisie et va prononcer ;

mais, je vous le déclare au nom de toute notre famille, nous l'aurions acceptée avec bonheur et empressement.

» Malheureusement la lettre qui était destinée à m'être seulement communiquée, ne peut rien réparer ni adoucir du mal qu'a fait Mgr Dupanloup.

» Que Mgr Dupanloup, dans son entraînement, ne se soit pas bien rendu compte de la portée des coups qu'il adressait à la mémoire de mon vénéré oncle, et qui retombaient sur sa famille, cela est possible; qu'il regrette aujourd'hui, et à la veille de l'audience, le chagrin et la peine qu'il dit nous avoir causés, tout le monde le comprendra dans la position qu'il lui a plu de se faire.

» Mais que Monseigneur nous fasse dire qu'en attaquant mon oncle dans son honneur épiscopal, dans la dignité de sa conscience et de son caractère, qu'en rabaissant son âme, son esprit, son cœur et son intelligence, en lui adressant tant d'injures et d'ironies, il a agi malgré lui ; que cela était nécessaire, qu'il a été provoqué, et que les besoins d'un débat religieux l'ont obligé de diffamer et d'injurier un évêque, voilà, Monsieur et honorable défenseur, ce que je ne comprends pas, ce que ma famille ne comprend pas, ce qu'à coup sûr les magistrats ne comprendront pas davantage.

» Il ne me reste plus qu'une chose à vous dire : Mon oncle a été outragé par Mgr contre toute vérité; ce qui désole surtout notre famille, c'est la fausseté de tout ce qui a été dit et imprimé contre Mgr Rousseau.

» Nous croyons qu'il était du devoir de Mgr Dupanloup de reconnaître loyalement qu'il s'était trompé, et qu'il a dépassé les convenances et ses droits. Il ne lui convient pas de faire cet aveu. Notre devoir à nous est donc de demander à la justice la réparation qui nous est due, et, ce devoir, nous l'accomplirons jusqu'au bout, avec tristesse, mais avec persévérance.

» Recevez, Monsieur et honorable défenseur, avec tous nos remercîments, l'assurance de ma parfaite considération.

» Augustine BERTIN,
» née ROUSSEAU. »

Le devoir du défenseur de la famille de Mgr Rousseau était tracé par cette lettre. Mme Bertin qui l'écrivait, mes clients qui l'assistent étaient évidemment dans le vrai. La justice seule pouvait prononcer dans ce grave débat. Elle est saisie ; elle va prononcer ; et puisque j'ai reçu la mission d'éclairer sa décision, permettez-moi, messieurs, de vous indiquer tout d'abord et en quelques mots, la marche que je veux suivre, et de préciser les propositions que je dois établir devant vous.

La plainte de la famille Rousseau est-elle recevable en droit? Nos lois répriment-elles et punissent-elles la diffamation contre la mémoire d'un mort?

Le délit de diffamation et d'injures publiques ne ressort-il pas de l'écrit incriminé sous la forme la plus grave et la plus irritante?

L'énormité du délit, les circonstances dans lesquelles il s'est produit ne démontrent-elles pas qu'il a été commis sciemment et avec intention de nuire?

N'a-t-il pas causé à une famille désolée un préjudice irréparable?

Voilà, Messieurs, les graves questions que soulève ce procès. Voyons maintenant les raisons sérieuses et à mon sens décisives que j'apporte à l'appui de mes démonstrations.

La plainte est-elle recevable? Sur ce premier point je ne peux pas avoir à m'étendre longuement. Quand le droit est douteux, quand la justice n'a pas encore prononcé définitivement sur une question, quand elle n'a pas interprété la loi, je comprends que les défenseurs de part et d'autre se livrent à une longue polémique qui a pour but d'éclairer vos consciences et d'arriver à une solution qu'il ne leur est pas donné de préjuger. Mais quand le texte de la loi est incontestable, quand la doctrine et la jurisprudence en ont donné le sens d'une manière claire et frappante pour tous, le droit ne peut pas et ne doit pas se discuter longtemps. Aussi je ne vous apporte pas une discussion en règle, mais je vous soumets les éléments de la solution. Je me considère, en quelque sorte, comme un rapporteur; je mets sous vos yeux le pour et le contre, en quelques mots.

On a soutenu, vous le savez, que la plainte des héritiers dont l'auteur décédé a été diffamé ou injurié, n'est pas recevable quand elle s'adresse à la justice criminelle. Et voici les arguments qu'on a fait valoir à l'appui de cette thèse:

La plainte, a-t-on dit, ne peut être formée, la poursuite ne peut être intentée qu'à la demande de la partie lésée elle-même, de la partie injuriée, de la partie diffamée. Quand le diffamé est mort, comment sortirait-il de son tombeau pour déclarer s'il lui convient d'exercer cette action que la loi n'a accordée qu'à la partie qui peut se dire lésée? Quand le diffamé est mort, personne ne reste pour le représenter du chef de son honneur. Son honneur est enfermé avec lui dans le tombeau. Il n'a pas laissé de vengeur. La loi ne lui en a pas donné.

On a ajouté: Dans la loi trouvez-vous une disposition pénale qui autorise cette plainte et autorise cette poursuite, qui arme le ministère public pour la défense du mort dont la mémoire a été outragée? Non. En matière pénale, tout est de droit étroit, et là où la loi n'a pas édicté une peine, il est impossible aux juges de suppléer au silence de la loi.

Dans tous les cas, il n'y a pas de délit sans l'intention de nuire. L'intention de nuire seule, peut constituer ce fait délictueux, et il ne peut y avoir intention de nuire s'il est constant pour le juge que le diffamateur, que celui qui injurie a voulu attaquer directement le diffamé, l'injurié qui n'est plus, et non pas ceux qui, après sa mort, représentent sa mémoire et continuent son honneur.

Voilà les arguments les plus forts, les plus sérieux qui aient été produits à l'appui de la fin de non-recevoir que je dois combattre à l'avance, car elle me sera très-certainement opposée.

Les arguments que j'oppose dans l'intérêt de ma défense sont graves et décisifs à mon sens. Pour les trouver, la jurisprudence n'a eu qu'à ouvrir le livre de la loi.

Vous dites qu'il n'y a pas de disposition qui autorise la poursuite? Vous n'avez pas lu l'art. 13 du chapitre V de la loi du 19 mai 1819, qui a pour titre : *De la diffamation et de l'injure publique.*

« Toute allégation ou imputation d'un fait qui porte atteinte à l'honneur ou à la considération de la personne, ou du corps auquel le fait est imputé, est une diffamation. — Toute expression outrageante, terme de mépris ou invective, qui ne renferme l'imputation d'aucun fait, est une injure. »

Voilà le délit constitué par la loi. Il peut être commis, non-seulement contre une personne déterminée, mais contre un corps, contre une collection d'individus, d'intérêts, contre une famille aussi bien que contre une société de commerce.

Les peines n'existent pas, dites-vous! Lisez les articles 14, 16, 17, 18 et suivants. Les peines y sont édictées d'une manière précise et formelle.

Voilà donc le délit de diffamation caractérisé et puni. Il peut se commettre contre une personne, contre un être collectif. La loi, du reste, n'a pas pensé qu'il fût besoin de distinguer entre le cas où ce délit s'adresse à un individu vivant, et le cas où il s'en prend à un individu décédé. Le fait est le même; la culpabilité est au moins identique. Dans les deux cas, le juge doit appliquer la peine.

Nos adversaires insistent. Selon eux, le droit de poursuite n'existe pas. Mais alors qu'a donc voulu la loi du 26 mai 1819, quand, dans son article 5 notamment, elle a indiqué d'une manière explicite mais certaine, qu'elle entendait accorder l'action, même à ceux qui représentaient le défunt, à la condition toutefois qu'ils seront lésés par le coupable dont ils se plaignent?

« Dans le cas des mêmes délits, dit cet article, s'ils sont commis contre tout dépositaire ou agent de l'autorité publique, contre tout agent diplomatique étranger, accrédité près du Roi, ou contre tout particulier, la poursuite n'aura lieu que sur la plainte de la partie qui se prétendra lésée. »

Ainsi, ce n'est pas seulement sur la plainte de la partie qui aura été personnellement et directement diffamée ou injuriée que sera intentée la poursuite, mais sur la plainte de toute partie qui se prétend lésée par une diffamation commise, ou une injure, quelle qu'elle soit; qu'elle s'adresse à une personne vivante ou à la mémoire d'une personne décédée; sauf, bien entendu, au juge à demander au plaignant qui saisit l'action publique et la met en mouvement, s'il est en effet lésé, lésé d'une manière grave et excessive, par l'outrage fait à la mémoire d'un proche parent, d'un parent chéri et vénéré.

Voilà la loi; voilà les textes que la jurisprudence a eu à appliquer et à interpréter.

Quant à cet autre argument qui consiste à dire qu'il ne peut pas y avoir dans une diffamation commise contre un mort, la volonté de nuire qui est seule et essentiellement caractéristique du délit, la réponse est bien simple. Quoi! vous n'auriez pas voulu nuire lorsque, vous laissant entraîner à la colère, sortant des limites d'une polémique permise, vous allez frapper toute une famille dans la mémoire de son chef qui a quitté cette vie de luttes et de misères? Ah! vous entendez nuire et de la manière, je dirais, la plus déloyale, si je n'avais pas en face de moi le loyal et illustre adversaire que je combats. Comment! Quand le mort vivait, la calomnie s'est tue; ses contemporains, ceux qui, comme vous, vivaient de polémiques ardentes, n'ont pas parlé; et voilà qu'après sa mort, quand il ne peut, pour se défendre contre vous, sortir de ce tombeau confié à votre garde dans la crypte de votre cathédrale, voilà que vous l'attaquez, votre voix armée de toute l'autorité épiscopale le diffame et l'injurie sans besoin, et vous croyez avoir satisfait à tout quand vous avez dit : je n'ai pas eu l'intention de nuire? Non, non, croyez-moi, l'intention mauvaise existe de la manière la plus éclatante, la plus incontestable, et vous ne pouvez pas échapper à la conséquence légale de vos actes.

La jurisprudence l'a bien pensé, et avec grande raison, quand dans ses monuments les plus récents et les plus autorisés, elle consacrait cette doctrine éminemment morale et consolatrice, que nous nous survivons même au-delà du tombeau; que nous vivons encore pour nos proches et pour ceux qui nous ont aimés; que la considération et l'honneur des morts font la plus belle partie du patrimoine qu'ils laissent à leurs héritiers; que les héritiers seraient coupables s'ils laissaient périr sous les coups de la diffamation et de l'injure posthumes, ce riche et beau patrimoine; qu'enfin, il y a une sainte et étroite solidarité entre le mort qui ne peut plus se défendre et les vivants que les lois ont armés pour sa défense.

Oui, c'est là une belle et noble doctrine : elle rattache les générations les unes aux autres; elle les encourage à la vertu par le culte vigilant et jaloux de la vertu de leurs ancêtres; elle découle de la pure notion de l'immortalité de l'âme, cette grande et universelle croyance, le salut et la consolation de l'humanité.

Cette doctrine, je la vois consacrer pour la première fois dans ces jours de cruelle réaction politique, alors que le maréchal Brune tombait sous le poignard des sicaires du Midi. Sa veuve déposa une plainte à raison des outrages dont la mémoire de son mari avait été l'objet; le ministère public accepta cette plainte, la soutint devant la chambre des mises en accusation, et la Cour n'hésita pas à reconnaître son droit et à lui accorder l'action quelle sollicitait.

En 1821, un jurisconsulte éminent, qu'on a toujours trouvé sur le chemin des théories libérales, M. le procureur-général Dupin, dans un remarquable écrit qu'il publiait alors, soutenait énergiquement cette doctrine, que plus tard son frère, notre illustre et toujours regretté Philippe Dupin, devait défendre devant la Cour de Paris dans l'affaire des héritiers Périer.

Un éminent magistrat, M. le procureur-général Mangin, M. Garnier du Bourgneuf et d'autres encore ont soutenu la même thèse. Elle a été combattue par Chassan, je le sais, et par un jeune magistrat du parquet d'Arras, dont les doctrines, selon moi, en cette matière du moins, ne sont pas toujours très-sûres, mais accusent cependant un esprit imbu de la science du jurisconsulte et du praticien.

Je vous ai fait connaître le résumé de la jurisprudence. J'en dois maintenant mettre sous vos yeux les principaux monuments.

Le premier document qui se présente à nous, remonte à 1826. C'est un jugement du tribunal correctionnel de la Seine qui rejette l'action et la plainte. Ce jugement, rédigé par M. Debelleyme qui, alors, présidait la 6e chambre, est resté, on peut le dire, un modèle de discussion. Il admet tous les arguments que j'ai combattus, il acquitte les prévenus.

Mais en réalité et par la portée de ses motifs, c'est un véritable jugement de condamnation, et si la police correctionnelle ne prononce pas une peine, elle fait bien pis : elle flétrit la conduite de ceux qu'elle exonère de la peine.

Il s'agissait du journal l'*Etoile*, qui avait attaqué la mémoire de l'illustre procureur-général de la Chalotais. L'auteur de l'article diffamatoire avait offert une rétractation insérée dans ses colonnes et dans un grand nombre d'autres journaux. Le tribunal, après avoir admis la fin de non-recevoir, rendant cependant hommage à la vérité et aux principes, termine son jugement par ces graves et sévères paroles, plus redoutables que la condamnation la plus rigoureuse :

« Mais attendu en fait et en moralité que le publiciste et l'historien, pour jouir de ces priviléges, doit accomplir ses devoirs :

» Attendu que la vie politique et publique des citoyens est seule du domaine du publiciste, du moraliste ou de l'historien ; que celui qui veut remplir cette noble mission doit agir dans l'intérêt de la vérité, de la morale et de la justice, avec exactitude et bonne foi dans l'exposé des faits, sagesse et impartialité dans les opinions, modération et décence dans les termes ;

» Que le rédacteur de l'*Etoile* a eu le tort grave de faire sans examen ni discussion des actes, une censure injuste et outrageante de la conduite du procureur-général de la Chalotais ;

» De suspecter les intentions d'un magistrat en l'accusant injustement d'avoir agi avec l'odieuse animosité d'une haine personnelle ; en lui imputant faussement la fabrication de billets anonymes ; en le présentant, par suite d'une inexactitude volontaire à cause de la notoriété et par cela même injurieuse, comme dégradé de son titre et traînant son repentir dans l'exil et l'ignominie et en insultant d'une manière cruelle à la mort de son fils, lorsqu'au contraire le procureur-général de la Chalotais est décédé en 1785 dans l'exercice de ses fonctions, et que son fils, après avoir exercé, par une faveur spéciale, les fonctions de procureur-général conjointement avec son père, est tombé sous la hache révolutionnaire pour son Dieu et pour son roi :

» Attendu que les témoignages éclatants de la satisfaction du plus vertueux des rois, qui ont illustré les dernières années de la vie du procureur-général de la Chalotais, repoussent les fausses imputations, justifient sa conduite et suffisent pour honorer sa mémoire ;

» Attendu que les torts du rédacteur de l'*Etoile*, quelque graves qu'ils puissent être, n'ont été ni prévus, ni punis par le législateur, qui ne s'est point occupé de concilier les droits sacrés de la famille, en opposition avec la liberté de la presse, le privilége du publiciste et de l'historien ; que le législateur seul peut poser les limites et punir les abus de cette liberté publique ;

» Le tribunal renvoie l'éditeur de l'*Etoile* de la plainte et condamne la partie civile aux dépens. »

Ou je me trompe, ou dans ces derniers mots on voit tout le vice de la théorie. Comment! le législateur ne se sera pas occupé des droits sacrés de la famille, il ne les aura pas protégés! Vous ne l'avez pas pensé, messieurs. Les monuments de votre propre jurisprudence le démontrent surabondamment.

Cette théorie qu'avait accueillie le tribunal, fut admise encore, en partie au moins, par un arrêt de la Cour, en date de 1836, dans l'intérêt de la famille de Tourzel, qui avait été indignement outragée dans la personne de son auteur, la comtesse de Tourzel ; j'indique seulement cet arrêt. Selon la doctrine qu'il consacre, les héritiers du défunt ont une action pour venger sa mémoire, mais on ne doit la leur accorder et écouter leur plainte que lorsque les outrages auront pour but spécial de les atteindre eux-mêmes. Je ne méconnais pas l'autorité de cet arrêt, mais quant à l'appréciation de sa portée, je suis d'accord avec mon honorable adversaire, qui a pensé comme moi, et dans une autre occasion, que la cause qu'il défend aujourd'hui n'y pouvait pas trouver un utile auxiliaire.

Vous n'avez pas perdu le souvenir de la défense éloquente et convaincue que faisait entendre Me Dufaure dans cette audience même pour les héritiers du noble prince Eugène contre les assertions du maréchal Marmont. Alors l'arrêt Tourzel était invoqué et, si j'en crois la *Gazette des Tribunaux*, toujours fidèle dépositaire de nos paroles, voici ce que Me Dufaure disait de l'arrêt Tourzel et de sa doctrine :

« Mais faudra-t-il distinguer l'honneur que nous tirons de nos propres actions de celui qui nous a été légué par nos pères? être armés pour défendre l'un, être désarmés pour venger l'autre? A la vérité, la Cour de Paris a décidé, dans l'affaire de la marquise de Tourzel, que la plainte était recevable lorsque l'attaque contre le père dissimulait une attaque contre les enfants, mais cela ne suffit pas à mes clientes. Ce ne sont pas elles que le duc de Raguse a voulu attaquer directement ni indirectement par les calomnies répandues dans ses Mémoires. »

Et mon adversaire expliquait disertement comment, en dehors de cette circonstance que la diffamation contre le chef de la famille atteint spécialement et directement les héritiers, ceux-ci ont une action pour demander la réparation de l'outrage qu'on s'est permis directement contre le chef de la famille et contre eux indirectement et implicitement.

Si la doctrine que je soutiens a été méconnue par cet arrêt, elle a, d'autre part, été établie d'une manière victorieuse dans l'arrêt que la Cour a rendu en 1839 sur la plainte des héritiers de M. Casimir Périer ; et de même que l'arrêt Tourzel est répudié par mon adversaire, la décision que je vais lire a eu le bonheur bien précieux pour moi dans cette affaire, qu'elle a été acceptée complétement par Me Dufaure. Voici, en effet, ce qu'il disait dans sa plaidoirie pour les héritiers de Beauharnais :

« Encore une fois, n'ai-je pas raison de dire que ce livre n'est pas de l'histoire ; qu'il n'est qu'un pamphlet, qu'un tissu de diffamations, et qu'il nous est permis d'invoquer contre lui les principes que la Cour de Paris a posés d'une façon si nette et si précise dans son arrêt rendu sur la demande des fils de Casimir Périer ? »

Quel est donc cet arrêt si net, si précis, dont la doctrine est si bien acceptée par l'esprit judicieux et sérieux de mon contradicteur ? La question qui est encore aujourd'hui celle de notre procès et que vous avez à résoudre, était alors nettement posée devant la Cour. Voici, en effet, en quels termes elle était présentée par notre confrère, d'illustre mémoire, Me Hennequin, qui plaidait pour les prévenus et soutenait leur appel :

« Suffit-il, disait l'avocat, pour que les héritiers puissent intenter l'action en diffamation, en raison des attaques dirigées contre la mémoire de leur auteur, qu'ils aient eu à souffrir de ces attaques ?

» *Ne faut-il pas qu'ils articulent une diffamation personnelle dirigée contre eux ?*

» *Ne faut-il pas que l'articulation de la diffamation personnelle soit explicite ?*

» *MM. Perier frères prétendent-ils être diffamés personnellement ?* »

A ces interrogations qui l'interpellaient énergiquement, la Cour répondit et voici les motifs de son arrêt :

« Considérant que l'honneur et la considération du père de famille forment une des parties les plus importantes du patrimoine de ses enfants ; qu'ainsi l'atteinte portée à son honneur et à sa considération peut retomber sur eux et sur leur mère comme parties lésées ; qu'en cet état ils ont, aux termes de l'article 5 de la loi du 26 mai 1819, une action en réparation au préjudice qu'ils peuvent en éprouver, sauf au juge saisi de la plainte à apprécier si l'écrivain s'est renfermé dans les limites de l'historien, ou au contraire s'il a agi méchamment et dans l'intention de nuire. »

Ainsi la chambre des appels de police correctionnelle, interprétait et appliquait dans l'intérêt du défunt l'art. 5 de la loi du 26 mai 1819, celui-là même que j'invoque aujourd'hui.

Ainsi l'intention de nuire qui sera constitutive du délit, c'est bien l'intention de nuire non pas à l'héritier, mais au diffamé lui-même qui a cessé de vivre; c'est l'intention d'attenter à ce précieux patrimoine d'honneur et de considération que le diffamé en mourant a laissé à ceux qui continuent sa personne.

Ces principes ont depuis et plus récemment encore reçu la consécration d'un arrêt, rendu dans l'affaire des héritiers Czartoryski. Voici dans quelles circonstances.

Un odieux libelle, au frontispice duquel on avait mis le nom d'un des courtisans les plus suspects de la fin du 18e siècle, avait attaqué l'honneur de la princesse Czartoryska. On se pourvut en police correctionnelle. Les héritiers vinrent venger l'honneur de la princesse décédée depuis longtemps, et la Cour, chambre de police correctionnelle, à la la date du 29 mars 1859, statuait dans ces termes :

« Considérant que l'ouvrage édité par Lacour, contraire à la morale, contient un grand nombre de prétendues anecdotes qui n'ont aucun rapport avec la politique et l'histoire, et différents passages sur la vie des personnes y dénommées, *notamment sur la vie de la princesse Czartoryska ; que ces passages sont évidemment diffamatoires pour la princesse Czartoryska ; que leur gravité est de nature à porter atteinte à la considération des membres de la famille Czartoryski qui vivent et qui se plaignent ;*

» Que de cette gravité on doit conclure que Lacour *a compris le préjudice qui résulterait pour les membres de la famille Czartoryski de leur publication, et agi avec l'intention coupable qui est constitutive du délit.* »

Vous le voyez, Messieurs, ici la doctrine a fait un pas ; la Cour ne craint pas de dire : quand le délit aura été commis sans intention de nuire à des héritiers que l'auteur de ce délit ne connaîtra peut-être pas, quand la diffamation et l'injure envers le mort sont d'une énorme gravité, quand elles ont dépassé toutes les limites, il pourra résulter de là pour la conscience du magistrat que l'éditeur et l'auteur ont nécessairement agi avec une intention méchante, qu'ils ont compris ou dû comprendre la portée de leur mauvaise action, qu'ils n'ont pas pu ignorer que l'outrage irait atteindre les héritiers quelque part qu'ils se trouvassent.

Enfin un dernier monument a couronné et cimenté les principes d'une manière définitive, je veux parler de l'arrêt que je citais tout à l'heure et qui est intervenu dans l'affaire des Mémoires du duc de Raguse. Ici je suis dans le vif de la question. Vous allez voir cette remarquable décision ; je dis remarquable, quoique je sois devant les juges qui l'ont rendue, car les règles de la matière y sont écrites d'un style ferme et précis dont vous avez gardé le secret, bien que le chef respecté qui rédigea cet arrêt vous ait quittés pour monter à un des plus hauts postes de l'Etat.

Le débat qui s'agitait alors était purement civil. Les héritiers du noble prince Eugène n'étaient pas allés demander une réparation à la police correctionnelle, mais à vous-mêmes. Se fondant uniquement sur le préjudice qui leur était causé, ils vous demandaient une réparation dans les termes de l'art. 1382 du Code civil. Toutes les questions qui se rattachent à cette grave matière ont été examinées par cet arrêt. Il a jugé que les héritiers avaient droit et qualité pour se plaindre de la diffamation et de l'injure envers leur auteur; il a limité les droits de l'histoire; il a dit jusqu'où pouvaient aller ses redoutables prérogatives; il a marqué le terme où le respect dû aux morts lui commandait de s'arrêter; enfin il a posé ce principe, que dans certaines circonstances, les héritiers pouvaient réclamer une réparation pénale.

Voici cet arrêt, dont je ne veux vous donner que les passages utiles pour notre discussion.

« Considérant que l'affirmation du duc de Raguse livrant à l'opprobre un nom consacré par l'estime publique, réfléchit fatalement sur les enfants du prince aujourd'hui décédé, et que le préjudice résultant de ces attaques serait irréparable si les enfants n'étaient autorisés à exiger de l'éditeur des Mémoires qu'à côté d'accusations sans fondements, il imprime les documents qui les détruisent;

» Considérant à cet égard que les dispositions de la loi *qui soumettent les auteurs de faits dommageables à réparer le tort que leur faute* a causé, ne se bornent pas dans leur application aux choses matérielles; qu'elles embrassent et protégent tout ce qui concerne la dignité morale des familles; qu'il est absurde de supposer que les héritiers auxquels on ne dénierait pas une action en responsabilité s'il s'agissait de meubles ou d'immeubles dégradés par imprudence, puissent être éconduits quand ils veulent préserver l'honneur de leur nom, des atteintes de la calomnie et conserver sans altération cette partie si précieuse du patrimoine que leur a transmis leur auteur. »

Je lis ce qui a rapport aux immunités de l'histoire, car les immunités de l'histoire, ce sont les immunités de la critique, et ce qui est vrai pour les droits de l'une est vrai pour les droits de l'autre.

« Considérant que l'appelant oppose qu'en jugeant selon sa conscience la conduite du prince Eugène, le rédacteur des Mémoires n'a fait qu'user des immunités de *l'histoire*;

» Mais considérant que si le droit de *l'histoire* est de juger avec une entière liberté, les personnes et les choses;

» Que si même il est consacré que si, lorsque cessant d'être un juge incorruptible et manquant aux devoirs d'impartialité, de probité, de vérité, qui sont l'âme de l'histoire, l'écrivain distribue l'éloge ou le blâme au gré de sa passion ou de ses ressentiments, ses jugements, quelque contraires qu'ils soient à la conscience publique, ne relèvent que de l'opinion; c'est à la condition que le mensonge n'entrera pas dans son œuvre, c'est-à-dire que les faits seront rapportés avec exactitude, sans addition qui les dénature, sans retranchements des circonstances qui les expliquent et en fixent le caractère, de manière enfin que le lecteur, soit qu'il s'agisse de louer, soit qu'il s'agisse de blâmer, puisse apprécier personnellement et prononcer;

» Qu'autrement, au lieu d'être le plus grave et le plus utile des enseignements, l'histoire se transformerait impunément en satire ; que les calomnies les plus odieuses y pourraient être accréditées, et les meilleurs citoyens voués au mépris ;

» Qu'un tel système est moralement et légalement impossible :

» Que pour tout fait mensonger, en quelque ouvrage qu'il se soit glissé, histoire, mémoires ou libelle, la réclamation est ouverte et que selon les cas, les tribunaux civils *ou les tribunaux de répression* sont chargés d'apprécier le dommage et d'en régler la réparation. »

Et plus loin je lis encore :

« Considérant que si l'excuse tirée de la bonne foi ou de l'absence d'intention de nuire, peut être utilement invoquée devant les tribunaux *de répression*, il n'en est plus ainsi devant les tribunaux civils, parce qu'au point de vue civil, il peut, en dehors des éléments constitutifs de la diffamation, exister un tort susceptible de réparation ;

» *Qu'il est donc du plus grand intérêt pour les héritiers du prince, qu'à défaut d'une répression pénale qu'ils n'ont pas réclamée, et que les circonstances ne justifieraient pas*, le remède soit à côté du mal, et qu'en même temps que le lecteur verra l'accusation, il en voie la réfutation. »

Il n'est donc pas douteux, c'est vous qui l'avez dit : il y a des circonstances où les héritiers du défunt, même quand ils n'ont pas été outragés personnellement, quand leur auteur seul a été diffamé et injurié, peuvent invoquer la juridiction pénale et saisir la justice correctionnelle.

Dans d'autres circonstances, au contraire, où il n'y a qu'un quasi-délit, le délit n'existe pas, parce que l'intention de nuire est absente. Dans ce cas, c'est aux tribunaux civils qu'il faut demander réparation du préjudice qu'a causé le quasi-délit.

Dans l'espèce de l'arrêt, le duc de Raguse, auteur des Mémoires, étant décédé, l'éditeur n'ayant voulu que faire connaître au public ces documents de l'histoire, vous avez décidé que la répression pénale n'était pas possible, ne s'agissant que d'un éditeur qui pouvait invoquer sa bonne foi et établir qu'il n'avait pas agi dans l'intention de nuire.

Je pourrais parler encore d'un jugement dans le même sens, rendu sur la plainte des héritiers de M. Martin (du Nord) et sur la plaidoirie de Me Chaix-d'Est-Ange, aujourd'hui procureur-général près la Cour.

Quant aux documents de jurisprudence qui nous sont opposés, ce sont de simples jugements que la Cour verra. Toutes les fois que la plainte est rejetée, le tribunal démontre facilement qu'elle devait l'être par le motif que le prévenu avait agi sans intention de nuire.

Ainsi, par exemple, un médecin préoccupé uniquement de l'intérêt de la science, dans une séance purement scientifique, prend le crâne d'une femme décédée, victime d'un assassinat, et, à l'aide des circonstances qu'avait révélées l'instruction suivie à la suite du crime, il prétend, d'après ces règles de la science fantastique, peut-être, des successeurs de Gall, démontrer quels avaient été les instincts, les passions, les vices même de cette femme. Les héritiers se plaignent. Où était l'intention de nuire? Elle n'existait pas.

De même, en 1848, un noble personnage, portant le nom d'un des courtisans de Henri III, se plaint contre Alexandre Dumas, qui, dans un roman, a fait jouer à son ancêtre bien éloigné un rôle dont le récit serait diffamatoire et injurieux pour la famille. Le tribunal répond : C'est un personnage qui est mort il y a 250 ans; et d'ailleurs, sur la foi des documents que le prévenu présente, il est constant qu'il a raison d'invoquer sa bonne foi, puisque d'après Moréri et tous les biographes, il a dû croire que le personnage dont il empruntait le nom n'avait laissé aucun héritier direct et que depuis plus de cent années sa race était éteinte.

Voilà donc toute la doctrine. J'en retiens ceci, c'est que ma plainte est recevable, c'est que l'action peut être poursuivie à notre requête, à trois conditions. La première, c'est que les plaignants représenteront le défunt, qu'ils auront le droit de s'identifier avec lui, et de prendre en main sa cause et la défense de sa mémoire. La seconde, c'est que l'injure sera excessive et d'une telle gravité qu'elle rejaillisse nécessairement sur la descendance tout entière. Enfin, il faudra démontrer dans l'auteur de l'injure l'intention manifeste de nuire. La première condition existe sans contestation possible. Mgr Rousseau était engagé dans les ordres, il ne peut donc avoir d'autre représentant que sa nièce. Ma plaidoirie maintenant doit donc se borner à examiner si les deux derniers éléments constitutifs du délit se rencontrent dans l'espèce, à savoir l'injure, la diffamation grave, intolérable, et l'intention de nuire.

Je ne puis pas vous lire quant à présent l'écrit dont je me plains, car je ne veux pas de double emploi. J'aurai à le discuter pied à pied, dans ses détails; mais je dois dès à présent vous donner comme un avant-goût de la gravité des outrages dont nous avons souffert. Dans nos conclusions nous avons résumé et rassemblé tous les passages, objets de notre incrimination. Permettez-moi de les mettre sous vos yeux, et vous allez voir si tout est excessif et grave. J'ajoute que, quand vous connaîtrez l'écrit dans son ensemble, ce qui précède et ce qui suit chacune des articulations, vous trouverez que mon résumé pâlit et s'efface à côté de la vérité.

« Attendu que, loin de se conformer à ce qu'il devait considérer comme un devoir sacré, Mgr Dupanloup, cédant à des entraînements passionnés, et laissant de côté la polémique engagée, la question en discussion, pour s'en prendre exclusivement à la personne même de Mgr Rousseau, a accumulé contre son prédécesseur les accusations les plus graves et en même temps les plus calomnieuses; qu'il lui a prodigué, sous des formes constamment ironiques ou insultantes, les termes de *mépris*, les *invectives et les outrages.*

» Qu'ainsi, il lui a imputé d'avoir *agi dans la préoccupation la plus vaine et la plus servile; d'avoir ignoré l'honneur épiscopal; de s'être montré lâche et traître; d'avoir été un prêtre respectable, mais dans le sens le plus abaissé du mot; d'un esprit médiocre, d'un caractère plus médiocre encore; d'avoir été dans son style et dans ses doctrines d'une extrême vulgarité; de n'avoir pas su racheter la médiocrité de l'esprit par la dignité de l'âme; de n'avoir pas su porter le poids de la fortune; d'y avoir laissé fléchir sa tête, son cœur et son caractère*; qu'il a avancé que *les Orléanais disaient de Mgr Rousseau, en apercevant son portrait : « Hélas! ce fut un bien pauvre homme! »* qu'il a ajouté *que les paroles adressées aux élèves de son séminaire par son prédécesseur, en* 1810, *retombaient de tout le poids de leur honte sur sa bassesse* ; que s'adressant au rédacteur du CONSTITUTIONNEL, il lui a dit : *Le public français, qui comprend l'honneur, goûtera peu votre héros, et vous-même le flétrissez en ce moment, j'en suis sûr.*

Je pourrais maintenant aborder la discussion de la lettre de Mgr Dupanloup. Mais, je le sens, vous attendez de moi qu'avant de vous faire connaître l'injure, je vous dise ce qu'était cet Evêque mort il y a cinquante ans et dont la cendre a été si inopinément remuée ; ce qu'était le prêtre, je ne dirai pas si odieusement calomnié, mais seulement si regrettablement méconnu par son successeur sur le siége illustre d'Orléans.

Mgr Rousseau est né à Paris en 1735 d'une famille aisée. Sa vocation le portait vers les études ecclésiastiques. Il fut nourri de fortes études chez les Oratoriens et sous la direction de l'illustre Lebeau. A 25 ans il entrait dans les ordres, encouragé par l'abbé Poulle, un des prédicateurs célèbres du temps. Il révéla son talent pour la parole évangélique. Il monta dans la chaire chrétienne et obtint de si éclatants succès qu'il devint bientôt prédicateur du roi Louis XV. Appelé à la cour pour y prêcher en 1768, à l'époque où, au règne de Mme de Pompadour succédait le honteux empire de Mme Dubarry, il osa attaquer la favorite. Les courtisans le dénoncèrent : Louis XV se borna à répondre : Je ne l'en estime que plus ; après tout, il a fait son devoir.

Il était choisi à 25 ans pour prononcer devant l'Académie Française le panégyrique de St.-Louis. Il faisait l'oraison funèbre de Marie Leczinska, cette reine de France si bienveillante et si abandonnée par son royal époux. Quand Louis XV mourut, la municipalité de Paris lui confiait le soin de prononcer le discours funèbre qui devait honorer la mémoire de Louis XV. Successivement grand-vicaire d'Alby, chanoine de Chartres, abbé commandataire de Lure, il dut chacune de ces dignités à ses travaux apostoliques, à ses succès dans la chaire de vérité. En 1775, il fut appelé à faire partie de l'Assemblée du clergé; mémorable assemblée dans laquelle pour la première fois, au désir du Roi, s'agitait la question de l'émancipation des protestants et de la création en leur faveur d'un état civil.

Nommé prédicateur ordinaire du roi Louis XVI, il fut le dernier prêtre catholique qui ait eu l'honneur de prêcher devant le malheureux Roi. En 1792, quand déjà dans l'Assemblée législative retentissaient les mots de déchéance, quand déjà on pouvait apercevoir l'échafaud qui devait se dresser pour une tête royale sur la place publique, Mgr Rousseau, le jour de l'ouverture du Carême de 1792, monta dans la chaire, devant la cour décimée et désolée, et fit entendre des paroles empreintes d'une amère tristesse et d'un courage qui pouvait être périlleux pour lui.

La constitution civile du clergé fut alors déclarée par la loi obligatoire. Tous les ecclésiastiques devaient prêter serment; un décret du 26 avril 1792 condamnait à la déportation tous les prêtres réfractaires. Eh bien, à ce moment, cet évêque si lâche, si vil, ce courtisan du pouvoir, ce baron de l'empire, a-t-il prêté serment à cette constitution civile qui, croyant n'atteindre que l'organisation du clergé, frappait au cœur et le dogme et la foi? Non; il resta prêtre attaché aux entrailles de l'Eglise catholique romaine. Il fallait fuir devant la loi de proscription : son frère, M. Rousseau, négociant à Paris, le fit évader. Il parcourut les campagnes sous le costume d'un *colporteur*. Tout-à-coup, il apprend qu'aux premiers jours de septembre, au bruit du canon des Prussiens qui assiégeaient Longwy, à la voix de Danton qui demandait de l'audace, toujours de l'audace, c'est-à-dire du sang, toujours du sang, il apprend que la prison des Carmes a été envahie; que l'archevêque d'Aix, qui l'avait honoré de son amitié, a été massacré avec 172 prêtres, dont le sang peut encore être vu sur les dalles du couvent; que les brigands de la Commune de Paris ne sont pas encore las de leur carnage. Plus d'hésitation, plus de délai; il accourt à Paris ; il vient offrir sa tête en holocauste avec celle de ses frères entassés dans les prisons de l'Abbaye. Il est arrêté. Son procès va s'instruire, il n'échappera pas à Fouquier-Tinville. Mais son frère, M. Rousseau, veille sur lui. Santerre se laisse attendrir : on le fait évader. Il va rejoindre les princes français sur l'autre rive du Rhin Il arriva près d'eux pour être appelé à l'honneur de prononcer devant eux l'oraison funèbre de celui que vous appelez, que nous appelons tous le roi-martyr; l'oraison funèbre de cette mère si odieusement calomniée, de Marie-Antoinette reine de France, archiduchesse d'Autriche.

Arrivèrent enfin les jours réparateurs. L'année 1800 vient enfin consoler la France de tous les maux qu'elle avait soufferts. Dans cette même année, le premier consul fit venir M. Rousseau, son frère, depuis maire du 3e arrondissement et pair de France. M. Rousseau, par ses relations, par ses voyages en Suisse, en Allemagne, avait une parfaite connaissance de l'état de ces pays. Le premier consul lui demanda des renseignements sur les émigrés qui se trouvaient au-delà de la frontière du Rhin. M. Rousseau connaissait le pays et les hommes. Il refusa de donner les renseignements qui lui étaient demandés. Pourquoi ce refus? lui dit le premier consul. — C'est que mon frère est au nombre de ces émigrés. — Votre frère, quel est-il donc? — C'est, citoyen premier consul, l'ancien premier-vicaire du cardinal de Bernis, le prédicateur ordinaire de S. M. Louis XV et de S. M. Louis XVI. — Déclarez-lui de ma part, dit alors le premier consul, que s'il aime la France, l'ordre et la religion, sa place n'est pas dans les rangs de l'émigration, qu'elle est à Paris, près de moi.

Cette parole fut recueillie par Portalis, par Cambacérès, dont l'abbé Rousseau avait été l'ami. Sa position fut régularisée immédiatement, et bientôt il rentrait sur le sol de la France.

La Cour me pardonnera tous ces détails. Ils sont nécessaires.

Il rentra en France, et dès ce moment, eut-il tort, eut-il raison? Je n'en sais rien, je ne suis pas juge des événements, et je ne veux pas être juge des hommes. Dès ce moment, c'est là son crime, le crime pour lequel votre brochure l'a stigmatisé, il conçut dans son cœur un attachement inviolable pour celui qui alors était le premier consul, qui allait bientôt s'appeler l'empereur Napoléon; pour celui qui devait être le proscrit de Sainte-Hélène.

Qui ne comprendrait cet attachement, même encore aujourd'hui? Mgr Rousseau avait quitté la France noyée dans le sang, ruinée, déchirée par l'anarchie; il avait vu les prêtres assassinés ou proscrits, les églises dépouillées, les soldats bivouaquant dans les couvents et dans le chœur des vieilles cathédrales.

Il rentre en 1800. Quel spectacle s'offre à ses yeux! L'ordre partout rétabli; l'administration reconstituée; le commerce, l'industrie, les finances puissamment et en quelques heures, pour ainsi dire, réorganisées; les proscrits de fructidor rendus à la patrie; la loi des otages abolie; la liste des émigrés close et bientôt l'amnistie générale décrétée pour ceux qui rentreront en France; nos armes partout victorieuses, et enfin pour couronner cette magnifique année 1800, au 14 juin, Marengo, au 13 décembre, Hohenlinden!

Dans les années suivantes, la paix de Lunéville, la paix d'Amiens, la paix avec la Russie, avec le monde entier. La paix avec les hommes, la paix aussi avec Dieu et la religion! Le concordat devenu loi organique de l'Etat; la religion catholique déclarée celle de la majorité des Français; les archevêques, les évêques remontant sur leurs siéges; les prêtres rappelés; le culte remis en honneur; les églises partout rouvertes, et après tant d'années de silence, les cloches rappelant le peuple des campagnes à l'adoration et à la prière!

Voilà, messieurs, voilà ce que l'abbé Rousseau retrouvait en France

Comprenez-vous maintenant qu'il soit mort en 1810 portant encore l'amour, le respect, la religion du premier consul profondément gravés dans son cœur? Ah! je le sais bien et je ne crains pas de le dire, c'est pour cela que vous l'avez calomnié; c'est le prêtre fidèle à l'ordre de choses nouveau, fidèle au gouvernement de son pays, que vous avez voulu déchirer et injurier.

En 1802, il est nommé évêque de Coutances, évêque institué canoniquement par le Pape. Il avait alors 67 ans. Les fatigues de l'âge et de l'exil, les rudes labeurs de la prédication évangélique, rien n'arrêta son zèle et son courage. Il réorganisa le diocèse de Coutances, et j'ai dans mon dossier des documents émanés des personnes les plus honorables du pays, qui me disent : Paris et les grandes cités ne savent pas ce qu'était le culte dans nos diocèses, dans les diocèses rapprochés des départements de l'Ouest. Il n'y avait pas un prêtre; il n'y avait pas un homme croyant à la religion, pas un homme pour ainsi dire croyant à Dieu. La discorde partout, les prêtres réfractaires poursuivis par les prêtres constitutionnels et assermentés. Il fallut rétablir l'ordre, il fallut trouver des prêtres, trouver des églises, et dans la lettre qu'il écrivait au Pape après cinq années d'administration du diocèse, Mgr Rousseau pouvait dire :

« J'ai parcouru toutes les campagnes, j'ai donné le sacrement de confirmation et administré la sainte communion à plus de 60,000 personnes. Mais j'ai 70 ans bientôt; mes forces s'épuisent et je demande un diocèse où mes travaux évangéliques soient moins pénibles. »

C'est alors qu'il est nommé, en 1807, au siége d'Orléans. Il est mort en 1810 dans l'accomplissement même des fonctions de son ministère, au moment où il commençait une tournée pastorale; il avait quitté Orléans dans les premiers jours d'octobre, ses grands-vicaires voulaient l'arrêter, la maladie l'avait épuisé. Il ne se laissa pas ébranler. Il partit; mais à peine il touchait Blois, qu'il fut frappé d'une attaque d'apoplexie à laquelle il succomba. Et cet homme qui avait brigué, dit mon adversaire, toutes les faveurs du monde, qui avait sacrifié le temporel au spirituel, ce baron de l'Empire, dans son testament, fait deux legs de 1,500 francs : l'un au profit du diocèse de Coutances, pour être distribué aux prêtres âgés et infirmes; l'autre en faveur des pauvres du diocèse d'Orléans. Après sa mort, quand on voulut acquitter ces legs, il n'avait rien laissé, pas même de quoi se faire inhumer, et c'est le chevalier Rousseau qui acquitta la dette de son frère. Vous connaissez maintenant l'homme si indignement attaqué. Et ce n'était pas la première fois qu'il était en butte aux coups de la calomnie. Déjà en 1816, un de ces enfants perdus des partis, un de ces écrivains ardents à qui le talent ne sert que de passeport pour la violence, un pamphlétaire religieux, le comte Barnel de Bauvert, l'avait outragé publiquement, avait diffamé sa mémoire; il l'avait accusé d'avoir voté la mort du roi Louis XVI, lui qui avait prononcé l'oraison funèbre du malheureux prince. Le diffamateur fut poursuivi. Une première rétractation fut exigée et insérée dans le *Moniteur* du 2 août 1816.

« Monsieur, disait le diffamateur, en s'adressant au rédacteur du journal, il me reste à dire que M. Arrighi de Padoue n'est pas non plus sur la liste officielle, ni M. François de Neufchâteau, ni M. Rousseau, ancien évêque constitutionnel d'Orléans, et frère de l'estimable maire du 3e arrondissement de Paris. »

C'était une nouvelle et aussi cruelle injure. Mgr Rousseau, évêque constitutionnel, prêtre assermenté, lui qui avait failli payer de sa tête son refus persévérant de jurer fidélité à la Constitution civile!

Mais de même qu'aujourd'hui, sa nièce, Mme Bertin, veille pieusement pour la défense de sa mémoire, son frère alors, M. Rousseau, veillait avec non moins de zèle et d'ardeur pour le défendre contre les diffamateurs posthumes, et à sa demande le comte Barnel de Bauvert fut forcé de faire une seconde rétractation :

« Je vous prie, disait le calomniateur, d'ajouter à ma première rétractation publique, concernant feu M. l'abbé Rousseau (que d'après un faux rapport, j'avais inscrit dans une de mes lettres sur quelques particularités secrètes de l'histoire, etc., au nombre des conventionnels ayant voté la mort de Louis XVI), que mieux informé je m'empresse de reconnaître avec toute vérité ces faits bien constants :

» M. l'abbé Rousseau, ancien chanoine de Chartres, abbé commandataire de Lure, grand-vicaire du cardinal de Bernis, prédicateur de LL. MM. Louis XV et Louis XVI, membre de la dernière Assemblée du Clergé, fut nommé, en 1802, par le premier consul et institué par le Pape, en exécution du concordat, évêque de Coutances, et n'a passé de ce siége à celui d'Orléans qu'après la mort de l'abbé Bernier et en vertu des bulles du Pape. C'est donc par erreur que dans ma lettre du 2 août, j'avais attribué à M. l'abbé Rousseau la qualité d'Evêque constitutionnel d'Orléans.

» J'ai cru devoir manifester dans un nouvel article à ce sujet, la preuve de mon amour pour la vérité, de la pureté de mes intentions et de ma vénération pour la mémoire d'un prélat vertueux.

» J'ai l'honneur de vous saluer.

» Comte de Barnel de Bauvert. »

Et M. Rousseau écrivait une autre lettre insérée dans le même numéro du *Moniteur* :

« Monsieur, en vous transmettant et en vous invitant à publier la lettre de M. le comte de Barnel de Bauvert, relative à feu M. Rousseau, évêque d'Orléans, mon frère, je vous prie de vouloir bien ajouter que M. l'abbé Rousseau n'a jamais été membre d'aucune assemblée politique ; qu'après avoir échappé miraculeusement aux massacres des 2 et 3 septembre, il a quitté la France en 1792 et n'y est rentré qu'en 1801. »

Après ces témoignages, qu'il me soit permis d'ajouter que Mgr Rousseau fut un prélat de mœurs rigides et pures; qu'il a fait preuve toute sa vie de l'amour le plus ardent pour les hommes, de la charité envers les pauvres, de la charité évangélique envers tous. Ne croyez pas que ce soient là les exagérations d'un panégyrique et que j'apporte à l'audience pour le besoin de l'affaire des éloges menteurs et controuvés. En 1855, on publiait à Orléans, à la librairie de l'évêché, une biographie des évêques d'Orléans depuis les origines chrétiennes jusqu'à nos jours. Cette brochure, éditée sous les auspices de l'évêché, a un caractère presque officiel; elle n'est pas suspecte, à coup sûr. Eh bien, j'y trouve sur Mgr Rousseau, sur son caractère, sur sa conduite et ses mœurs de prêtre tous les détails que je viens de vous donner.

« Il avait, nous dit l'auteur, l'amour de la parole évangélique, le zèle du sacerdoce, l'ardeur du saint ministère. Avec quelle douleur il parlait de ses 150 paroisses sans prêtre et sans pasteur! »

Sans doute, à côté de ces éloges, je trouve l'écho des rancunes qui, tout-à-l'heure, se feront jour dans la lettre de Mgr Dupanloup. On voit bien que déjà le biographe ne peut s'empêcher de lancer quelques traits contre le prêtre de l'empire, « mort affectionné à l'empire. »

Ah! j'y consens, vous qui vous dites aujourd'hui l'apôtre et le champion de la liberté, attaquez, blâmez ceux qui se laissèrent éblouir aux splendeurs impériales. Mais enfin cet amour pour la prédication, ce chagrin du pasteur qui voit les âmes sans guide et sans directeur, est-ce que cela ne vaut pas de votre part un peu de commisération et de sympathie? Est-ce que ce n'est pas au moins une circonstance atténuante? Il avait été baron, c'est vrai; mais il avait eu les vertus de son état, il avait eu l'amour de la parole sainte qui convertit, qui soutient et qui console. Il avait voulu des prêtres pour les églises, des élèves pour les séminaires. Aujourd'hui vous avez oublié tout cela. Vous l'aviez su cependant; car cette biographie, on le voit par les détails que vous y avez puisés, avait été sous vos yeux.

Savez-vous quel a été le résultat de toutes les calomnies dont je me plains? Le voici.

Tous les ans on publie, quelque temps après l'ouverture de l'année nouvelle, un ouvrage que je représente à la Cour et qui porte pour titre : *La France ecclésiastique, almanach du clergé pour l'an de grâce* 1860.

Cet annuaire renferme avec les noms des prélats qui occupent aujourd'hui les siéges épiscopaux, la série de tous les archevêques et évêques qui les ont occupés successivement.

Or, l'annuaire de 1860 n'a paru que vers le 10 mars, j'en rapporte la preuve par l'insertion de la publication au journal de la librairie. Il n'a paru que postérieurement à notre plainte et au procès entamé.

Je vois dans la notice relative au siége d'Orléans, les noms des prédécesseurs et du successeur de Mgr Rousseau; mais son nom à lui est supprimé; entre son prédécesseur et son successeur on l'omet et on dit: le siége était resté vacant.

Voilà le résultat de vos attaques! Le pieux rédacteur a cru servir votre cause en déniant même au chef de notre famille son titre d'évêque, et vous voulez que cette famille ne se plaigne pas, quand vos injures et vos outrages ont eu cette triste portée!

J'arrive maintenant à l'examen et à la discussion de la brochure incriminée. Mais tout d'abord il faut rechercher à quelle occasion cet écrit a été publié, dans quel but il a été lancé dans la polémique.

J'ai entendu dire hier à mon honorable adversaire, plaidant dans une cause qui n'est pas la mienne, que Mgr Dupanloup avait été indignement provoqué lui-même et que sa justification était dans ces attaques dont il avait été l'objet.

Quelles ont donc été ces provocations?

Elles auraient été, selon vous, de deux sortes, toutes deux graves et de nature à vous excuser. Examinons vos prétentions et votre défense à ce sujet.

D'abord vous auriez été entraîné par les nécessités d'une polémique engagée autour de vous, et dans laquelle on mettait en question, on menaçait même, dans un avenir très-rapproché, l'existence de tout ou partie de la souveraineté temporelle des papes. Tous ces événements, toute cette discussion ne me regardent pas. Je n'ai pas à m'en occuper, je n'ai pas à les juger. Je ne dois y jeter un coup d'œil que parce que Mgr Dupanloup prétend que des questions ardentes l'ont jeté lui-même dans le débat et que la chaleur de la lutte doit faire excuser même ses écarts. Vous le dites, je vous l'accorde.

Hier, si j'ai bien compris les paroles de votre défenseur, on semblait vous excuser d'avoir entrepris un voyage à Rome et d'en être revenu plus zélé, plus ardent pour la défense des intérêts temporels de Rome. Je ne sais si ce voyage a eu lieu avec ces conséquences; mais enfin si cela est vrai, pourquoi vous en défendre? J'admets parfaitement que prêtre, évêque, vous ayez senti le besoin d'aller réchauffer votre cœur au foyer même du catholicisme. J'admets aussi que, quand vous avez cru la cause du Saint-Siége en péril, vous vous soyez précipité avec ardeur au milieu des combattants. C'était votre droit; bien mieux, c'était votre devoir.

Ah! je le comprends volontiers. Comment, en effet, ne pas être profondément ému des douleurs qui ont accablé le père de la chrétienté? Ne suffit-il pas d'ailleurs d'avoir approché sa sainte personne pour se sentir touché jusqu'au fond de l'âme de tout ce qui peut le blesser dans ses intérêts spirituels ou temporels? Je comprends votre attachement, votre chaleureuse fidélité, et moi-même je ne puis me défendre ici contre la puissance de mes souvenirs.

J'étais à Rome il y treize ans, quelques mois à peine après l'intronisation du pontife, et j'avoue que lorsqu'aux solennités de Pâques, je le vis pour la première fois s'avancer dans Saint-Pierre; quand je contemplai cette noble et majestueuse démarche, ce visage tout rayonnant de l'amour d'une sainte popularité et où brillait l'espoir de la liberté de l'Italie; quand j'entendais en même temps au dehors ces cris répétés de : Vive Pie IX! ah! je fus ému jusqu'aux larmes; il me semblait que la majesté du Ciel était descendue sur la terre et que Dieu était véritablement dans le temple.

Aussi je me sentirais bien disposé à vous absoudre, si, comme la Cour s'en convaincra tout-à-l'heure, vous n'aviez dépassé à l'égard d'un Évêque, de votre prédécesseur, toutes les limites permises de l'invective et de l'injure; si vous ne vous étiez laissé emporter à ces écarts étrangers contre une mémoire qui devait vous être sacrée.

Voilà la première circonstance qui aurait constitué à l'égard de mon adversaire une véritable provocation.

La seconde, ce serait la publication d'un écrit émané de Mgr Rousseau, en 1810, et qui publié par le journal le *Constitutionnel,* tout récemment, aurait nécessité une réponse de Mgr Dupanloup.

Qu'est-ce que cet écrit? Je ne puis pas le lire en entier devant vous. Cependant il faut que je vous dise ce qu'il est, en quelques mots du moins.

Mgr Rousseau venait de recevoir une circulaire du ministre des cultes ordonnant que le sénatus-consulte du 17 février 1810 serait désormais une loi de l'Empire et l'invitant à porter cet acte à la connaissance des élèves de son séminaire. Mgr Rousseau obtempéra, et voici seulement le préambule de son écrit pastoral :

« Messieurs,

» Le sénatus-consulte du 17 février est un de ces grands événements que Dieu prépare dans le secret de ses conseils, et qu'il permet dans sa sagesse, sans que qui que ce soit puisse usurper le droit de l'interroger. Adorer ses impénétrables desseins et nous y soumettre avec respect, tel est le devoir des chrétiens, et particulièrement celui du clergé.

» Notre qualité d'évêque nous en impose un autre, celui de prévenir l'abus que l'ignorance, le fanatisme ou la mauvaise foi pourraient faire du changement survenu dans l'état politique du Pape.

» Le moyen, Messieurs, qui nous a paru le plus propre à parvenir au but que nous nous proposons, est de fixer d'une manière claire et précise les idées sur le nouvel ordre de choses, qui, destiné à régler désormais notre conduite, doit, dès aujourd'hui, appeler toute notre attention.

» Le Pape, en cessant d'être souverain temporel, reste le chef de l'Eglise catholique, apostolique et romaine, pour la gouverner dans l'esprit, dans la charité et la paix de Jésus-Christ, conformément aux saints canons arrêtés par les conciles généraux.

» L'Empereur s'est empressé de rendre un solennel hommage à cette vérité. Il a déclaré de la manière la plus franche et la plus authentique, qu'il était né au sein de l'Eglise, qu'il en était le fils aîné et qu'il voulait y vivre.

Sa Majesté, dans sa réponse aux députés romains, a parlé le même langage et exprimé les mêmes sentiments.

» Il est donc vrai, il est incontestable que Pie VII conserve dans toute son intégrité, dans toute son étendue, la plénitude d'autorité spirituelle, la seule que le Sauveur du monde ait donnée à saint Pierre, et que, de siècle en siècle, chacun de ses successeurs a, sans la moindre interruption, transmise jusqu'à nos jours.

» La disparition de la souveraineté temporelle dans le Pape, souveraineté qui, loin d'être inséparable du pouvoir spirituel, n'a point de rapport naturel avec lui, n'apporte donc, dans l'Eglise fondée par Jésus-Christ, aucun changement à la perpétuité de nos vérités religieuses, à l'antique maintien de nos dogmes et même à la pratique de notre discipline.

» Voilà, Messieurs, ce qu'il est essentiel que les élèves préparés par vos lumières, par votre zèle et vos soins, à remplir un jour les fonctions de pasteurs, sachent si parfaitement, que jamais rien ne puisse élever dans leurs têtes, sur cet important article, le plus léger nuage, ni ébranler le moins du monde leur croyance; et cet heureux résultat, nous ne l'obtiendrons qu'en joignant, pour eux, le plus possible, l'alliance positive de la religion avec la scolastique. »

Après ce début, l'auteur établit trois propositions que j'analyse rapidement.

Il établit d'abord historiquement et doctrinalement que l'indépendance spirituelle du Pape n'est pas intimement et étroitement liée à son autorité temporelle.

En second lieu, il soutient que les Papes ne doivent user qu'avec une extrême modération et seulement dans un intérêt purement spirituel, de l'arme de l'excommunication.

Troisième proposition. La déclaration de 1682 consacrant les libertés de l'Eglise gallicane a en France le caractère d'un acte de droit public, d'une décision de Concile national auquel tous les Français doivent une entière et active soumission.

Puis, en conséquence des discussions auxquelles s'est livré Mgr Rousseau et des principes qu'il a établis, il conclut en disant qu'il convient de faire entrer dans le cours d'études des élèves en théologie du séminaire l'ouvrage de Fleury, les *Discours sur l'histoire ecclésiastique* du même auteur, la *Déclaration de 1682* et la *Défense des libertés de l'Eglise gallicane,* par Bossuet.

Et il termine en ces termes :

« Telle est notre profession de foi et comme Français et comme catholique.

» En conséquence, Messieurs, de ce que nous venons de vous exposer, l'ouvrage de M. l'abbé Fleury et particulièrement les discours du même auteur; la Déclaration du clergé de France, concernant la puissance ecclésiastique, dressée par Bossuet et adoptée par tout le clergé de France, ainsi que la Défense par le même prélat, des libertés de l'église gallicane, entreront maintenant à perpétuité dans le cours d'études des élèves en théologie de notre séminaire, qui subiront à la fin de chaque année scolastique un examen sur les objets énoncés ci-dessus.

» Ce sera, Messieurs, j'en suis le garant, ne suivre que la propre impulsion de votre cœur, en continuant de les entretenir dans la pieuse habitude de fidélité, de respect et d'amour pour l'Empereur ; à chaque nouveau bienfait de Sa Majesté envers l'Eglise et ses ministres, vous renouvellerez, vous ranimerez leur juste reconnaissance pour le souverain à qui la plupart d'entre eux doivent l'inappréciable faveur de leur éducation. »

C'était le document qui était jeté dans la polémique.

Que Mgr Dupanloup se soit senti le besoin de le combattre, je l'accorde. Mais il est un point qu'il faut établir, et c'est le dernier que j'ai à toucher en quelques mots avant d'arriver à l'arrêt lui-même. Etaient-ce là des sentiments exceptionnels, tout particuliers à Mgr Rousseau? Non, vous allez le voir ; ce qu'il exprimait dans cet écrit, c'était la doctrine, c'étaient les sentiments de tout le clergé français. En effet, un écrivain qui n'est pas suspect de partialité, car il partage complétement, sur l'indivisibilité des pouvoirs spirituel et temporel, les opinions que défend Mgr Dupanloup, un écrivain que tout le monde a lu et connaît, a écrit l'histoire de ces événements sur les documents les plus certains, rassemblés et compulsés par lui avec un soin minutieux et persévérant. Or, quand il s'occupe du sénatus-consulte du 17 février 1810, des sentiments du clergé à cette occasion, de la lutte alors engagée entre l'empereur et le chef de l'Eglise, M. Thiers, (et tout le monde a compris que c'est de lui que je parle), M. Thiers nous apporte les révélations les plus curieuses et les plus décisives. Après avoir analysé le sénatus-consulte de 1810, représentant tout ce qu'avait de gigantesque et d'étrange cette conception, qui mettait le chef de la catholicité, le Pape, à Paris, près de l'empereur ; le dotait d'une liste civile magnifique, disait-on ; lui donnait des palais ; l'entourait de tout le respect possible, disait-on encore, M. Thiers ajoute :

« On se croit placé sous l'illusion d'un songe lorsqu'on entend raconter ces choses, que l'Eglise alors elle-même était loin de considérer comme impossibles. »

Et peignant à grands traits l'histoire de cette triste époque, il nous représente au vif les sentiments qui animaient alors le monde sacerdotal.

« Le Pape transporté à Savone y était prisonnier et se refusait obstinément à remplir les fonctions de la chaire apostolique. Il n'y avait pas schisme comme dans les derniers temps de la révolution, où le clergé divisé, divisant les fidèles, se vengeait en troublant l'État, des persécutions qu'on lui avait fait essuyer.

» Le clergé, à cette époque, était uni, tranquille, soumis, célébrait partout le culte de la même manière, ignorait ou feignait d'ignorer la bulle d'excommunication lancée contre Napoléon, blâmait assez généralement le Pape d'avoir recouru à cette extrémité et de s'être ainsi exposé ou à révéler la faiblesse des armes spirituelles ou à ébranler un gouvernement que, malgré ses fautes, on regardait comme nécessaire encore au salut de tous.

» On souhaitait presque unanimement que le Pape s'entendît avec l'empereur, qu'il en obtînt un établissement convenable pour le chef de l'Eglise, sans désirer même qu'il pût obtenir le rétablissement de la puissance temporelle, regardée alors comme irrévocablement détruite.

» Chose singulière ! sans la pression d'un gouvernement tout-puissant, l'Eglise oubliait en ce moment à quel point la puissance temporelle des Pontifes était nécessaire à l'indépendance de leur puissance spirituelle ; l'Eglise, depuis si exigeante, penchait à admettre que le Pape devait renoncer à ses Etats et se contenter d'un établissement considérable, qui, quelque magnifique qu'on l'imaginât, ne pouvait être après tout, que celui des anciens patriarches résidants auprès des empereurs de Constantinople.

» Tel était l'avis de la grande majorité du clergé.

» Mais une minorité ardente, celle qui avait repoussé le concordat, partageant toutes les haines des anciens royalistes, traçait de désolantes peintures des souffrances du Pape, répandait activement la bulle d'excommunication et provoquait ouvertement au schisme.

» Elle soutenait que prendre le domaine de St-Pierre, c'était attaquer la foi ;

» Que le Pape prisonnier, devait se refuser à tout acte pontifical ;

» Que le clergé catholique, privé de communication avec son chef, devait bientôt se refuser lui-même à administrer les sacrements.

» En un mot, de même qu'autrefois les Parlements, pour vaincre la royauté, prétendaient arrêter le cours de la justice, ces prêtres, pour embarrasser Napoléon, voulaient aller jusqu'à suspendre l'exercice du culte.

» Vainement quelques prêtres éclairés, se rappelant que Henri VIII avait pu, par des motifs honteux, faire sortir de l'Eglise catholique l'une des plus grandes nations du globe, se disaient que Napoléon, bien autrement puissant que Henri VIII, appuyé sur des motifs bien autrement avouables, pouvait causer à la foi de plus grands maux que le monarque anglais, surtout dans un siècle indifférent, beaucoup plus à craindre qu'un siècle hostile.

» Mais les instigateurs de l'opposition cléricale, aveuglés par leurs passions, s'inquiétaient peu du danger de la religion et avaient porté à Paris même, le théâtre de cette guerre périlleuse. »

En histoire, il n'y a de vérité que quand un fait spécial ou un écrit sont replacés au milieu des circonstances contemporaines. L'honorable écrivain auquel j'emprunte ces lignes, n'est pas suspect quand, avec ces documents certains, il fait connaître l'état des sentiments, des opinions non-seulement du clergé français, mais même du clergé européen. Il n'est pas suspect, car pour lui, il blâme ces doctrines et ces sentiments, et se montre partisan convaincu de l'indivisibilité des souverainetés temporelle et spirituelle.

Tel était donc l'esprit du clergé, tel devait être l'esprit de Mgr Rousseau, de ce prélat arraché à l'émigration par Napoléon, rappelé par lui en France, dans sa patrie, près de sa famille, et que Napoléon avait élevé sur l'un des siéges épiscopaux les plus éminents de l'empire.

Que tout cela soit blâmable, qu'on discute tout cela, qu'on ne l'accepte pas, je le veux ; mais c'était l'opinion de la plus grande et de la plus saine majorité du clergé français, si pieux et si respectable.

J'ai donc éclairé ce document émané de Mgr Rousseau, par les évènements contemporains qui, en 1860, étaient jetés dans la polémique.

Je le répète pour la dernière fois, je comprends que si ce document contrarie les doctrines de Mgr Dupanloup, que s'il blesse ses sentiments les plus chers, Mgr Dupanloup ait le droit de le discuter, de contredire les opinions de l'auteur, qui après tout étaient celles de ses contemporains. Qu'il les trouve mauvaises, qu'il les blâme, qu'il les réfute, qu'il les condamne comme évêque, comme citoyen, c'est son droit et c'est peut-être son devoir. Mais là se borne son droit. Si vous voulez vous rappeler les principes qu'a consacrés la jurisprudence, et notamment votre arrêt rendu dans l'affaire des Mémoires de Raguse, le droit de critique et de discussion, tout absolus qu'ils puissent être, ont cependant leurs limites : ils doivent se renfermer dans la modération, dans la décence, surtout dans la vérité.

Vous avez pu apprécier l'écrit de Mgr Rousseau. A coup sûr, le style en est convenable ; il est digne d'un prélat, il a éminemment le caractère religieux et évangélique. Je n'ai pas à rechercher si le prélat qui a écrit ce document, a eu tort ou raison de se rattacher au Souverain de son pays, et d'abandonner, comme le faisait tout le clergé alors, la puissance temporelle. Cela m'importe peu ; cela importe à Mgr Dupanloup, je l'accorde. Il peut, il doit discuter. Voyons maintenant, comment il a discuté.

Le criterium que je veux choisir pour juger son écrit, ce sont les paroles que j'entendais tomber hier de la bouche d'un de mes éminents adversaires. Je les ai écrites sous sa dictée :

« Si vous tombez dans les excès et les abus de la colère, si vous vous laissez aller à l'abus de l'indignation, disait Me Berryer, vous êtes un diffamateur. Qui posera cependant les limites où doit se retrancher l'indignation ? La justice ! »

C'est la justice que j'accepte comme vous pour arbitre. Elle dira si vous vous êtes laissé aller à l'abus de l'indignation, à l'abus de la colère, ou si vous êtes resté dans les limites de la modération.

Abordons enfin l'écrit, où nous ne pouvions arriver qu'après ces trop longs préliminaires.

Il se compose de trois parties : un préambule d'abord, ensuite une discussion de l'écrit de Mgr Rousseau, et enfin, une partie qui est celle de la diffamation, de l'injure, des personnalités, et qui était complétement inutile à l'écrit lui-même, et à l'effet que voulait produire l'illustre écrivain.

L'écrit, vous le savez, est une lettre adressée à M. Grandguillot, rédacteur en chef du *Constitutionnel*, à la date du 4 février 1860.

Il débute en ces termes :

« Monsieur.

» Vous m'obligez à entrer en lice avec vous. Malgré les trois lettres que vous aviez bien voulu m'adresser précédemment, j'avais pu jusqu'ici m'y refuser; mais vous faites paraître avec vous aujourd'hui, devant le public, un de mes prédécesseurs : je ne saurais me dispenser de vous y suivre.

» Rien ne me convient moins assurément que de troubler la mémoire et la paix des morts ; mais, quand on les évoque contre l'Eglise, le respect qui leur est dû ne peut plus commander le silence et empêcher de dire la vérité.

» Les cendres de Mgr Rousseau reposent dans ma cathédrale avec celles de mes autres prédécesseurs : je demande chaque jour à ces souvenirs de la mort des leçons dont j'ai besoin pour éclairer et guider ma vie ; je regrette d'avoir à confier au public la leçon que Mgr Rousseau me donne aujourd'hui par vous. »

Voilà le début de l'écrit. Le prélat descend en lutte dans la crypte de sa cathédrale, et pour donner une leçon au rédacteur en chef du *Constitutionnel*, il va, qu'on me passe l'expression, exhumer et jeter au vent, dans l'ardeur de la polémique, les cendres de son prédécesseur qui dorment depuis cinquante ans. Il le dit :

« Cinquante ans ont passé sur sa tombe : Dieu a jugé son âme et ses intentions ; mais puisqu'on me condamne à juger ses actes et ses paroles, je le ferai en toute liberté et toute justice, au nom de l'Eglise et de la vérité ; et si ce que je vais dire pèse un jour sur sa mémoire, qu'il me le pardonne ! on m'y oblige ; je le dois, et je le fais avec tristesse : *Pace tuâ dixerim.* »

Vous le voyez, cette doctrine est celle que vous retrouvez dans la lettre adressée à Mme Bertin, que j'ai lue en commençant ; c'est toujours le même langage :

On m'y oblige ; que le défunt me le pardonne ! On m'y oblige ; que la famille me le pardonne ! mais je veux le dire ; je veux diffamer ; je veux injurier. *Pace tuâ dixerim.*

Je laisse de côté certains passages qui ont rapport à la polémique engagée entre M. Granguillot et Mgr l'évêque d'Orléans, puis le passage relatif au *Siècle* et qui a motivé le procès plaidé à l'audience d'hier. Voici, après que Monseigneur a porté à M. Granguillot le défi de réfuter sa lettre, ce qu'il ajoute :

« Mais non ; vous trouvez plus commode et plus habile de m'opposer un de mes prédécesseurs ; *ce saint évêque, un des plus illustres prélats de l'Eglise de France*, dites-vous, qui, en 1810, quand le Pape était chassé de Rome et prisonnier de Napoléon, *écrivait confidentiellement,* dites-vous encore, *au supérieur et aux directeurs de son petit séminaire, loin de toute pression humaine et de toute contrainte officielle*, la lettre que vous citez.

» C'est donc de Mgr Rousseau que je dois m'occuper maintenant, et de la pièce que vous publiez...

» Ce dont je suis sûr et ce sur quoi je dois insister, c'est que ces paroles ne furent pas écrites ou prononcées *loin de toute pression humaine et de toute contrainte officielle ;* et si je me permets de vous contredire ici, c'est que je tiens le détail de Mgr Rousseau lui-même : ce fut *en conséquence d'une circulaire ministérielle,* et en quelque sorte sous les yeux du ministre, à qui il l'envoya, que ce discours fut prononcé.

» En effet, le 26 juillet 1810, Mgr Rousseau écrivait au ministre des cultes : « Le 1er juillet, j'ai adressé à Votre Excellence copie du discours » que j'ai prononcé dans mon séminaire, *en conséquence de votre circulaire* » *du 24 avril dernier.* »

» Je dois ajouter que ce n'était pas *dans toute son indépendance*, comme vous le dites encore, Monsieur, que Mgr Rousseau fit une telle œuvre ; mais, au contraire, je suis condamné à le dire, dans la préoccupation la plus vaine, la plus servile. »

Quoi ! ce ne serait pas là de l'injure et de la diffamation ! Si Mgr Dupanloup croit que cet écrit n'est pas l'œuvre spontanée de Mgr Rousseau, il lui est facile de le dire. Mais est-il nécessaire, est-il permis de se laisser aller à l'outrage comme il le fait et comme il va continuer à le faire dans les lignes qui suivent :

« Ce discours, fait en conséquence d'une circulaire officielle, il l'envoie au ministre. Le ministre ne daigne pas lui répondre. Inquiet, presque désolé, après vingt-cinq jours de silence ministériel (M. Portalis, alors ministre, était un homme honorable, à qui les bassesses ne plaisaient pas), il récrit encore pour savoir... s'il a bien parlé, s'il en a trop dit, ou pas assez au gré du ministre. « La continuité du silence du ministre sur cet écrit de » ma part, *malgré le vœu que j'ai renouvelé* à Votre Excellence, de savoir » ce qu'elle en pensait, m'est infiniment pénible. *Devais-je dire davantage?* » *Ou en ai-je trop dit? Je vous supplie,* Monseigneur, *de dissiper cette crainte?* »

» Voilà, Monsieur, comment Mgr Rousseau parlait aux directeurs de son *petit* séminaire, *loin de toute pression humaine et de toute contrainte officielle, dans toute son indépendance.* »

Mgr Rousseau, en écrivant, a donc fait une bassesse, et le ministre Portalis en a été tellement indigné, qu'il n'a pas même daigné répondre.

Ah ! Monseigneur, la charité chrétienne et évangélique ne vous donnait-elle pas un moyen bien simple d'expliquer le silence de Portalis? Il était mort depuis 1807, évidemment il ne pouvait pas répondre. Mais vous préférez interpréter le silence du mort comme une condamnation de l'écrit de Mgr Rousseau. Et nous vous verrons tout-à-l'heure, avec un ton de hauteur incomparable, dire à votre devancier : Vous ignorez l'histoire; l'histoire vraie, je vais vous l'apprendre. Mais la meilleure manière, ce me semble, de savoir l'histoire vraie, c'est de ne pas ignorer la date exacte de la mort d'un personnage tel que Portalis.

Mgr Dupanloup continue :

« C'est dans les mêmes sentiments que, peu de temps après le décret de Napoléon qui réunissait les Etats du Pape à l'Empire français, peu de jours même après que le général Radet eut enlevé violemment le Pape du Vatican, Mgr Rousseau écrivait encore à l'archichancelier de l'Empire, Cambacérès, le 7 août 1809 : « Je reste convaincu que c'est ici le moment » où les chefs de l'Eglise gallicane doivent se rallier, se serrer en quelque » sorte davantage autour du trône... et se servir de toute l'influence de » leur ministère pour empêcher le fanatisme ou la mauvaise foi de par- » venir à jeter l'alarme dans la portion des fidèles plus dévote qu'éclairée.

» Votre rang dans l'Etat, Monseigneur, ajoutait avec une respectueuse « confiance Mgr Rousseau, *et votre influence sur ma promotion à l'épiscopat,* » *influence que je n'oublierai de ma vie,* justifient le détail où je viens d'en- » trer. »

» Cambacérès ne manqua pas de lui répondre : « Monsieur l'évêque, les » sentiments que vous m'exprimez honorent le caractère épiscopal. » (18 août 1809.)

» Du reste, Monsieur, cet évêque faisait tout ce qu'il pouvait pour honorer son caractère, à sa manière et au gré du temps où il vivait. J'ai sous les yeux toutes les lettres par lesquelles il sollicitait tour à tour, des conseillers d'Etat, des ministres, de l'archichancelier, les faveurs auxquelles il attachait, dit-il, « un prix infini, » pour l'honneur de son ministère, entre autres le titre de *baron*, puis le titre de *chevalier* par une *pétition* spéciale, afin de pouvoir transmettre le premier de ces titres à l'un de ses neveux, et ainsi le « *baroniser* » (texte de la correspondance d'un de ses anciens grands-vicaires avec lui), et le titre de *chevalier* à un autre neveu ; et il sollicitait enfin le titre d'électeur et *la faveur d'être adjoint au collége électoral du département ou à celui d'Orléans,* afin, sans doute, d'aider à la sincérité et à l'indépendance des élections d'alors : et il achevait la lettre dans laquelle il sollicitait une partie de ces belles choses (15 mai 1808), par ces tristes paroles :

« Ma vive reconnaissance pour l'Empereur me fait un devoir bien doux » à remplir, celui de montrer le prix infini que j'attache à jouir des dis- » tinctions que Sa Majesté a daigné, dans sa sagesse, accorder à l'épisco- » pat; distinctions si propres à ajouter à la considération dont notre » ministère a besoin d'être environné. »

L'histoire aujourd'hui, nous a mis à même de juger l'Empereur. Au point de vue où nous sommes placés, nous savons tout et nous pouvons le juger dans le bien et dans le mal qu'il a fait.

Mais pour l'Évêque de 1810, celui qui avait relevé les autels, celui qui avait rendu les prêtres à la religion, celui qui, à une époque où toutes les distinctions sociales étaient abolies, voulait que dans la reconstitution de la France, telle qu'il la comprenait, les distinctions allassent honorer aux yeux des peuples, les membres du clergé et de l'épiscopat, l'empereur Napoléon enfin, n'avait-il pas droit d'attendre de Mgr Rousseau des sentiments de reconnaissance, et si le prélat manifeste ces sentiments, pourquoi le diffamer et lui reprocher si cruellement son admiration? Qui donc en 1810 n'admirait pas l'Empereur? Qui donc ne le voyait pas comme le voyait Mgr Rousseau?

J'ai voulu parcourir le *Moniteur* de cette époque, et s'il m'était permis de sortir du cercle de ma cause, et de vous apporter ici tous les témoignages de reconnaissance, je pourrais dire d'adoration émanés de personnages que Mgr Dupanloup regarde comme très-orthodoxes, comme n'ayant jamais failli à la foi, vous seriez étonnés, vous seriez épouvantés. Voulez-vous que dans un document qui appartient à nos jours, j'aille chercher encore le reflet de cette admiration, qui était celle de tous en 1810? Voici un discours, et un bien beau discours, prononcé à l'Académie française, il n'y a pas longtemps, par mon éloquent adversaire lui-même.

Ecoutez ce que disait Mgr Dupanloup :

« C'est tout cela que Napoléon avait bien compris lorsqu'il disait, dans sa vive et brusque éloquence : J'aime les sciences : chacune d'elles est une belle application partielle de l'esprit humain ; mais les lettres, c'est l'esprit humain lui-même.

» Belle et profonde parole, messieurs ! je n'en connais guère qui soit plus digne de ce grand esprit qui savait pénétrer d'un regard si prompt, dans le vif des choses ; et la rappeler en ce lieu, est le plus noble hommage que je puisse rendre devant vous à son génie ! Aussi bien, messieurs, cette admirable parole n'est-elle que l'écho de la voix de l'histoire, qui a salué du nom de grands siècles, avant tous les autres, ceux où les lettres ont jeté le plus vif éclat. »

Voulez-vous maintenant que nous nous reportions aux temps où vivait et écrivait Mgr Rousseau, vous trouverez partout ce même tribut d'éloges et de respect.

Hier j'entendais invoquer le nom d'un homme qui a jeté sur les lettres un grand éclat, notre vénéré Maître de 1828 et de 1829, qui dans une brochure, où se retrouve tout son talent, a professé des doctrines opposées à celles soutenues en 1810 par Mgr Rousseau.

A cette époque, jeune et brillant professeur de rhétorique, il prononçait, devant le grand-maître de l'Université M. de Fontanes, le discours latin qui inaugurait la solennité de la distribution des prix, du grand concours, et dans son enthousiasme, il faisait entendre ces belles paroles :

« *Vestra ætas, o juvenes, incidit in tempora ingeniorum gloriæ opportunissima. Ecquis enim major unquam datus est campus, in quo exultare possit orator? Quæ bella suscepta simul et profligata! Quot incredibiles felicitates!* »

Ainsi parlait M. Villemain, dont j'aurais pu, je crois, ne pas vous dire le nom, que vous auriez tous deviné.

Tout cela sans doute est étrange, incroyable pour nous aujourd'hui. Nous ne comprenons pas ces transports que prodiguaient à l'Empereur ses fanatiques admirateurs d'un jour, sauf à lui donner le coup de pied du lâche au moment de sa chute. Mais comment voulez-vous que ce prélat de 75 ans, qui lui devait tout, n'eût pas sur les lèvres quelques-unes de ces paroles qui n'étaient que de l'adulation, et qui sont de la justice aujourd'hui, au moins en ce qui concerne ses nobles qualités et son génie ?

Je reprends la lecture de l'écrit incriminé. Mais avant de poursuivre, je dois réparer un oubli.

Mgr Dupanloup tout-à-l'heure, faisait allusion à la correspondance intime de Mgr Rousseau avec un de ses grands-vicaires de Coutances, et à ce propos, il crut devoir rejeter au bas de la page, la note que je vais vous lire; elle est ainsi conçue :

« Dans la correspondance de cet ancien vicaire général, lequel, je me hâte de le dire, n'était pas Orléanais, mais de Basse-Normandie, et se nommait B*** D***, je lis, à la date du 11 avril 1808 :

» Vous avez encore l'un et l'autre à être félicités de ma part, sur le futur titre de *baron*. Est-il vrai que la *mairie d'Orléans* a été vous chercher à votre palais, *dans une belle berline* attelée de *quatre chevaux*, le jour que vous deviez venir donner votre *bénédiction aux drapeaux de la garde d'honneur* qu'elle avait formée pour le passage de *l'Empereur*, et qu'après votre cérémonie on vous a reconduit chez vous et prié de regarder comme à vous cet équipage ? — Pareille galanterie, offerte de la sorte, en double le prix. — On prétend encore que, pour fournir les moyens d'entretenir cette voiture et les chevaux, les deux départemens qui composent votre évêché, avec les *dix mille* francs qu'y attache le gouvernement, en ont porté le revenu *jusqu'à trente mille*...

» Comme il est d'usage que l'empereur, dans ses voyages, jusqu'à présent gratifie les évêques chez lesquels il s'arrête, de *son portrait entouré de diamants sur une boîte d'or* valant communément *quinze à dix-huit mille* francs, j'espère, dis-je, que cette *bonne aubaine* aura mis le comble aux avantages de *cette journée si mémorable pour vous*. »

Dites-nous maintenant d'où vous est venu ce besoin de traîner sur la claie, avec Mgr Rousseau, cette autre personne parfaitement étrangère à toute cette polémique ? Pourquoi allez-vous joindre à cette hécatombe, à cette Saint-Barthélemy de vos prédécesseurs, ce malheureux grand vicaire bas-normand qui n'en peut mais, et qui n'avait rien à voir et à faire en tout ceci ? Pourquoi cette excursion malencontreuse, cette reconnaissance poussée outre mesure dans la vie privée ? Vous avez mal agi. J'ai dans mon dossier une lettre d'un magistrat qui appartient au ressort dans lequel est la ville de Coutances et qui m'écrit :

« J'ai pleuré en lisant l'écrit de Mgr Dupanloup, et surtout la note dans laquelle il parle du chanoine B.... Cet excellent prêtre n'a laissé aucun héritier qui puisse venger sa mémoire, mais j'ai été élevé par lui dans les sentiments d'un bon chrétien, d'un bon citoyen, et il m'a appris comment on pouvait faire un honnête homme et un digne magistrat. »

Voulez-vous savoir quel fut cet homme qui se trouve ainsi diffamé en passant et par contre-coup? Fuyant les horreurs de la révolution, il avait émigré. Il possédait un patrimoine que le sequestre avait épargné. Quand il rentra et qu'il fut nommé grand vicaire de l'évêché de Coutances sous Mgr Rousseau, il ouvrit sa maison délabrée à tous les prêtres qu'on improvisait dans le diocèse. Il fit plus. Les draps étaient rares. Ils avaient été enlevés pour les armées. Dans la maison, il établit une sorte de filature et, pendant les veillées d'hiver, les femmes du pays venaient tisser de la laine qui était teinte chez lui. Il en fabriquait du drap grossier, et l'hiver il le distribuait gratuitement aux malheureux.

La lettre que je citais tout-à-l'heure ajoute :

« Tout le monde se rappelle à Coutances que le vieillard sortit souvent pendant les froids les plus rigoureux, couvert de sa soutane et de son manteau, et qu'il rentrait dans sa maison ou à l'évêché couvert des plus humbles habits de l'indigence, contre lesquels il avait échangé ses bons vêtements. Il a tout donné aux pauvres en mourant. »

Eh bien! pourquoi troubler ses cendres? A quoi cela servait-il? A rien, bien évidemment. Vous vous laissiez emporter à je ne sais quel mauvais esprit, et vous nous direz tout-à-l'heure que l'intention méchante, l'intention de nuire n'est pas dans votre écrit!

J'ai dit à la Cour que la discussion de Mgr Dupanloup traite deux questions, l'une relative aux souverainctés spirituelle et temporelle, l'autre qui se rattache à la déclaration du clergé de France en 1682.

Mgr. Dupanloup entre dans la discussion et il y entre par l'injure et l'outrage.

Laissons le-parler :

« Mais laissons là, Monsieur, ces préliminaires, et allons au fond du discours de Mgr Rousseau et des doctrines qu'il contient.

» Mgr Rousseau, dans sa lettre ou dans son discours, traite particulièrement de deux choses : *de la souveraineté temporelle du Pape*, à propos du sénatus-consulte du 17 février sur la réunion des Etats-Romains à l'Empire, et *des libertés de l'Eglise gallicane*, à propos de la circulaire du 24 avril sur l'enseignement obligé des quatre articles; puis il exprime les sentiments que les directeurs de son séminaire doivent inspirer à leurs élèves.

» Sur tout cela, Monsieur, je suis condamné à vous dire simplement que Mgr Rousseau ignorait l'histoire, qu'il ignorait plus encore les vrais principes de l'Eglise gallicane, et, ce qui est pis, qu'il ignorait l'honneur épiscopal. »

Ai-je raison de dire que c'est bien là de l'injure et de l'outrage!

Mgr Rousseau ignorait tout, il n'avait pas même le sentiment de l'honneur épiscopal!

Or, remarquez-le, messieurs, cette lettre, adressée au rédacteur du *Constitutionnel*, n'est pas arrivée tout de suite à son adresse. Elle a passé d'abord par les bureaux de certains journaux qui l'ont imprimée sur un premier original, sur le manuscrit même, et dans ces journaux que j'ai sous les yeux, on ne dit pas que Mgr Rousseau ignorait l'honneur épiscopal, ce qui est déjà une énorme gravité, on dit simplement qu'il ignorait l'honneur. Ainsi non-seulement il ignorait l'honneur délicat et relevé du sacerdoce, mais il n'avait pas même l'honneur vulgaire, la plus simple et la plus élémentaire probité!

Enfin l'écrit résume toute cette première partie de la discussion :

« Quant à moi, si, un jour, Dieu daigne me recevoir dans une vie plus heureuse et meilleure, où je rencontrerai enfin la vérité, la justice et l'éternel honneur, j'aurai la consolation de penser que mes successeurs, dans cinquante années, en priant Dieu pour mon âme, ne seront point condamnés à se défendre eux-mêmes contre moi et à venger l'Eglise de mes trahisons ou de mes lâchetés. »

Quoi! ce malheureux prêtre, ce malheureux évêque de 75 ans, qui pensait sur cette question brûlante, M. Thiers l'affirme, comme la majorité du clergé français et européen, parce qu'il est resté attaché au souverain de son pays, c'est un homme qui a souillé l'Eglise par ses trahisons et ses lâchetés! et Mgr Dupanloup, dans la fierté de son caractère, opposant sa conduite à celle de son prédécesseur, lui dit :

Moi je n'ai pas péché, et, dans cinquante ans, mes successeurs n'auront pas à traiter ma mémoire et mon cadavre comme je traite votre mémoire et votre cadavre, n'auront pas à rougir de mes trahisons et de mes lâchetés.

Ah! si j'osais, je dirais à mon illustre adversaire : Dans vos emportements, n'avez-vous pas oublié ces belles paroles d'une lettre de Saint-Augustin : *nemini irascenti, ira sua videtur injusta.*

Vous n'avez pas supposé que la colère pouvait être de l'injustice, vous avez marché en avant dans la voie où vous vous étiez engagé imprudemment. Vous vous êtes attaché à une cause noble; vous voulez la servir, et voilà que vous la défendez aux dépens de la charité évangélique et de la modération, aux dépens de ce que chacun doit à son prochain. Vous avez tout oublié; et pour rappeler les paroles d'un homme qui fut l'honneur de l'épiscopat français, je veux vous dire avec Bossuet : Prends garde, censeur injuste des actions de tes frères, prends garde, injuste exacteur des devoirs chez les autres, malgré ta présomption, prends garde que tu ne sois jugé un jour comme tu auras jugé!

Si vous vous étiez arrêté là encore! Mais non, vous poursuivez et, attaquant la doctrine de Mgr Rousseau relativement aux libertés de l'Eglise gallicane, vous lui répétez sans cesse : Vous n'avez pas lu; vous n'avez pas compris. Et venons maintenant à ce que vous avez écrit relativement à la Déclaration de 1682. Vous soutenez, contrairement à l'opinion de Mgr Rousseau, que ce n'est qu'une œuvre sans portée et sans but.

Je ne veux pas discuter ce point. Je ne suis pas théologien. Mais comme jurisconsulte et comme homme de bon sens, il me semble que je serais contre vous, de l'avis de Mgr Rousseau. Vous prétendez que Bossuet, que Fénelon et Fleury pensaient comme vous, et vous prenez soin de relever les passages de leurs livres dans lesquels, selon vous, ils interprètent les libertés de l'Eglise gallicane au rebours de l'interprétation que leur donnaient les gens du roi. Nous autres jurisconsultes, nous sommes de l'avis des gens du roi, et si vous insistez pour soutenir que les libertés de l'Eglise gallicane sont une simple opinion, qui peut être indifféremment acceptée ou rejetée, je vous réponds l'œuvre de Bossuet à la main : Je crois avec Bossuet, avec les soixante-quatre évêques et archevêques qui composaient cette éternellement mémorable assemblée, avec les soixante-quatre prélats qui les assistaient, que les libertés de l'Eglise gallicane sont un acte du droit public des Français, que c'est avec une intention solennelle et bien marquée que Bossuet et tout le clergé de France, par la voix de leurs illustres délégués, ont dit :

« Nous Archevêques et Evêques assemblés à Paris par ordre du Roi, avec les autres députés qui représentons l'Eglise gallicane, avons jugé convenable, après une mûre délibération, d'établir et déclarer. »

Etablir et déclarer,... l'entendez-vous? Ce n'est pas une simple et vaine opinion que ces illustres prélats ont voulu émettre ; c'est un établissement solide qu'ils ont fondé, l'établissement de l'Eglise gallicane sur les bases indestructibles de la liberté et de l'indépendance nationales.

Comment d'ailleurs ne pas voir un établissement et un véritable article de foi dans cette doctrine proclamant que :

« Les rois et les souverains ne sont soumis à aucune puissance ecclésiastique par l'ordre de Dieu, dans les choses temporelles ; qu'ils ne peuvent être déposés ni directement ni indirectement par l'autorité des chefs de l'Eglise ; qu'enfin, le jugement du Pape n'est pas irréformable, à moins que le consentement de l'Eglise n'intervienne. »

Mais je m'arrête : je m'écarte, je le sens, de mon but. Je ne relève pas tout ce que dans ces discussions vous avez pu introduire de blessant, d'amer, d'injurieux pour votre prédécesseur.

Je dois me hâter. J'aborde la troisième partie de l'écrit et j'avance à grands pas vers la fin de cette trop longue plaidoirie.

Cette dernière partie, vous la résumez ainsi :

« Vous le voyez, monsieur, Mgr Rousseau ignorait les vrais principes de l'Eglise gallicane, autant que l'histoire et le droit catholique.

» Mais, ce qui est pis, j'ai été condamné déjà à le dire, il ignorait surtout l'honneur épiscopal. Il est évident, Monsieur, que, malgré le document dont vous venez de mettre le public en possession, vous ne connaissiez pas Mgr Rousseau. Si vous l'aviez bien connu, vous n'eussiez pas invoqué son autorité; vous ne l'auriez pas nommé *un des plus illustres prélats de l'Eglise de France.* — Vous ne devrez pas être surpris d'ailleurs que Mgr Rousseau soit mieux connu à l'évêché d'Orléans que dans les bureaux du *Constitutionnel.* Vous me condamnez aujourd'hui à vous le faire connaître : je remplis cette tâche avec regret; mais je dois la remplir. Voici donc la simple mais triste vérité.

» Mgr Rousseau fut un prêtre *respectable*, mais dans le sens le plus abaissé du mot. »

Vraiment! vous êtes condamné à dire tout cela! Vous remplissez cette tâche à regret! Vous avez besoin de le dire pour qu'on vous croie, tant il semble que vous apportez d'ardeur et de satisfaction à vous acquitter de cette mission que vous remplissez à regret, mais que vous êtes contraint de remplir.

Eh! je n'ajoute foi ni à vos paroles ni à vos regrets prétendus; je ne conçois pas quant à moi cet odieux devoir, cette cruelle obligation, ce fatalisme d'injure et de diffamation qui vous entraîne, qui vous fait laisser de côté la discussion historique et théorique dans laquelle vous êtes entré, pour vous acharner, avec une joie étrange, après ce cadavre d'un évêque que vous exhumez après cinquante années.

Mais qui pourra comprendre et excuser ces inexcusables paroles qui vous échappent :

« Mgr Rousseau fut un prêtre respectable, mais dans le sens le plus abaissé du mot. »

Ici, je l'avoue, je reste confondu. Si un laïque s'était jamais avisé de caractériser un prêtre quel qu'il fût en ces termes, quelle colère éclaterait dans vos rangs et quelle défense ardente et passionnée on présenterait même en faveur du plus indigne! Que veulent donc dire ces paroles? Comment! il peut y avoir des prêtres respectables, des prêtres dignes de ce nom, mais dignes et respectables dans le sens le plus abaissé du mot!

Quoi! ce prêtre était, si vous le voulez, d'un esprit médiocre, mais il a été respectable, vous l'avouez, il a rempli dignement les fonctions du sacerdoce, il a été charitable, il a été miséricordieux, il a pleuré avec ceux qui pleuraient, il a vêtu les pauvres qui grelottaient de froid, il a soutenu les pécheurs; dans le confessionnal, il a racheté des âmes; au lit de mort, il a consolé le mourant qui allait franchir le dernier pas au delà duquel il n'y a plus que récompenses ou supplices éternels, et vous osez dire qu'il a été « respectable » mais « dans le sens le plus abaissé du mot! » C'est une abominable antithèse, c'est une diffamation qui dépasse toutes les limites de la diffamation.

Que dire aussi de ces invectives accumulées?

« Il fut d'un esprit médiocre, d'un caractère plus médiocre encore : tout ce qui reste ici authentiquement de lui, le démontre surabondamment. J'ai depuis ce matin sous les yeux, ses mandements, ses ordonnances, une partie de sa correspondance : le tout, comme style, comme doctrine, est d'une extrême vulgarité. »

Encore là violation d'un dépôt sacré de vos archives, des secrets confiés à votre loyauté et à votre discrétion.

Mais est-il donc, cet Evêque, aussi vulgaire que vous le dites, dans son style et dans ses pensées? Le style, c'est l'homme : il faut donc qu'on le connaisse, qu'on l'apprécie dans ses œuvres.

Je choisis un de ses mandements, celui qui ordonne que des actions de grâces soient rendues à Dieu, pour le remercier de la victoire d'Eckmüll :

« Non, nos très-chers frères, non, à la vue de tout ce que Dieu fait pour notre Empereur, et de tout ce qu'il opère par lui, je ne suis pas surpris de l'entendre, à l'exemple des David, des Salomon, des Josias, adresser au Ciel d'immortelles actions de grâces. Je ne suis pas surpris de le voir transformer tout à coup le champ de bataille en une espèce de temple où il s'honore de faire hommage au Dieu des armées, de ses soudaines et heureuses manœuvres, jugées si savantes et hardies, l'étonnement et l'effroi des ennemis, de la continuité de l'héroïsme de nos généraux et de l'intrépide valeur de nos légions.

» Vainqueur, il veut encore que nous appelions ses sujets dans nos Églises, et là, au pied des autels, il nous ordonne de célébrer nos triomphes par les saints et sublimes cantiques que chantait tout Israël lorsqu'il avait reçu de la Providence quelque bienfait signalé, ou qu'il revenait victorieux et chargé des dépouilles des Philistins. »

Cela est-il donc si vulgaire? Je m'adresse à mon adversaire lui-même, au littérateur éminent : est-ce qu'il ne trouve pas dans ces paroles, de la vigueur, du nombre, de l'énergie et de la couleur? Ne croirait-on pas entendre comme un écho affaibli et lointain de quelques-unes de ces magnifiques inspirations, qui ont fait de l'Oraison funèbre du prince de Condé, un des chefs-d'œuvres de Bossuet et de la chaire chrétienne?

Entendez encore Mgr Rousseau : il va vous dire pourquoi il a donné son affection au victorieux Empereur :

« Vous le savez, ajoute-t-il, vous le savez, ô mon Dieu ! C'est à lui que nous devons, avec le retour des lois et de la prospérité publique à la suite de nos effroyables calamités, le bonheur de vous adorer dans vos temples, d'y célébrer nos divins mystères, et d'y professer hautement la religion de nos pères, la religion dont les augustes intérêts le suivent jusque dans le tumulte des camps, au milieu des combats et au sein de la victoire? »

Y a-t-il de la témérité à croire que, malgré la fatigue des ans, l'orateur approche ici de l'éloquence? N'est-il pas évident qu'il avait du cœur, cet homme qui sait si bien reconnaître ce que la religion devait à ce Napoléon, signataire et promulgateur du concordat? A lire ces paroles, on conçoit que dans sa jeunesse, et dans la force de son talent, l'abbé Rousseau ait été jugé digne de faire entendre la parole de Dieu devant les rois Louis XV et Louis XVI; et l'on peut se faire une idée des accents émus qu'il dut trouver lorsque échappé lui-même au massacre, il prononçait, devant les princes émigrés, l'oraison funèbre de Louis XVI et de la reine Marie-Antoinette.

Si je voulais encore vous lire ces pages écrites avec tant de force et de netteté, où il parlait de la distinction entre l'Église spirituelle et l'Église temporelle, vous verriez que, quoi qu'en dise Mgr Dupanloup, il avait lu Bossuet, Fleury, Fénelon, les pères grecs et les pères latins. Il ne les interprétait pas à la manière de notre adversaire, cela va sans dire; mais il les avait lus et savait très-bien y trouver, y signaler l'éloquence, le cœur et le sentiment des beautés évangéliques.

Mais reprenons l'examen de ce douloureux et bien coupable écrit :

« Mais on peut racheter la médiocrité de l'esprit par la dignité de l'âme. Il n'en fut pas ainsi de l'évêque dont vous parlez ; vous en jugerez bientôt vous-même comme on en juge à Orléans. J'ai laissé son portrait dans une des salles de mon évêché, et je me le suis reproché quelquefois, lorsque j'entends des Orléanais, quand ils passent devant cette figure, dire à voix basse et en baissant les yeux : « Hélas ! ce fut un bien pauvre homme ! »

» Vous dites qu'il avait été prédicateur ordinaire de Louis XVI. Même avant de connaître les pétitions dont je vous ai parlé, nous savions qu'il fut aussi baron de l'Empire, et de plus, membre de la Légion-d'Honneur ; car il ne manqua jamais de dire ces deux choses en tête de tous ses mandements. »

Sans doute, il se dit membre de la Légion d'honneur; il le dit par une raison bien simple, c'est que la législation impériale voulait que ce titre honorifique n'abandonnât jamais dans ses actes publics ou privés de la vie celui qui l'avait obtenu :

« Il ne sut pas porter le poids de cette fortune : sa tête, son cœur, son caractère, tout y fléchit.

» Le premier acte de son administration, en entrant dans son diocèse, fut de recommander la vaccine à ses diocésains. S'il n'avait fait que cela, ce serait bien ; mais malheureusement il fit autre chose. »

Ainsi, Monseigneur, vous avez trouvé au *Moniteur* la lettre de M. de Fontanes, grand-maître de l'Université, faisant connaître à l'Empereur que, parmi les prélats, ardents propagateurs de la vaccine, Mgr Rousseau s'était distingué au premier rang, et vous n'avez pas eu un moment d'hésitation et de pitié, et vous l'avez tourné en ridicule à l'occasion de son noble dévouement.

Vous ne vous rappelez donc pas qu'avant l'introduction du procédé nouveau, la population était décimée, déshonorée, abâtardie, et quand un prêtre, à soixante-quinze ans, parcourt les campagnes pour contraindre les familles, les pères à soumettre leurs enfants à cette méthode salutaire, votre cœur de prélat, de prêtre, de citoyen, ne vous dit pas que ce vieillard qui se précipite lui-même au devant du fléau qu'il veut combattre, fait une belle et bonne action, qui honore le sacerdoce, qui honore le citoyen?

Continuons et hâtons-nous : aussi bien la fatigue me saisit au milieu de cette succession monotone de sarcasmes et d'invectives :

« Malheureusement il fit autre chose et sur la grande quantité de mandements, lettres, circulaires publiques et privées, qui nous restent de lui, nous trouvons bien moins de monuments de son zèle pastoral que de ses lâches complaisances et de ses adulations.

» Les lettres que j'ai déjà citées de lui au ministre et à l'archichancelier de l'empire suffiraient à le prouver. J'en pourrais citer cent autres d'égale force. Je ne vous dirai pas comment il comparait l'Empereur Napoléon tour à tour à *David*, à *Salomon* et à *Josias* (7 mai 1807); comment il louait « *cet être privilégié, ce mortel extraordinaire, l'instrument des impénétra-* » *bles desseins de Dieu, qui* L'ASSOCIAIT EN QUELQUE SORTE A SA PUIS- » SANCE SANS CESSE CRÉATRICE. » (6 décembre 1807.)

» Je ne vous dirai pas non plus comment il voyait la France « *couverte* » *de tous les rayons de splendeur et de gloire qui, du trône de l'Empereur,* » *rejaillissent sur elle.* »

Je ne veux pas répéter ici ce que j'ai déjà répété tant de fois. Mgr Rousseau, vous le savez bien, parle de Napoléon, comme la France, l'Europe et le monde en parlaient alors.

Après tout, qu'on dise ce qu'on voudra des fautes, des folies, des crimes mêmes de cet homme extraordinaire, est-ce qu'il n'a pas illustré son siècle? est-ce que sa mémoire dans ce qu'il a fait, dans ce qu'il a pensé, dans ce qu'il a créé de beau et d'immortel n'est pas comme un phare élevé d'où les rayons d'une étincelante lumière rejailliront sans cesse sur l'avenir pour l'éclairer?

« Du reste, écrivait-il à son ami le cardinal Maury, « *dans mes Mandements je n'ai qu'une seule idée.* »

Ah! voilà encore un de ses crimes, un crime impardonnable! Il a été l'ami du cardinal Maury! de Maury, une de vos haines encore, celui-là, à qui vous ne pardonnerez jamais, parce que le cardinal acceptait des mains de l'Empereur, et sans l'institution papale, l'archevêché de Paris. Vous avez oublié en un instant que Maury, l'abbé Maury, seul au jour du danger, avait lutté pour vous, pour vos priviléges et vos biens contre Mirabeau et la révolution; qu'il avait plaidé votre cause à la face du monde et devant la France ameutée et insurgée contre vous. Tenez, vous ne m'étonnez pas, et je vous reconnais bien là! Quand on vous sert, vous n'avez pas assez d'éloges, assez de flatteries même, mais du moment où l'on a osé vous braver, alors les colères éclatent, l'injure et la diffamation ne vous coûtent plus. Il faut accabler un ennemi!

Je ne m'arrête pas aux reproches que vous faites à Mgr Rousseau de sa haine, cependant toute nationale alors, contre les Anglais.

Vous triomphez contre lui, et vous laissant aller à un mouvement éloquent, vous vous écriez :

« Tenez, Monsieur, savez-vous pourquoi, entre autres raisons, je n'aime pas le despotisme? C'est qu'il a le funeste pouvoir d'avilir les âmes, et, par un juste retour, d'inspirer aux despotes pour les hommes un mépris égal à leur servilité. »

Et moi je vous réponds : Je n'aime pas plus que vous le despotisme. Mais j'entendais hier votre honorable défenseur s'écrier aussi : *Votre liberté n'est pas la nôtre.* Je ne veux pas sortir de la question; mais qu'il me soit permis, en passant, de dire à mon adversaire qu'il était dans le vrai. Non, notre liberté n'est pas la sienne. Notre liberté n'est pas la liberté de la brochure de Mgr Dupanloup, et je puis bien dire à l'illustre prélat, en empruntant ses paroles : Tenez, Monsieur, savez-vous pourquoi, entre autres raisons, votre liberté n'est pas la mienne? C'est que votre liberté est celle de l'outrage, de la colère et de la violence et que, par un juste retour, l'outrage, la colère et la violence ont le funeste pouvoir de rendre suspectes les choses qui sont le plus justement respectées parmi les hommes, la religion et la liberté! Voilà pourquoi votre liberté n'est pas la mienne. Que ma parole soit entendue et comprise. Qui que nous soyons, que nous appartenions aux partis déchus ou aux partis régnants, sachons-le bien, la liberté ne se défend jamais par l'outrage, la violence ou l'injure. La liberté est fille du Ciel; son langage est divin, et les plus saintes causes sont celles qui s'appuient sur la fermeté alliée à la modération. Voilà pourquoi je ne veux pas de votre liberté, pourquoi elle ne sera jamais ma liberté, pourquoi elle ne sera jamais la liberté de la France.

Encore un passage de cette regrettable brochure et j'aurai fini :

« Je pourrais multiplier ces tristes citations : il faut en finir; il faut bien cependant revenir, en finissant, à la lettre que vous nous avez publiée. Je n'ai pas l'honneur de vous connaître personnellement, Monsieur; mais c'est à votre honneur seul que j'en appelle ici.

» C'est alors enfin qu'il ose bien prononcer dans le discours même que vous citez, Monsieur, ces paroles qui retombent de tout le poids de leur honte sur sa bassesse : « Du pied du trône impérial où ils reconnaissent » dans Napoléon l'héritier de la puissance de César, vous conduirez vos » élèves au pied du trône pontifical, où ils trouvent dans Pie VII le suc- » cesseur du chef des apôtres. » Au pied du trône pontifical! Et Pie VII était dans les fers! Ou je me trompe, Monsieur, ou le public français, qui comprend l'honneur, goûtera peu votre héros; vous-même le flétrissez en ce moment, j'en suis sûr. »

Que voulez-vous que je dise ici? Qu'ajouterai-je à mon discours et quelles expressions trouver maintenant pour qualifier ce langage tout empreint d'amertume et d'insulte !

« Ces paroles qui retombent de tout le poids de leur honte sur sa bassesse ! »

Ah ! les hommes du monde, les laïques ne savent pas haïr et insulter de cette force et de ce ton !

Quoi qu'il en soit, le coup de grâce est donné à Mgr Rousseau. Mgr Dupanloup ne s'arrête pas cependant, la carrière est ouverte devant lui, nous allons le voir mettre en scène deux de ses prédécesseurs dont personne n'a parlé, dont personne, à coup sûr, de la génération actuelle, ne connaissait les noms. Pourquoi? Il nous l'expliquera dans un autre écrit.

Rencontrant dans le même temps, dit-il, un autre exemple funeste qu'on aurait pu aussi un jour invoquer contre lui, il a voulu sans tarder en finir avec ce danger de l'avenir.

Et, alors, sous prétexte qu'on aurait pu invoquer contre lui des gens ignorés de tous, le voilà qui continue son travail d'exhumation, qui s'en prend à deux honorables ecclésiastiques, Mgr Raillon et Mgr de Jarente, et que, cédant à la passion qui l'anime, il les exécute avec la même ardeur par anticipation et par provision.

Je le demande à la Cour, est-ce là le calme de la polémique, de la discussion? Est-il convenable pour un évêque de se faire ainsi sans besoin l'exécuteur des hautes œuvres de l'histoire? Encore un coup pourquoi ces personnalités? Il n'y a pas de réponse possible à cette question que je vous adresse directement. Vous me direz pour quel motif vous avez combattu les opinions de Mgr Rousseau, pourquoi vous l'avez accusé d'avoir forfait en ne défendant pas l'indivisibilité des deux domaines, pourquoi il s'est trompé sur la portée de la déclaration de 1682; mais vous ne trouverez pas une raison spécieuse pour m'expliquer l'étrange emportement qui vous a poussé à vous acharner contre votre prédecesseur, à disséquer ses membres, si je puis ainsi parler, et à les livrer en holocauste à la malignité publique.

Grâce au ciel j'ai enfin accompli ma pénible tâche : j'ai discuté cet écrit, monument de colère et d'oubli de soi-même : j'en ai successivement examiné toutes les parties, et la Cour a pu en apprécier le style, les intentions et la portée.

Que me reste-t-il à faire, sinon à rappeler en quelques mots les principes que j'ai posés en commençant, à les préciser en quelques mots simples et laconiques et à vous en demander l'application ?

On n'a pu parler comme on l'a fait de Mgr Rousseau, travestir et calomnier sa vie privée qu'en fouillant dans les archives de l'évêché, qu'en exhumant sa correspondance intime et secrète. Or ce n'était pas là votre droit : ce n'était pas là l'accomplissement des devoirs de l'épiscopat. Ces archives ne vous ont pas été confiées pour en tirer des armes de diffamation et d'injure. Vous ne pouvez vous le dissimuler; vous avez commis ce que partout ailleurs je pourrais appeler une violation de dépôt.

D'autre part ces attaques si âpres, si vives, si persévérantes constituent-elles le délit de diffamation et d'injure? Oui, évidemment et sur ce point l'insistance est inutile. La Cour est convaincue.

Le délit se présente-t-il avec les caractères de gravité excessive qui seul peut conférer aux héritiers du défunt le droit de se plaindre devant la justice criminelle? Aucun doute n'est permis. Il suffit de lire l'écrit lui-même. Quoi! quand le chef de la famille a été ainsi traité, l'honneur de la famille n'est-il pas aboli. En voulez-vous une preuve? Supposez qu'un petit-neveu de Mgr Rousseau, portant son nom, voulût entrer dans les ordres sacrés. Sous quels auspices pénétrerait-il dans le sanctuaire? Comment pourrait-il s'honorer de ce nom jusque-là respecté et maintenant avili, souillé par la publication de Mgr Dupanloup?

Ah! c'est bien la famille de votre prédécesseur que vous avez blessée, que vous avez voulu blesser avec lui, je l'affirme et j'en juge par votre brochure elle-même. Au début, vous outragez la cendre et la tombe de votre prédécesseur, et dans le cours de l'écrit vos colères s'en prennent à son image, à son portrait que vous dites avoir laissé dans une des salles de votre évêché.

Son image et sa tombe, c'est tout ce qui reste de lui, sur cette terre; son image, sa tombe et son nom, ce sont les seuls trésors qu'il ait laissés à sa famille, et vous n'avez pas craint d'envelopper dans les mêmes invectives, de poursuivre des mêmes ironies, son image, sa cendre et son nom! Vous avez vous-même et par votre propre volonté, conféré à sa famille le droit de se plaindre, et de réclamer une éclatante réparation.

Enfin, l'intention de nuire n'est-elle pas manifeste? Vous deviez, dites-vous, pour le besoin de votre polémique, et pour répondre à des provocations qui vous étaient adressées par vos adversaires religieux et politiques, vous deviez combattre l'écrit de Mgr Rousseau qui vous était opposé. Vous pouviez le faire; vous pouviez blâmer les doctrines, les pensées, le style, les tendances de l'œuvre; il vous était même permis de discuter la position officielle de l'auteur. Mais si vous n'aviez été animé de l'intention de nuire, auriez-vous outragé la vie privée, le cœur, le caractère et l'intelligence d'un évêque, mort depuis cinquante ans, bien étranger, à coup sûr, à nos misérables luttes contemporaines? Auriez-vous laissé tomber de votre plume ces mots de servilisme, de bassesse, de médiocrité? Auriez-vous dit que tout en lui, sa dignité morale aussi bien que sa dignité sacerdotale, avaient fléchi sous le poids de sa fortune; qu'il ignorait l'honneur épiscopal; que ses paroles retombaient sur sa honte, de tout le poids de leur bassesse?

Je le demande à tout juge impartial, l'intention de nuire peut-elle apparaître avec plus de clarté et d'évidence? L'intention de nuire non-seulement au prélat décédé, mais à son honneur, patrimoine de la famille, mais à son nom passé à ses héritiers, mais à sa famille, à ses héritiers eux-mêmes.

Ma cause est plaidée : à vous, messieurs, à votre froide et impartiale raison à juger.

Toutefois je ne peux me défendre, en terminant, d'une réflexion qui me poursuit et m'obsède. On me dira, peut-être, que je sors de mon sujet, et que je me mêle de choses qui ne me regardent pas. Mais enfin, au moment où je vais terminer ma tâche, je ne puis m'empêcher de me poser une question à moi-même. Je me le demande avec une tristesse profonde : en quoi toute cette discussion ardente et passionnée, en quoi ces sarcasmes, cet amas d'injures et de diffamation, ces calomnies, en quoi tout cela peut-il servir la religion? La religion! je suis de ceux qui la vénèrent du fond du cœur : sans elle, l'âme humaine n'a plus d'aliment; la vie est sans dignité comme sans espérance. Vous croyez la cause de la religion en péril, défendez-la avec persévérance, avec énergie, de toutes vos forces, de toute votre éloquence, tout le monde approuvera et secondera vos nobles efforts. Mais si vous outragez, si vous diffamez, si vous injuriez, si vous attachez au pilori de l'histoire et de la critique la mémoire d'un évêque qui fut un prêtre respectable et qui n'a, même à vos yeux, d'autre crime que sa fidélité au gouvernement de son pays, je le demande une fois encore, en quoi cela peut-il servir la religion?

Prenez garde! avez-vous bien réfléchi? Savez-vous bien où de pareils précédents, autorisés de votre nom, peuvent conduire? Où en serions-nous, que deviendrait la paix civile et religieuse si l'épiscopat s'arrogeait le droit de diffamation sans limite et sans contrôle?

Vous reprochez à Mgr Rousseau d'avoir laissé fléchir son caractère de citoyen et de prêtre; de s'être glorifié de son titre de baron de l'empire; de s'être incliné devant l'archichancelier Cambacérès, d'avoir exalté Napoléon!

Mais l'histoire ne nous dit-elle pas qu'un des membres les plus glorieux de l'épiscopat français, un noble cœur, un grand et pathétique orateur, Massillon, à un moment de sa vie, laissa fléchir sa vertu, et que lui Evêque, il s'oublia jusqu'à faire en un jour et en quelques heures, un diacre, un prêtre, un archevêque, de cet odieux et infâme Dubois, dont Rome elle-même osait faire un cardinal.

Eh bien! si le successeur de Massillon, si Mgr de Clermont, engagé aujourd'hui dans une polémique religieuse ou politique, venait dire à la France : Massillon ne sut pas porter le poids de sa fortune; son cœur, son intelligence y fléchirent; il fut vil, il fut lâche et après plus de cent années, je m'impose la tâche de venger l'Eglise de ses trahisons et de ses lâchetés! en quoi cela servirait-il la religion? Que l'histoire avec sa gravité impartiale et sérieuse fasse dans la vie de chacun la part du mal et du bien, c'est son droit et son devoir; mais qu'un évêque, croyant servir un parti, s'oublie jusqu'à flétrir un Evêque son prédécesseur, il compromet ceux qu'il veut servir et se condamne lui-même en condamnant celui qu'il attaque.

Voulez-vous encore par un exemple, que je vous fasse comprendre le danger où de pareils emportements nous exposent tous?

L'histoire, l'inexorable histoire nous apprend encore que Clément XIV acheta la tiare par un marché honteux, et qu'il l'obtint du suffrage des puissances, en signant la promesse d'abolir l'ordre des Jésuites aussitôt après son exaltation. Il fut Pape; il monta dans la chaire de Saint-Pierre et après de longues hésitations ses débiles mains signèrent l'abolition de la Société de Jésus. Eh bien, si du haut du Vatican un successeur de Clément XIV, se croyait en droit d'outrager sa mémoire, de la couvrir de sarcasmes, d'ironies et d'injures, encore un coup qu'y gagnerait la religion?

Allons plus loin dans ces exemples. Supposez qu'un Pape, le vicaire de Dieu, le continuateur de Saint-Pierre et des apôtres, vînt dire au monde : J'ai dans les caveaux souterrains de mon Église, de cette métropole de l'univers, les cendres de mes prédécesseurs qui reposent dans la paix de la nuit et du silence. Sachez-le bien, il en est parmi eux qui furent le scandale et la honte de la chrétienté. Suivez-moi, avancez vers cet endroit sombre et délaissé; voyez-vous cette tombe, sans inscription, qui semble vouloir se cacher à tous les regards? Sous cette pierre dort un Pape, qui fut un prêtre indigne; qui fut un simoniaque et un athée; qui fut un adultère et un incestueux; qui fut un assassin; qui fut un empoisonneur; qui fut un Borgia!

Que gagnerait la religion à ces révélations terribles? A coup sûr le monde épouvanté frémirait, et sentant le respect des choses saintes s'effacer dans son cœur, chacun se dirait que les jours de la désolation sont venus!

Comprenez-vous maintenant le péril de ces emportements irréfléchis, de ces colères intempestives? La religion y perd son lustre et sa dignité. Les croyances s'y affaiblissent et les impies en conçoivent une joie funeste.

La Cour a entendu ma défense. Dans ma cause il ne s'agissait ni de Clément XIV ni d'Alexandre VI, ni de ces prélats qui ont, par les hontes de leur vie, souillé le caractère sacerdotal. Il s'agit d'un prêtre qui fut un modèle de vertus humbles; qui fut charitable; qui pratiqua l'aumône; qui fut miséricordieux; qui vêtit la nudité des pauvres; qui évangélisa les faibles; qui est mort depuis cinquante ans, et qui, par ses faiblesses, s'il en eut, avait droit dans la tombe à l'amnistie du respect et du silence.

Vous l'avez attaqué cependant; ses héritiers ont été blessés du coup qui l'a frappé. Ils demandent justice.

Mgr Rousseau a été par vous indignement.... Non je ne veux pas achever, mais cette parole qui expire sur mes lèvres, la Cour, j'en ai la ferme conviction, la Cour l'inscrira dans son arrêt.

PLAYDOYER DE Me DUFAURE.

Messieurs,

Lorsque je recueille l'impression que ce débat produit sur moi, il m'est impossible de ne pas m'étonner d'une singularité qu'il présente. Vous entendez prononcer les noms de deux évêques qui, à deux époques différentes, ont administré le diocèse d'Orléans, l'un pendant trois ans, de 1807 à 1810, l'autre depuis onze ans. Ils ont été tous deux attaqués.

On a dit du premier, et j'emploie les expressions les plus vives qu'on lui a adressées, qu'il avait un esprit et un caractère médiocres, qu'il était servile, qu'il ignorait l'honneur épiscopal; on a donné quelques développements à ces reproches. On a dit du second, de celui qui vit encore, qui, depuis onze ans, administre admirablement le diocèse d'Orléans, que ses écrits n'étaient qu'un débordement d'injures, qu'il ne savait qu'attaquer et calomnier les intentions les plus droites, que tous les faits, dans ses ouvrages, étaient grossis et dénaturés, que chacun de ses écrits était un appel factieux, qu'il faisait un appel indécent à l'ignorance, aux préjugés et aux superstitions des masses. On lui a reproché de faire une propagande impie. On a dit que ses doctrines étaient purement et simplement de l'anarchie, que ses écrits ne constituaient que d'odieuses manœuvres, qu'ils contenaient des défis, des bravades et des insolences, que c'étaient des œuvres irréligieuses au premier chef, de coupables excitations, des œuvres impies, de mauvaises actions, qu'il était un prêtre infidèle qui manquait à son devoir, qui donnait un mauvais exemple à son troupeau, et qu'enfin il n'était autre chose qu'un fougueux ligueur qui aimait l'odeur de la poudre, le carnage et les massacres.

Je lis, je copie; je ne veux rien inventer, rien ajouter. Mais je me demande comment il se fait que les injures adressées au prélat vivant n'aient été l'objet d'aucune plainte, d'aucune poursuite, qu'elles soient lues tout entières à votre audience avec la voix expressive et animée de l'honorable défenseur du *Siècle*, qui n'y voit autre chose qu'un langage ardent et pittoresque, c'est jusque-là qu'il va, et que ceux qui les ont écrites, au lieu d'être au procès accusés, soient accusateurs, et que Mgr Dupanloup, auquel elles ont été adressées avec tant de persévérance pendant trois mois, s'étant plaint un jour d'avoir été calomnié, soit l'accusé. Entre les deux prélats dont nous vous entretenons, vous voyez la différence : à vous de dire s'il peut être vrai que les reproches adressés à l'un soient coupables, pendant que les violents outrages adressés à l'autre seraient tolérés, excusables, au point qu'il serait puni pour avoir voulu s'en défendre.

Des deux plaintes qui ont été comprises dans la citation unique de M. le procureur-général, il n'en est qu'une sur laquelle je dois m'expliquer aujourd'hui. Hier, mon honorable confrère, Me Berryer, dans un langage qui ne permet d'y rien ajouter, a répondu à la plainte du *Siècle ;* je m'explique aujourd'hui sur celle des héritiers Rousseau.

Comment a-t-elle été amenée ?

M. Grandguillot, rédacteur en chef du *Constitutionnel,* avait combattu, dans trois lettres successives, les écrits de Mgr Dupanloup sur la puissance temporelle du Pape. Le 3 février, il veut frapper un grand coup. Ce n'est plus M. Grandguillot qui combat les doctrines de l'évêque d'Orléans ; c'est un ancien évêque d'Orléans, Mgr Rousseau. L'écrit est présenté au public sous une forme qui par elle-même est de nature à attirer l'attention. En tête de l'écrit inséré dans le *Constitutionnel,* on aura soin de placer en très-gros caractères, au milieu de la lutte engagée par ce journal contre Mgr Dupanloup :

Lettre pastorale de Mgr l'évêque d'Orléans adressée au supérieur et aux directeurs de son petit séminaire.

Et puis, on ajoutera les explications suivantes :

« Nous n'avons pas voulu répondre à la *seconde Lettre* de Mgr Dupanloup. Sa Grandeur ne nous semblait point, dans une cause qu'elle défend avec plus d'ardeur politique que d'alarme religieuse, avoir rencontré de nouveaux et sérieux arguments.

» Une communication bienveillante nous apporte aujourd'hui un document autographe d'une singulière signification dans les circonstances actuelles ; et nous ne résistons pas à l'occasion qui nous est offerte de laisser à l'un des plus augustes et des plus vénérés prédécesseurs de Mgr d'Orléans, le soin de le réfuter.

» Le saint évêque qui, en 1810, écrivait ainsi confidentiellement aux supérieur et directeurs de son petit séminaire, loin de toute pression humaine et de toute contrainte officielle, a été l'un des plus illustres prélats de l'Eglise de France. Il n'est autre que Mgr Rousseau, prédicateur ordinaire de Louis XVI et abbé commendataire de Lure. Mgr Rousseau, après avoir refusé le serment à la Constitution civile du clergé, s'était vu persécuté sous l'Assemblée Législative. Il émigra et ne rentra en France que quelque temps après le Concordat. C'est donc dans toute son indépendance, et fidèle seulement aux plus antiques doctrines de l'épiscopat français, qu'il parlait en ces termes :

» A. GRANDGUILLOT. »

Vient ensuite la discussion sur la lettre dont on vous a donné lecture tout-à-l'heure, et dont je rappellerai quelques passages plus tard dans la discussion. Cet écrit est destiné à ruiner l'opinion de Mgr Dupanloup ; l'ancien évêque d'Orléans, parmi beaucoup d'autres choses, y affirme, comme profession de foi, dit-il, que le pouvoir temporel du Pape est absolument séparé du pouvoir spirituel, est absolument inutile pour la conservation et la dignité du pouvoir spirituel. C'était une doctrine soutenue par un évêque français, en opposition directe à la doctrine soutenue aujourd'hui par le clergé français tout entier.

Cette lettre ou ce discours adressé aux élèves du séminaire causa, la Cour le comprend, une vive impression, particulièrement dans le diocèse d'Orléans. Tout le monde pensa que l'évêque actuel du diocèse d'Orléans, celui qui pouvait mieux qu'aucun autre savoir quelle autorité s'attachait à la lettre ou au discours de Mgr Rousseau devait prendre la plume pour y répondre. Mais comment répondre ? par quelle voie exprimer sa pensée ? On était à une époque, la Cour se le rappelle, où la publication des mandements des évêques avait été absolument et rigoureusement interdite. La Cour ne trouvera donc pas étonnant que le prélat de l'église d'Orléans, qui avait besoin de répondre, ait pris la forme qu'il a prise; on ne croira pas qu'il ait dérogé à sa dignité d'évêque, en écrivant dans le journal même qui contenait la lettre de Mgr Rousseau et qui seul pouvait répandre la réponse autant que la lettre avait été elle-même répandue. Il se décida donc à écrire à M. Grandguillot. Il ne le connaissait pas. Il aurait pu le voir autrefois dans le séminaire de Rouen, où il a été élevé; mais enfin il ne le connaissait pas. Il fit appel à son honneur et lui demanda d'insérer sa réponse dans le journal le *Constitutionnel*.

La lettre a été publiée le 9 février 1860. Le journal le *Siècle*, le premier, s'est senti offensé par la lettre de Mgr Dupanloup. Je crois bien, ses rédacteurs me permettront de l'avouer franchement, je crois qu'ils n'attendaient qu'une occasion de voir traduire en police correctionnelle un prélat français. Lorsque je lis les numéros qu'ils avaient publiés depuis trois mois, lorsque je vois les sommations qu'ils adressaient au gouvernement pour poursuivre, tantôt l'évêque de Poitiers, tantôt l'évêque d'Orléans, quelquefois par l'appel comme d'abus, d'autres fois par les voies du droit commun, je puis me tromper, mais, malgré moi, je ne puis me séparer de l'idée qu'ils ne demandaient qu'une occasion de faire figurer en police correctionnelle un évêque. Ils crurent l'occasion bonne. Ils la saisirent avec empressement et, sans s'inquiéter des lois qui règlent l'ordre de nos juridictions, ils traduisirent immédiatement Mgr Dupanloup devant la sixième chambre du tribunal de la Seine. Plus tard, avertis, ils ont retiré leur citation et ils ont porté, à la date du 24 février, entre les mains de M. le procureur-général, cette plainte dont vous êtes maintenant saisis.

Quatre jours s'étaient écoulés. L'honorable chef du parquet de la Cour de Paris n'avait pas donné suite à la plainte des rédacteurs du *Siècle*. C'est alors que fut inventée, sous la date du 28 février, la plainte de Mme Bertin, nièce de Mgr Rousseau, ancien évêque d'Orléans, qui depuis vingt jours pouvait connaître la lettre de Mgr Dupanloup et n'avait encore fait entendre aucune réclamation.

On a jugé à propos, dans les deux plaidoiries que vous avez entendues, de se défendre de quelques mauvais bruits qui ont circulé autour de votre audience. L'honorable défenseur du *Siècle* affirme bien que son client ne s'est entendu avec personne, n'a été l'instrument de personne, quand il a commencé ses poursuites. Me Plocque défend aussi vivement sa cliente d'avoir eu aucune relation avec le *Siècle ;* on a tort, selon lui, de croire et de dire que les deux plaintes ont été concertées ; que la plainte du 28 février aurait eu pour but d'appuyer la plainte du *Siècle*, et d'amener M. le procureur-général à donner la citation qu'il a donnée. Peu m'importe. Je dirai seulement à la Cour que si Mme Bertin, âgée de 83 ans, vouée, à ce que disait tout-à-l'heure son honorable défenseur, aux pratiques religieuses qu'elle a apprises de son oncle l'évêque, s'était elle-même, en effet, sentie offensée par l'écrit de Mgr Dupanloup, il était naturel qu'elle fît ce qu'avait fait un autre membre de la famille Rousseau, un de nos honorables confrères qui ne figure pas au procès, M. Colmet d'Aage, qu'elle s'adressât directement à l'évêque, lui reprochât d'avoir été injuste et lui demandât une réparation. Entre gens bien élevés et surtout d'une fidèle à un évêque, est-ce par des poursuites en police correctionnelle qu'on commence ? Pour moi, les bruits que l'on dément sont vrais ; je ne puis me dispenser de croire que la plainte de Mme Bertin n'a été portée entre les mains de M. le procureur-général que pour obtenir une suite à la plainte que le *Siècle* y avait déposée.

Quoi qu'il en soit, elle est déposée le 28 février. Mais je remarque avec étonnement que le parquet de la Cour impériale de Paris n'est pas le seul confident des plaintes de Mme Bertin. Le même jour, 28 février, paraît à la Librairie-Nouvelle une petite brochure jaune, profitant de ce privilége de l'anonyme qui est accordé à quelques brochures, en ce temps-ci, et intitulée : « Mgr Dupanloup, évêque d'Orléans. » Je dois ajouter qu'il y a sur le titre *par Pierre et Paul ;* mais je demande à la Cour si ce n'est pas un anonyme. Dans cette brochure il se trouve, parmi quelques faits vrais, beaucoup de faits faux, quelques-uns calomnieux, par exemple celui-ci : en parlant de Mgr Dupanloup, on dit :

« La nuit, lorsque toutes les lumières du palais épiscopal sont éteintes, seul il veille, prenant ainsi sur son repos. C'est alors qu'il compose ces nombreux écrits que nous lisons chaque jour, ses livres, ses mandements, ses lettres, ses articles, ses factums. Près de lui est placée une bouteille de vieux vin de Bordeaux, et lorsqu'il se sent près de céder au sommeil qui l'accable, pour réveiller sa pensée, il en avale une gorgée. »

Si je ne craignais de déroger à la majesté de l'audience, je dirais que Mgr Dupanloup ne boit jamais de vin.

Toutes les assertions de la brochure sont semblables. Si je la rappelle, c'est pour vous dire qu'à la fin de cette brochure, publiée sous le voile de l'anonyme, le même jour où M. le procureur-général recevait la plainte de Mme Bertin, je lis ceci :

« Il existe une nièce de Mgr Rousseau. L'article de Mgr Dupanloup a frappé cette nièce au cœur. Que dirait l'évêque d'Orléans si cette héritière de Mgr Rousseau écrivait à peu près ceci à M. le procureur impérial :
» Monsieur, je suis fille de M. le chevalier Rousseau, et... »

Et ici toute une lettre qui est à peu près textuellement la plainte qui, le même jour, avait été déposée entre les mains de M. le procureur-général. J'aimerais que Mme Bertin nous dît quel est cet anonyme auquel elle l'avait confiée.

Et le même jour encore, la même plainte est adressée au rédacteur du *Constitutionnel*, qui, le lendemain, l'insère dans son journal.

Voilà comment ce procès a commencé. Il m'était impossible de ne pas vous dire sous quels auspices, et de ne pas vous faire soupçonner les artifices par lesquels on a amené Mme veuve Bertin à signer sa plainte.

Cette plainte et la citation de M. le procureur-général qu'elle a motivée, soulèvent avant tout une grave question, que je ne puis éviter : en admettant comme vrais tous les faits qui y sont énoncés, Mgr. l'évêque d'Orléans pouvait-il, à raison de ces faits, être traduit en police correctionnelle ? car la Cour n'oubliera pas qu'elle juge en ce moment en matière correctionnelle, qu'à raison de la dignité du prévenu elle remplit les fonctions de tribunal de police correctionnelle, à la seule exception qu'elle ne peut être saisie par une citation directe du plaignant, qu'elle ne peut être saisie que sur la poursuite du procureur-général, et encore qu'elle est un tribunal en premier et dernier ressort.

Mgr Dupanloup devait-il, pouvait-il être traduit devant vous ? Ma conviction est au contraire que Mgr Dupanloup ne pouvait, sous aucun rapport, être appelé en police correctionnelle pour répondre de l'écrit qu'il avait adressé le 4 février à M. Grandguillot, rédacteur du *Constitutionnel*, du moins en ce qui concerne la famille Rousseau.

Il y est appelé par la famille Rousseau. Je le déclare, et ce n'est pas par faiblesse, jamais il n'est entré dans sa pensée d'offenser la famille Rousseau. Ce n'est pas une rétractation, pas plus de ses intentions que de ses paroles, qu'il fait à votre audience. Il ne savait même pas que Mgr Rousseau eût des parents existants encore. Il n'avait aucun rapport avec eux. Dans son écrit, il a eu en vue l'évêque dont on lui opposait l'autorité ; il n'a pas même songé à sa famille. Et, tenez ; dans la plainte qu'on a déposée entre les mains de M. le procureur-général, dans la plaidoirie que vous venez d'entendre, on a parlé souvent de la tombe violée, de la tombe outragée, de ces injures qui allaient frapper la pierre de la tombe. Cela est écrit à toutes les lignes de la plainte.

Je voudrais qu'ils nous disent combien il y a d'années que les héritiers Rousseau n'ont visité cette tombe. Mgr d'Orléans ne les a jamais vus venir lui demander humblement des prières pour le souvenir de cet homme, qu'aujourd'hui ils sont si ardents à venger. Je le répète, la famille Rousseau lui était complétement, entièrement inconnue, et il n'y avait rien, pas même le souvenir de l'ancien évêque d'Orléans, qui l'eût rapprochée de l'évêque actuel.

C'est au milieu d'un grand débat, lorsque l'opinion du gouvernement, d'abord très-favorable à la cause que défend Mgr Dupanloup, lui est devenue ensuite contraire et paraît définitivement incertaine, c'est au milieu de cette lutte engagée entre des écrivains, des journalistes, usant d'un droit, accomplissant, s'ils le veulent, un devoir, puisqu'ils ont leur conviction, et quelques autres écrivains, et tous les évêques de France, qu'un jour un document apparaît tout-à-coup, tirant une autorité considérable de ce qu'on le présente comme le témoignage d'un évêque; c'est à l'occasion de ce document que le débat actuel s'engage et que Mgr Dupanloup écrit.

D'abord, d'où venait ce document, et comment a-t-il passé entre les mains du rédacteur du *Constitutionnel*? Vous avez vu tout-à-l'heure dans le passage que j'ai cité du préambule dont on a accompagné la lettre de Mgr Rousseau, que M. Grandguillot dit qu'il le tient d'une bienveillante communication. Dans un autre article du *Constitutionnel* qui, à la vérité, n'a pas été publié à Paris, mais que les départements ont eu le privilége de recevoir, dans un autre article à la date du 10 février 1860, je lis les expressions suivantes :

« J'ai entre les mains et à votre disposition au besoin (c'est à Mgr Dupanloup qu'il s'adresse), non-seulement la lettre de Mgr Rousseau, mais encore les notes autographes qu'il avait fournies à son secrétaire, le premier travail de ce secrétaire, les corrections nombreuses et également autographes du prélat et enfin le travail définitif. Si je l'ai publié sans date et sans signature, c'est qu'il n'en portait pas en réalité et que je me serais fait scrupule d'altérer, en le complétant, un pareil document. »

Je me demande qui a fourni au *Constitutionnel* cette arme redoutable au milieu du débat engagé entre les journalistes et les évêques.

Ce document n'a pu se trouver qu'entre deux mains différentes : la main du ministre des cultes, puisque dans le temps il avait été adressé à M. Bigot de Préameneu, alors ministre des cultes, et que probablement il a dû rester aux archives du ministère; ou la main de la famille Rousseau, qui en aurait conservé la minute. Le *Constitutionnel* ne peut l'avoir reçu en communication que du ministre des cultes ou des héritiers Rousseau. Je m'empresse de dire que je repousse loin de moi l'idée que M. le ministre des cultes ait fait une communication de cette nature au rédacteur du *Constitutionnel*. Je me reprocherais de le croire un moment. Il faut donc admettre que l'un des héritiers Rousseau, possesseur des papiers de son grand-oncle, et y retrouvant ce document, a jugé à propos, alors que personne n'avait parlé de cet ancien prélat, d'exposer le nom de son oncle pour le plaisir de fournir une arme au *Constitutionnel*.

Il en résulte donc que la production de la lettre de Mgr Rousseau est un fait spontané, volontaire de l'un des héritiers Rousseau, que rien ne provoquait. Je ne sais pas quel est celui des héritiers Rousseau qui a fait la production, qui a consenti la communication. Je sais que l'un d'eux l'a faite, et que par conséquent ce sont eux qui volontairement ont provoqué la réponse de Mgr Dupanloup.

La réponse a été faite. On vient de vous en parler en détail ; j'aurai l'occasion d'en parler plus tard. Mais j'ai à me demander d'abord si, lue comme elle a été lue, interprétée comme elle l'a été par nos adversaires, elle contient un délit, et si, par conséquent, la police correctionnelle peut en être saisie.

Devant vous, à vrai dire, c'est la seule question que je pourrais examiner, et il me serait permis de laisser de côté tous les développements par lesquels on a cherché à montrer que les héritiers Rousseau pourraient avoir droit de demander une réparation civile contre Mgr l'évêque d'Orléans. Quand même ils auraient droit de demander une réparation civile, c'est une chose que nous pourrons probablement examiner ailleurs un jour; ce n'est pas devant vous, jugeant correctionnellement, en premier et dernier ressort, que l'action devait être portée, c'est ailleurs. La Cour le sait comme moi. Je n'insiste pas sur ce point. Seulement j'ai à examiner si l'écrit constitue un délit.

Je conçois, et je vous le dis franchement, la citation qui nous a été donnée sur la plainte du *Siècle*. Les rédacteurs du *Siècle* disaient, à tort selon moi : Vous nous avez injuriés ; par conséquent nous avons le droit de vous poursuivre. Il n'y a pas de difficulté sur la compétence de la Cour, pas plus, à mon sens, que sur la décision définitive que la Cour rendra sur cette étrange plainte. Mais quant à Mgr Rousseau, c'était tout autre chose. Il s'agissait d'un prélat mort en 1810, il y avait cinquante ans, dont la vie et le nom appartiennent à l'histoire ; si quelqu'un a été outragé, ce que nous sommes loin d'admettre, c'est lui ; et le tort de l'avoir outragé ne tomberait sous le coup d'aucune loi répressive.

Mon honorable confrère, dans la remarquable plaidoirie qu'il vient de prononcer n'a même pas voulu, il m'a semblé du moins, hasarder aucune affirmation sur cette question. Il a déclaré qu'il se constituait le rapporteur seulement de l'une et de l'autre opinion. Ce serait peut-être à M. le procureur-général à prendre la parole et à affirmer si telle est son opinion; c'est lui qui a poursuivi pour délit, c'est lui qui devrait nous dire, avant même que je ne parle, en quoi consiste le délit. Mais enfin la Cour en a décidé autrement ; l'ordre de la discussion a été autrement réglé. Je me soumets à votre décision, sous ce rapport, et j'examine le premier si en réalité il y a eu un délit.

Ce serait une chose grave que d'ériger en principe que toute parole blessante, offensante pour la mémoire d'une personne qui n'existe plus devrait être considérée comme un délit. Quant à moi je trouve que la législation a été beaucoup plus raisonnable, qui a seulement laissé ouverture à une action civile pour des outrages de ce genre.

Rendez-vous compte des motifs pour lesquels on érigerait en délit une attaque dirigée contre un mort, surtout contre un homme qui, par la position qu'il a occupée, appartient à l'histoire.

Au moment où la mort vient nous atteindre, cette partie mortelle de nous-mêmes qui fait toute notre personnalité, où se concentrent toutes nos facultés, où naissent et se développent nos erreurs ou tous nos mérites, qui rattache, pour nous le présent au passé par la mémoire, et le présent à l'avenir par l'espérance, cette partie immortelle qui s'exerce en moi lorsque je cherche à vous exprimer ma pensée, qui agit en vous lorsque vous me prêtez votre bienveillante attention, notre âme, à ce moment, entre dans les mystérieuses conditions d'une vie nouvelle, où la pensée humaine ne peut que vaguement la suivre, où les injures de ce monde, ai-je besoin de le dire, ne peuvent pas l'atteindre. Quelques moments après, son enveloppe mortelle est pieusement déposée au sein de la terre. Une pierre ou un monument la couvre. L'un et l'autre sont également protégés par nos lois contre toute injure et contre toute attaque, car la ville des morts a sa police comme la ville des vivants. Mais ce que nous appelons notre mémoire dans le monde, ce souvenir que nous laissons après nous, cher à quelques-uns, indifférent pour beaucoup, ombre vaine si prompte à disparaître, les lois la protégeront-elles contre les attaques des vivants, au point de déclarer que quiconque en dira librement sa pensée, aura commis un délit? Je ne m'étonnerais pas que dans quelques circonstances on fût porté à le croire; que quelquefois on le désirât, et on ne me surprendrait pas si l'on m'apprenait que l'on vient de voter, en Amérique, une loi qui protége contre toute insulte, le grand souvenir de Washington; enfin, on peut le désirer; nous avons seulement à nous demander, car nous raisonnons sur le droit positif, si les lois ont donné au souvenir des hommes cette protection, si, de toute attaque, elles ont fait un délit, et si tous les jugements de l'histoire sont du ressort de la police correctionnelle.

M. le procureur-général, dans sa citation, dit que Mgr Dupanloup est coupable d'avoir commis le délit prévu et puni par les art. 13, 14, 16, 18 et 19 de la loi du 17 mai 1819. J'ai dû recourir à ces articles. Je les ai lus avec soin. J'ai cherché s'ils contenaient une répression correctionnelle des attaques dirigées contre la mémoire des morts. Je ne l'ai trouvée nulle part. J'ai voulu le demander aux auteurs de cette loi, de cette grande loi si admirablement discutée en 1819. J'ai cherché dans la discussion si un seul mot indiquait que les législateurs se fussent préoccupés de cet intérêt et eussent créé ce délit, car les délits n'existent que par la création de la loi. Je ne l'ai trouvé encore nulle part. Loin de là, il m'a paru évident que les législateurs n'avaient pas eu cette pensée.

Ils ont voulu que ces luttes, toujours délicates, qui tendent à réparer le préjudice causé à la réputation d'une personne, ne pussent être portées devant les tribunaux que du consentement de cette personne même; ils ont voulu la mettre en garde contre les excès d'un zèle sincère ou affecté. Ils la supposent donc vivante. Quant à l'outrage fait à un mort, qui donnera son consentement à la poursuite? De qui devra-t-il émaner? Qui protégera sa mémoire contre le zèle indiscret, quelquefois perfide? Qui produira son nom devant les tribunaux et lui ménagera peut-être de nouveaux affronts? Rien ne démontre mieux que les dispositions indiquées dans la citation de M. le procureur-général n'ont pas la portée qu'on voudrait leur donner.

Il est d'autant plus important de ne pas en étendre à ce point l'application, que l'utilité de la punir n'est pas la même, que la sévérité de l'écrivain contre une personne qui n'est plus, est d'ordinaire inspirée par de plus louables motifs, que les peines devraient être fort différentes.

Mais si la loi ne s'est pas prononcée sur ce point, peut-être que la jurisprudence y aura suppléé, quoique la jurisprudence ne puisse pas facilement se prêter à créer des délits que la loi n'a pas établis. Néanmoins, et pour ne rien omettre, voyons ce que la jurisprudence a décidé.

On a dit tout à l'heure que quelques jurisconsultes avaient admis qu'en un cas pareil il y avait délit. On a cité M. Garnier du Bourgneuf. Si mon confrère avait cité les paroles mêmes de ce jurisconsulte, on aurait vu sur quel motif il appuie son opinion. Il convient qu'elle n'est pas conforme aux lois françaises, mais il croit la trouver écrite dans une loi romaine; cette loi romaine lui paraît constituer la loi pénale, en vertu de laquelle on pourra exercer une semblable poursuite. A quoi on a parfaitement répondu que si les lois romaines pouvaient nous donner de sages conseils, d'immortels exemples pour l'interprétation de nos lois, elles ne pouvaient jamais servir de supplément à nos lois pénales.

Qu'on lise Chassan dans son traité *Des délits de la parole et de la presse*, Degrattier, Dalloz, au mot *Presse*, on verra que l'opinion des jurisconsultes est uniforme sur ce point; que la Cour me permette, à raison de l'importance de la question, de lui donner lecture de quelques passages des auteurs que je viens de citer.

Chassan s'en explique dans le no 493, tome Ier de son ouvrage :

« Que faudra-t-il décider, dit-il, après avoir examiné un cas où la diffamation et l'injure étaient dirigées contre un membre de la famille royale, s'adressaient à la mémoire de toute autre personne, sans être dirigées contre ses héritiers? Est-il vrai que la loi n'a point voulu couvrir de sa protection la froide poussière du tombeau? Le nom que nous laissons après nous et que nous léguons à nos enfants, à nos proches, à nos amis, pourra-t-il être impunément outragé? N'y a-t-il pas, là aussi, des intérêts à garantir, des espérances à protéger, une communauté de souvenirs, véritable propriété de famille, qu'il faut défendre contre les atteintes de la méchanceté? Nul ne saurait dire le contraire, sans doute, et Voët élève la voix pour enseigner que l'injure faite à la mémoire du défunt exige une réparation. Mais il ne s'agit pas d'examiner la question sous le point de vue théorique, ou dans ses rapports, soit avec son utilité, soit avec ce qui concerne le bon ordre de la société. C'est dans ses rapports avec le droit positif par lequel nous sommes régis, qu'elle doit être envisagée. Avant tout, notre loi donne-t-elle action? A-t-elle édicté une peine? Ce sont là les deux points à établir. L'intérêt, le droit même ne sont pas toujours suffisamment propres à créer au profit de quelqu'un une action judiciaire. Pour paraître devant les tribunaux, il faut par dessus toutes choses, avoir l'aptitude d'action établie par la loi. Qu'on ne cite donc pas l'intérêt comme étant le fondement exclusif et unique de l'action. Il faut encore que la loi ait attaché à la personne qui a intérêt, l'aptitude nécessaire pour défendre son intérêt devant les tribunaux; or les délits de diffamation et d'injure ne peuvent être poursuivis, qu'autant que l'action du ministère public est provoquée et mise en mouvement par la plainte de la personne injuriée ou diffamée. La loi n'a pas voulu que la répression des attaques envers les personnes, pût avoir lieu contre notre propre consentement. Eh bien, voilà un homme qui a quitté notre monde de misères; affranchi des choses humaines, il est allé dans une autre patrie où sont heureusement inconnus tous les sentiments de colère et de vengeance, qui nous transportent et nous possèdent ici-bas. Faut-il donc l'évoquer du sein du repos éternel, pour qu'il vienne à la barre des tribunaux se mêler derechef à nos débats d'un jour, et à nos passions d'un moment? Vivant, son silence était une preuve de mépris ou de pardon; mort, irez vous donc l'interroger dans sa dernière demeure? Faudra-t-il interpréter le silence du tombeau comme un consentement à la poursuite, ou comme le signe d'une prudente réserve et la manifestation d'un pardon généreux, ? *scirent si ignoscere manes!...* Qui se chargera de faire un pareil interrogatoire? Qui osera venir demander justice aux tribunaux criminels? Le ministère public? Mais il est non recevable, car il n'est pas armé de la plainte de l'offensé, puisque nous supposons que l'imputation est dirigée uniquement contre la mémoire du défunt sans intention d'atteindre son successeur. Les héritiers? Qui leur a donné mission de se plaindre au nom du défunt? Ils sont ses représentants, il est vrai; ils continuent sa personne quant à la possession des biens matériels qu'il a délaissés; mais cette fiction de la loi, ne peut aller jusqu'à leur donner le droit de porter une plainte au lieu et place de leur auteur qui, peut-être, aurait des motifs puissants pour éviter l'éclat et le scandale d'une lutte judiciaire. Dira-t-on que l'action sera intentée au nom de l'héritier parce qu'aux termes de la loi romaine, l'injure le regarde personnellement, intéressé qu'il est, selon M. Garnier du Bourgneuf, à ce que la mémoire du défunt ne soit pas couverte d'infamie? Mais, ce n'est encore qu'en vertu d'une fiction que la loi romaine considère cette injure comme personnelle à l'héritier ; car il ne faut pas perdre de vue que la diffamation, dans l'hypothèse, ne concerne réellement que la mémoire du défunt. Or le droit de porter plainte n'appartient qu'à celui qui est réellement et personnellement diffamé et l'héritier ne l'est point. Quant à son intérêt à défendre la mémoire du défunt, il ne suffit pas pour lui donner action devant les tribunaux criminels; la raison donnée par M. Garnier du Bourgneuf n'a donc rien de juridique. La question est toute entière, on le voit, dans le droit d'action ; mais, il faut le reconnaître, l'action ne saurait être intentée, car pour être admise devant les tribunaux criminels, elle devrait être exercée au nom et sur la plainte de celui dont l'intention est inconnue.

» Que si on accorde que l'action est admissible, il faudra encore examiner si la loi française prononce une peine contre la diffamation et l'injure faite envers la mémoire des morts. A Athènes, les injures contre les vivants n'étaient punies que dans certains cas; les injures contre les morts étaient défendues dans tous les cas d'une manière absolue, *universim*, d'après la remarque de Meursius, conformément à une loi de Solon. Ce genre d'offenses entraînait le déshonneur et l'infamie. A Rome on avait voulu aussi protéger la mémoire des morts, et ce genre d'attaques avait attiré l'attention des jurisconsultes romains. Tout cela était en harmonie avec les idées des sociétés antiques où le culte des morts était entouré de tant de soins, de tant de vénération.

» Les idées chrétiennes avec leur spiritualisme et leur mépris pour la matière, ont changé les mœurs sur ce point comme sur bien d'autres. C'est ainsi que le culte des morts a perdu de son empire et que la mémoire même des personnes qui ne sont plus, a cessé d'être l'objet de la sollicitude spéciale des législateurs modernes.

» M. Garnier du Bourgneuf, reconnait, en effet, qu'il y a lacune à cet égard dans notre législation. Pour combler cette lacune, il invoque la disposition de la loi romaine, dont il a déjà été question. Pourquoi n'invoquerait-il pas la disposition plus expresse de la loi de Solon? Mais ce magistrat ne fait pas attention que le droit romain est sans autorité en France en ce qui concerne les peines à appliquer. Du moment que notre législation n'édicte aucune peine, tout est dit. Le silence ou l'omission du législateur ne peuvent être suppléés, s'il en était autrement, ce serait la penalité du droit romain qu'il faudrait appliquer, et je demande si on serait bien accueilli en venant proposer la fustigation, la mort ou du moins l'exil pour un délit de diffamation. »

Ce que développe Chassan dans son ***Traité des délits de la parole et de la presse***, Dalloz le rappelle dans son ***Répertoire de jurisprudence générale*** aux mots ***presse, outrage***, page 660.

« De ces développements il suit aussi que la diffamation contre la mémoire d'une personne morte ne peut donner lieu à une action pénale. Par qui cette action serait-elle exercée ? Par le ministère public ? Mais il ne peut agir que sur la plainte de la personne diffamée. Par l'héritier? Mais on suppose qu'il n'est pas lui-même offensé ; et la fiction qui le fait considérer comme le continuateur de la personne du défunt, quant à la possession des biens laissés par celui-ci, ne saurait aller jusqu'à lui conférer une action pénale, dont la loi restreint formellement l'exercice à l'individu réellement et personnellement attaqué. D'ailleurs, où est la loi qui prévoit la diffamation envers la mémoire des morts, et quelles peines prononce-t-elle? »

La doctrine des jurisconsultes est donc très-arrêtée sur ce point, et les raisons présentées à la Cour, tout à l'heure, par mon honorable confrère, ne me paraissent pas de nature à l'ébranler. Que vous a-t-il dit? Prenant les articles 13 de la loi du 17 mai 1819 et 5 de la loi du 26 mai, il remarque que la loi permet de poursuivre l'outrage adressé à un corps. Or, une famille constitue un corps, et par conséquent la famille du défunt pourra, comme un corps, un être moral, constitué par nos lois, poursuivre l'outrage adressé à son auteur.

Je commence par reconnaître que si la famille avait été directement offensée, si, sous l'apparence d'une attaque contre le défunt, on n'avait eu d'autre objet que d'outrager la famille, et la Cour en a des exemples dans les arrêts qu'on a cités, la famille outragée aurait droit de poursuivre, non pas comme corps, car je ne puis admettre cette assimilation entre le corps moral dont parlent les lois des 17 et 26 mai 1819 et la famille, mais parce que la famille se compose d'individus qui se trouvent personnellement outragés. Si l'attaque ne leur est pas personnelle, je leur refuse toute action, et l'exemple que l'on me cite ne fait que résoudre la question par la question.

J'ai été plus étonné encore d'entendre invoquer la jurisprudence. Il était difficile que les principes que j'invoque dans cette grave question fussent mieux établis qu'ils ne le sont par les différentes décisions rendues, et particulièrement par celles qu'on a rappelées tout à l'heure.

La première dont j'aie à parler, c'est un jugement remarquable rendu dans l'affaire des héritiers de la Chalotais contre le journal l'*Etoile*.

Mon confrère a dit : Un jugement qui acquitte dans ces termes est une véritable condamnation :

Distinguons : le tribunal, dans le passage qu'on a lu, reprochait au journal l'*Etoile* une série d'assertions fausses au sujet du procureur-général de la Chalotais, et sous ce rapport moral, cette sentence est incontestablement une condamnation. Mais ce qu'on n'a pas lu, ce qui a trait à notre question, ce qui la décide en termes exprès, ce sont les premiers motifs du jugement qui ont déterminé l'acquittement :

« Attendu que dans l'ancien droit, l'action en réparation d'injures était ordinairement civile ; que toutes les lois antérieures ont été d'abord abrogées par le dernier art. du Code de septembre 1791, et remplacé depuis dans le Code pénal par les articles 367 et suiv., et par les lois nouvelles et spéciales sur la liberté de la presse, qui portent que la diffamation et l'injure sont des délits punissables de peines correctionnelles ;

» Qu'en matière criminelle, le juge ne peut, comme en matière civile, suppléer à l'insuffisance et au silence même de la loi ; qu'il n'existe de délit et de peine qu'à l'égard des faits expressément punis, défendus et prévus par une loi positive ;

» Qu'il ne suffit pas de reconnaître que l'outrage à la mémoire des morts, soit contraire aux préceptes et aux espérances de la religion, et à l'honneur, le premier principe d'une monarchie constitutionnelle, et le plus noble patrimoine des familles ; qu'il faut encore établir que l'action en réparation d'un pareil outrage, si nécessaire à nos institutions et à nos mœurs, est expressément autorisée par la loi pénale ;

» Attendu que les termes employés par les art. 13 et 16 de la loi du 17 mai 1819, ne peuvent s'appliquer qu'à l'honneur et à la considération dont une personne jouit, et dont un fonctionnaire public a besoin actuellement et pendant sa vie, et ne peuvent s'étendre à l'outrage fait à la mémoire des morts ; que la loi n'a pu confondre dans la même expression deux faits bien différents par leur nature, leur gravité et l'action qui peut en résulter ; d'autant moins que le fait et l'expression d'outrage à la mémoire est connu et consacré dans la législation civile ;

» Attendu qu'on ne trouve, dans la discussion de la loi devant les Chambres législatives, aucune expression ou indice qui puisse autoriser à penser que l'intention du législateur ait été d'étendre la loi à l'outrage envers la mémoire des morts ; que cependant les principes et les termes mêmes de chaque article de cette loi importante, ont été l'objet de débats sérieux ;

» Attendu que la qualification de ce délit aurait nécessairement donné lieu à des dispositions précises, indispensables pour distinguer ce délit à l'égard des personnes privées ou publiques, régler l'exercice et la durée de l'action, établir à quelle classe d'héritiers elle peut appartenir, et déterminer les priviléges et les devoirs du publiciste ou de l'historien ;

» Que ces omissions importantes dans la loi, ce silence dans la discussion et cette impropriété dans les termes prouvent que ce délit n'était pas dans la pensée du législateur, et n'a pas été prévu par la loi de la presse ;

» Attendu que l'outrage à la mémoire d'un défunt peut, en certains cas seulement, constituer un outrage direct à la famille, et l'autoriser à demander la réparation d'une injure personnelle ;

» Que l'art. 5 de la loi du 26 mai 1819 autorise la poursuite sur la plainte de la partie qui se croira lésée directement ou indirectement, et qui aura un intérêt immédiat à demander une réparation ;

» Qu'il faut pour constituer ce délit, prouver que l'intention d'outrager la famille et de lui porter préjudice, résulte clairement des faits et des circonstances, des expressions et surtout de leur rapport naturel et direct aux membres de la famille. »

Après ce remarquable exposé de doctrines arrive la portion du jugement que mon confrère a lue à la Cour.

Plus ces faits relevés par le tribunal étaient graves, plus ces motifs du jugement qu'on a lus étaient flétrissants pour l'honneur du journaliste qui avait attaqué le souvenir du procureur-général de la Chalotais, plus la décision du tribunal qui, à raison du silence de la loi, prononce l'acquittement, doit avoir de poids et d'autorité.

Le jugement rendu dans l'affaire de la Chalotais, et qui tranche directement la question a été suivi d'autres décisions que mon confrère a rappelées et dont je dois parler à mon tour.

Ces autres décisions se rapportent au principe que je reconnais comme vrai, que si les outrages en apparence adressés à la mémoire d'un mort, sont en réalité, adressés à la famille, la touchent directement, l'offensent personnellement, ils peuvent lui donner une action directe et personnelle. C'est à cette occasion qu'a été rendu en particulier l'arrêt de Tourzel, que mon honorable confrère invoque et que la Cour me permettra de mettre sous ses yeux. La Cour y verra si le caractère que je lui donne n'y est pas très-nettement tracé.

Les héritières de Mme la duchesse de Tourzel, portèrent une plainte en diffamation contre le sieur Fournier-Verneuil, pour avoir inséré, dans le *Censeur judiciaire*, plusieurs articles dans lesquels la mémoire de Mme la duchesse de Tourzel se trouvait attaquée. La prévenu se prévalait du décès de Mme de Tourzel. Le 3 juin 1836, jugement du tribunal de police correctionnel de la Seine qui rejette cette exception en ces termes :

« Attendu que toute personne qui se prétend lésée par un délit commis par la voie de la presse, peut, suivant les dispositions de l'art. 5 de la loi du 26 mai 1819, en rendre plainte ; que les termes généraux dans lesquels cet article est conçu ne permettent pas de douter que les tribunaux ne soient investis du pouvoir d'apprécier et de décider si des faits injurieux et diffamatoires imputés à une personne décédée atteignent ses descendants, et constituent, d'après le caractère qui leur est propre, une diffamation et des injures dont ils puissent demander la réparation comme attaquant l'honneur et la considération de la famille à laquelle ils appartiennent et qu'ils ont intérêt de défendre ;

» Attendu que le sieur Fournier-Verneuil, rédacteur-gérant du journal le *Censeur judiciaire et financier*, a publié divers articles dont plusieurs passages contiennent, contre Mme la duchesse de Tourzel, Mme la duchesse de Charost, et Mme la comtesse de Béarn, des imputations de faits de nature à porter atteinte à leur honneur et à leur considération, et des expressions outrageantes ; que conséquemment leur publication constitue les délits de diffamation et d'injures publiques ;

» Attendu que les faits injurieux et diffamatoires imputés à Mme la duchesse de Tourzel, décédée, portant atteinte à l'honneur et à la considération de sa famille ; qu'ainsi ses descendants ont droit et qualité pour demander aux... »

On se pourvoit en appel et la Cour dit :

« Considérant que la poursuite en diffamation appartient à tous ceux qui sont attaqués soit directement soit indirectement dans des écrits imprimés et publiés ; — que les faits diffamatoires imputés à la mémoire d'une personne décédée donnent à ses représentants le droit d'en demander la réparation lorsque ces faits sont de nature à porter atteinte à leur honneur et à leur considération et qu'ils ont été publiés dans cette intention ; que les écrits formant l'objet de la plainte ont été dans le but de diffamer les membres actuels de la famille de Mme la duchesse de Tourzel ; qu'ils contiennent d'odieuses imputations contre la mémoire de la dite dame de Tourzel ; que constamment ils lui attribuent une spoliation coupable et présentent ses héritiers comme détenant illégalement une fortune acquise par des moyens hautement criminels; adoptant au surplus les motifs des premiers juges. » — (Cour de Paris, 11 juillet 1836. Dalloz *Eod. loco.*)

La Cour voit les termes et le sens de l'arrêt. Les injures publiées par Fournier-Verneuil ne portaient pas seulement sur Mme la duchesse de Tourzel ; elles attaquaient encore directement ses héritiers. Il prétendait que les héritiers étaient encore en possession des biens, qu'on ne s'était procurés que par d'odieuses spoliations ; une lettre du prévenu constatait que ce n'était que dans l'intention de nuire aux héritiers qu'on avait offensé la mémoire de Mme la duchesse de Tourzel, l'attaque était ainsi directe contre les héritiers de Mme de Tourzel. On comprend que dans ce cas, et le tribunal de première instance et la cour d'appel statuant après lui que le délit était constant, aient déclaré la plainte fondée.

Je trouve les mêmes caractères dans le procès des enfants de M. Casimir Perier, contre un sieur Perdrauville. La question a été jugée encore par la Cour devant laquelle j'ai l'honneur de plaider dans les termes suivants :

« La Cour ; considérant que l'honneur et la considération du père de famille, forment une des parties les plus importantes du patrimoine de ses enfants ; qu'ainsi l'atteinte portée à cet honneur et à cette considération pouvaient retomber sur eux et leur mère, comme parties lésées, ils ont, aux termes de l'art. 5 de la loi du 26 mars 1819, une action en réparation du préjudice qu'ils peuvent en éprouver ; sauf aux juges saisis de la plainte à apprécier si l'écrivain s'est renfermé dans les limites de l'historien, ou si, au contraire, il a agi méchamment et dans l'intention de nuire. — Adoptant, au surplus, les motifs des premiers juges confirme. »

(14 août 1839. (Dalloz, *Eod. loco.*)

Me Plocque. — Lisez le jugement.

Me Dufaure. — Je vais le lire puisque vous le voulez. Les motifs du jugement sont ainsi formulés :

« Attendu qu'il résulte des dispositions combinées des lois des 17 et

26 mai 1819, que la diffamation contre la mémoire d'un mort ne peut autoriser les héritiers à en demander réparation lorsque la personne décédée a eu seule à en souffrir; il n'en saurait être de même alors que des imputations ou allégations diffamatoires sont telles qu'elles puissent être considérées comme une diffamation personnelle envers les héritiers, alors même qu'ils n'y sont pas nommés ou désignés;

Attendu que MM. Périer frères imputent dans leur plainte à tous les prévenus non-seulement de s'être rendus coupables de diffamation publique envers la mémoire de Casimir Périer leur père, mais aussi de les avoir personnellement diffamés, sinon directement, du moins implicitement;

» Attendu que les articles incriminés sont entièrement dans les plaintes, et que dès lors les faits diffamatoires y sont parfaitement articulés;

» Attendu qu'il en résulte que les héritiers Périer sont recevables. »

Et la cour a adopté ces motifs.

Ainsi, vous le voyez, pour que les injures adressées à la mémoire d'une personne qui n'est plus, puissent être poursuivies par l'action correctionnelle des héritiers, il faut que l'intention d'injurier, que l'injure, si elle existe, ait été adressée directement à la personne même de celui qui se plaint et par conséquent à la personne des héritiers.

On a cité encore un arrêt qui a été rendu contre un sieur Lacour, traduit en police correctionnelle. L'année dernière, le sieur Lacour avait publié, et encore on a dit qu'il n'avait pas exactement publié, c'est le jugement qui le dit, des Mémoires de Lauzun, dans lesquels la réputation de Mme la princesse Czartoryska était vivement attaquée. Les héritiers de la princesse Czartoryska le poursuivirent devant le tribunal de police correctionnel. Si je lisais le jugement et l'arrêt qui ont été rendus, dans cette affaire, la Cour verrait qu'il y avait vingt autres motifs pour condamner la publication de ces mémoires, mais il y avait en particulier celui-ci, que la diffamation dirigée contre Mme la princesse Czartoryska était telle, qu'elle mettait en doute la légitimité de ceux qui se plaignaient. Je demande s'il n'est pas permis à des enfants, dont la légitimité est attaquée par les outrages adressés à leur mère, de se considérer comme personnellement offensés. Le tribunal a considéré que Lacour qui n'avait jamais connu la princesse Czartoryska ne pouvait avoir eu l'intention d'attaquer la princesse, mais qu'il avait eu une intention outrageante vis-à-vis des héritiers qui se plaignaient.

Un dernier exemple a été invoqué. Mon honorable confrère a cru le trouver dans une affaire que j'ai eu l'honneur de plaider devant la Cour pour les héritiers du prince Eugène, demandant réparation des injures adressées à la mémoire de leur illustre père. J'ai pu craindre un moment de trouver l'arrêt de la Cour et ma propre plaidoierie en contradiction avec ce que je soutiens aujourd'hui. Mais si mon honorable confrère y réfléchit un moment, il se rappellera que les enfants du prince Eugène n'avaient demandé qu'une chose (ce n'était pas une poursuite correctionnelle qu'ils avaient intentée), ils voulaient qu'à côté des récits, des affirmations du maréchal Marmont, qu'ils considéraient comme fausses et dont ils avaient préalablement démontré la fausseté, ainsi que la Cour elle-même l'a pensé, ils demandaient qu'à côté de ces affirmations on ordonnât la publication des documents officiels, authentiques, incontestables qui serviraient de contre-poison aux récits mensongers du maréchal. Voilà ce qu'ils demandaient; ce n'était pas une action correctionnelle intentée contre une personne, ce n'était pas un délit dont ils se plaignaient, une loi pénale dont ils demandaient l'application, c'était la réparation la plus naturelle et la plus simple des erreurs ou des mensonges qui s'étaient glissés dans les mémoires du maréchal Marmont.

Voilà tout ce que nous débattions alors et la Cour n'a pas eu à se prononcer sur la question que nous discutons aujourd'hui. Comment aurait-elle pu avoir à se prononcer? On ne la prenait pas comme tribunal correctionnel, on ne se plaignait pas d'un délit, on ne demandait pas l'application d'une loi pénale; la cour n'a eu à délibérer sur rien de tout cela. Elle a eu à délibérer sur d'autres points importants, graves, sur lesquels j'invoquerai, comme mon honorable confrère, la décision qu'elle a rendue, bien loin de démentir en quoi que ce soit les principes que nous soutenions à cette époque. Mais, je le répète, la Cour n'a pas prononcé sur la question que nous lui soumettons aujourd'hui, et elle n'en a rien dit.

La question de droit étant réduite à ces termes, l'outrage adressé à la mémoire d'un mort ne peut constituer un délit. C'est notre droit positif, commun que nous invoquons. L'outrage, s'il avait été commis, ne constituerait un délit qu'autant que Mgr l'évêque d'Orléans aurait eu l'intention de l'adresser à la famille, tout en ayant l'air de l'adresser à Mgr Rousseau, son prédécesseur.

Je l'ai déjà dit, Mgr Dupanloup ne connaissait aucun membre de cette famille, il n'a eu, il n'a pu avoir aucune intention de leur nuire; les aurait-il connus, il n'aurait eu aucun intérêt religieux, ni mondain à les offenser. Pour le supposer il faudrait braver toutes les vraisemblances que fournissent les faits du procès.

Mais la famille Rousseau prétend que indirectement elle a souffert. Nous le verrons tout à l'heure. Comme il n'y a pas eu intention de l'attaquer, de l'offenser, de lui nuire, il n'y a pas délit. C'est le seul point sur lequel j'insiste en ce moment.

Je répète donc que du moment qu'il n'y a pas délit notre client ne pouvait être appelé devant vous, jugeant en police correctionnelle; vous ne pouvez même examiner si la plainte des héritiers Rousseau a quelque fondement sérieux.

Voilà le premier point que j'avais à établir.

Après l'avoir établi, cependant je suppose que la Cour ne partage pas mon opinion et même, sans entrer dans cette supposition, je sens qu'il importe à Mgr Dupanloup de montrer qu'il a loyalement exercé un droit incontestable; pour cela je dois passer en revue les détails de la plaidoirie que vous venez d'entendre.

Lorsque Mgr Dupanloup a écrit, il était, vous le comprenez, en présence d'un devoir à remplir et d'un droit à exercer.

En présence d'un devoir, il devait, il en convient, respecter, autant qu'il le pourrait, ménager autant qu'il lui serait possible, autant que le lui permettrait les intérêts de la grande cause qu'il était chargé de défendre, il devait respecter, ménager le souvenir d'un de ses prédécesseurs qui pouvait être cher à plusieurs, et un nom qui, quoiqu'il ne connût personne qui le portât, ou qui le tînt de la famille Rousseau, un nom qui pouvait appartenir encore à une famille vivante.

Voilà quel était le devoir. Je ne fais pas entrer en considération, et la Cour me permettra de le dire en passant, ce que l'on a beaucoup répété, ce qui a frappé beaucoup d'esprits, la convenance pour un évêque de ne pas attaquer un évêque, son prédécesseur. Le personnage auquel il croyait avoir de si graves reproches à adresser, ne devait-il pas lui être sacré par le caractère dont il avait autrefois été revêtu?

C'est là une question de convenance dont les juges, je ne crains pas de le dire, sont en dehors de cette enceinte. Mgr Dupanloup, devant vous, a à répondre de ce qu'il a dit, comme simple citoyen, sur une autre personne, dont on invoquait l'écrit contre lui. Mais quant à la question de savoir si un évêque, parlant d'un évêque, devait en parler comme il l'a fait, ou autrement, elle a un autre juge. Ce juge sait ce que mon client a fait; il l'a apprécié, il l'a approuvé, et la conscience de Mgr Dupanloup est parfaitement rassurée à cet égard.

Il devait, néanmoins, quel que fût l'évêque dont il combattait l'écrit, ménager autant qu'il le pourrait son souvenir.

Mais d'un autre côté il exerçait un droit et un droit plus sacré pour lui qu'il ne pourrait l'être pour aucun historien, le droit de dire la vérité et de ne pas laisser attribuer, aux dépens d'une cause qu'il défend avec conviction, au nom de son prédécesseur, une autorité qu'il ne devait pas avoir.

Ce n'était pas seulement un droit, c'était encore un devoir pour lui de dire la vérité qu'il savait, de ne pas se laisser arrêter par de molles condescendances, par de timides complaisances; c'était de dire ce qu'il savait, ce qui était vrai, ce dont il ne doutait pas.

Il était momentanément historien. Quels sont donc les droits de l'histoire? Il n'y a pas longtemps à discuter pour les connaître. Je ferai comme mon honorable confrère, je n'en appelle qu'à vous, je donne mon approbation entière aux éloges dont il a couvert l'arrêt que vous avez rendu le 17 avril 1858, à l'occasion des Mémoires du duc de Raguse. Je vous rappelle comment vous avez défini vous-mêmes dans un langage si ferme, si précis, les droits et les devoirs de l'historien :

« Considérant sur le premier moyen, que si le droit de l'histoire est de juger avec une entière liberté les personnes et les choses ; que si même il est consacré que, lorsque cessant d'être un juge incorruptible, et manquant aux devoirs d'impartialité, de probité, de vérité qui sont l'âme de l'histoire, l'écrivain distribue l'éloge ou le blâme au gré de sa passion et de ses ressentiments, ses jugements, quelque contraires qu'ils soient à la conscience publique, ne relèvent que de l'opinion, c'est à la condition que le mensonge n'entrera pas dans son œuvre, c'est-à-dire que les faits seront rapportés avec exactitude, sans addition qui les dénature, sans retranchement des circonstances qui les expliquent, et en fixent le caractère, de manière enfin que le lecteur, soit qu'il s'agisse de louer, soit qu'il s'agisse de blâmer, puisse apprécier personnellement et prononcer. »

. . . .

» Qu'il est donc du plus grand intérêt pour les héritiers du prince Eugène qu'à défaut d'une répression pénale qu'ils n'ont pas réclamée, et que les circonstances ne justifieraient pas, le remède soit à côté du mal, et qu'en même temps que le lecteur verra l'accusation, il en voie la réfutation. »

La double tâche de l'histoire y est très-nettement indiquée. L'historien a deux choses à faire, il raconte et il juge. Il raconte avec vérité et il juge avec liberté. Il raconte avec vérité; c'est là la première condition et, quant à moi, je la tiens pour absolue. Je n'admets aucune espèce de distinction. Sauf l'erreur involontaire dont je parlerai tout-à-l'heure, il doit dire la vérité. La Cour l'a dit dans son arrêt, à la condition qu'il ne laisse pas altérer son récit par des mensonges, ou des suppositions artificieuses. La Cour l'a dit avec raison; il doit la vérité tout entière. Sans doute, quelquefois, l'erreur peut se glisser dans les récits de l'historien le plus scrupuleux, de l'écrivain le plus attentif à ne jamais manquer à cette première loi de l'histoire. Mais l'erreur peut être involontaire. Elle peut donner lieu alors à des réparations comme celles que demandaient les héritiers du prince Eugène contre M. Perrotin. Ou l'erreur n'est pas involontaire, elle est malveillante et alors elle doit être punie.

Voilà pour la première condition de l'histoire : raconter avec vérité. Après avoir raconté avec vérité, juger avec liberté. La Cour elle-même le dit. Voyez toute la liberté qu'elle admet. Elle comprend et admet les emportements, les passions, les ressentiments, des jugements contraires à la conscience publique. C'est-à-dire qu'elle admet la liberté dans l'appréciation de faits qu'on raconte sincèrement. Du moment qu'on remplit cette première condition, on a un champ sans limites pour remplir la seconde.

Imaginez-vous ce que serait l'histoire si l'écrivain n'avait pas le courage ou le pouvoir, de juger, d'apprécier, de blâmer ce qui lui paraît blâmable, d'estimer, de louer, d'élever ce qui lui semble digne d'éloges? Comment! sous les yeux du lecteur passeraient les faits coupables ou vertueux, les grands hommes ou les criminels sans qu'un mot de l'écrivain vînt indiquer la valeur de chacun d'eux et l'estime qu'il mérite, sans que l'écrivain paraisse ému des forfaits ou des grandes actions qu'il raconte ! Le lecteur peu à peu s'habituerait à lire froidement ce que l'écrivain aurait raconté froidement ; bientôt s'effacera la distinction du bien et du mal ; l'histoire, comme une loi menaçante l'aura faite, ne sera plus qu'une œuvre immorale et le passé ne pourra plus servir de leçon à l'avenir ! Remarquez la marche que suivent les idées ! On commence par interdire d'apprécier, on punit le blâme ; on finira par punir l'éloge, par interdire de louer les grands hommes. On arrive à ce temps où selon Tacite, on punit de mort l'écrivain qui loue Halvidius ou Thraséas, et on livre les écrits aux flammes ! Voilà où l'on arriverait avec ce principe que l'historien qui raconte véridiquement n'est pas libre pour l'appréciation des faits qu'il raconte.

Mais on se récrie : Voyez donc ! on va troubler la cendre des morts! Dans la plainte de Mme Bertin on répète quatre fois : Vous allez frapper la pierre du tombeau ; vous portez atteinte à la tombe. Rejetons toutes ces figures ! Le pieux asile de la tombe reçoit également la dépouille de l'homme vertueux et du criminel. On n'a jamais entendu qu'elle les mît à l'abri des justices de l'histoire. L'histoire veille, raconte, est juge impartial, même en face du tombeau. On appelle cela de la calomnie. C'est la vérité qui se fait jour, qui éclate. On ne vit, surtout de la vie publique qu'à cette condition. Du moment où vous y entrez, vos actes, vos paroles, vos actions bonnes ou mauvaises, n'ont pas seulement une influence sur votre temps et sur vos contemporains. Vous disparaissez ; l'action que vous avez exercée dépasse les limites de votre vie ; votre souvenir sert encore de leçon ; il excite encore des haines ou des sympathies ; il appartient à l'historien de dire si l'éloge ou le blâme doivent s'attacher à votre nom.

Non, l'histoire ne peut être utile et ne doit être conservée qu'à la condition d'être libre, et l'homme public doit savoir, il est bon qu'il sache qu'il n'a pas seulement à se préoccuper de l'opinion de ceux qui l'entourent, opinion trop souvent égarée, trop souvent factice, trop souvent injuste; il est bon, quel qu'il soit, qu'il sache qu'après lui, en dehors de toutes ces influences locales, bien au delà de toutes ces passions contemporaines, il y aura une justice, la justice de la postérité ; elle ne s'exerce que par la voix de l'histoire libre ; ne supprimez pas ce grand encouragement pour les bons, ce salutaire effroi pour les méchants.

Tout à l'heure, en finissant, mon honorable confrère se demandait ce que gagnait l'Église à voir un ancien évêque attaqué dans les doctrines qu'il a professées? Que gagnerait-on, par exemple, à rappeler que Massillon a eu le tort un jour d'assister au sacre du cardinal Dubois ? Que gagnerait-on à rappeler les crimes des Borgia !

Ce qu'on gagnerait? On gagne toujours à dire la vérité, la religion la demande bien loin de la craindre. Il n'y a pas un bon principe dans le monde qui ne doive vivre de vérité. Il n'y en n'a pas un à qui le mensonge ou la vérité dissimulée, cachée, enterrée dans les catacombes de Rome, comme vous le disiez, puisse profiter. S'il prenait fantaisie à quelqu'un de se servir de l'exemple de ce grand orateur appelé Massillon, pour justifier un acte de faiblesse pareil au sien, j'ose le dire, ce ne serait pas seulement l'historien laïque qui trouverait des paroles de réprobation, et ce n'est pas pas mon illustre et vénérable client qui me démentira, si je dis que l'Église, que les hommes de l'Église qui ont une plume énergique, intelligente, seraient les premiers à flétrir l'abus que l'on viendrait faire de son souvenir.

Ainsi, tenons-le pour certain, pour l'histoire ecclésiastique encore plus que pour nos histoires ordinaires, la vérité avant tout doit être connue et l'appréciation doit être libre. Sans doute cette appréciation s'égare quelquefois, l'erreur la domine au lieu de la vérité; mais peu à peu l'erreur se dissipe, les passions se calment et la vérité pure, belle, noble dans tout son éclat, reparaît et l'histoire épurée nous enseigne ce que vaut le vice et ce que vaut la vertu. (*Applaudissements.*)

Il convient cependant, après avoir revendiqué les droits de l'histoire pour Mgr Dupanloup, d'examiner comment il en a usé.

Mon confrère a dit tout à l'heure que Mgr Dupanloup prétendait avoir été provoqué à écrire ce qu'il a écrit sur son predécesseur par les attaques du *Siècle ;* il a ajouté qu'on ne savait pas pourquoi mon client se défendait d'être allé à Rome et d'avoir rapporté le zèle ardent qu'il a montré dans sa brochure.

Quant au premier point, mon confrère se trompe et répond à une objection qui ne lui aurait pas été faite.

Mgr Dupanloup dit qu'il a été provoqué par la polémique du *Siècle* à l'égard du *Siècle*. Il n'a jamais prétendu que les attaques dont il avait été l'objet de la part du *Siècle*, l'eussent provoqué à publier sa réponse à l'écrit de Mgr Rousseau.

Quant au voyage à Rome, on demande pourquoi Mgr Dupanloup s'en défend. C'est par respect pour le principe de la vérité dans l'histoire. Il ne s'en défend pas comme d'une faute. Il ne craindrait pas d'avouer, qu'étant allé se retremper aux sources de la catholicité, il en est revenu plus ardent à défendre un principe qu'il croit vrai, qu'il croit juste. Seulement il n'y est pas allé. Il y a six ans qu'il n'y est allé. Voilà l'unique motif des signes de dénégation qu'il faisait hier, lorsque mon honorable confrère Me Senard indiquait que c'était à Rome qu'il avait pris l'inspiration des brochures qu'il avait publiées.

Il les a publiées. Est-ce spontanément qu'il a attaqué Mgr Rousseau? Lui a-t-il pris un beau jour une triste fantaisie de réveiller l'ombre de son prédécesseur, pour lui adresser tout ce qu'il a été obligé de lui adresser de fâcheux dans la lettre qui est l'objet du débat? Vous savez que non. Vous savez qu'il n'avait jamais parlé de Mgr Rousseau lorsque, pour la première fois, le *Constitutionnel* a publié cette singulière lettre de 1810, ou ce discours adressé aux élèves du séminaire, lorsque le *Constitutionnel* a eu le tort de le publier sous la forme étrange que j'ai indiquée à la Cour tout-à-l'heure. mettant en tête, en très-gros caractères, de manière à égarer un moment l'esprit d'un lecteur inattentif : « *Lettre pastorale de Mgr l'évêque d'Orléans* (dont le nom remplissait ses colonnes depuis quelques mois) *aux élèves de son petit séminaire.* »

D'un autre côté, dans l'article qui précède la lettre de Mgr Rousseau, je ne veux pas en dire de mal, je veux être aussi réservé qu'il me sera possible de l'être, dans tout ce que je dirai de lui, la Cour sait que je n'accepte pas volontiers la mission de reproduire une accusation, de l'aggraver encore, je défends, je n'accuse pas; mais enfin, il n'est pas bien de la part du journaliste, pour donner du poids à la lettre qu'il insère, de présenter Mgr Rousseau comme l'un des plus illustres prélats de l'Eglise de France; ce sont les termes qu'il emploie. Qu'on dise que Mgr Rousseau était un prêtre respectable; je le veux bien, sauf les modifications que Mgr Dupanloup y apporte. Mais dire qu'il était un des premiers prélats, un des plus illustres prélats de l'Eglise de France, cela n'était vrai à aucun degré; c'était encore un artifice pour donner à la lettre qu'on insérait dans le journal une importance qu'elle ne méritait pas d'avoir, et qui rendait une réponse plus nécessaire.

En retranchant ces deux petites ruses, restait cependant la lettre, document qui avait son importance. Quand la lutte est engagée si vive relativement au pouvoir temporel du Pape, au démembrement dont il était menacé, il est très-grave d'opposer à tous les évêques de France la lettre d'un évêque écrite en 1810. Si cette lettre avait été libre, si elle avait été réfléchie, si elle était émanée d'un homme complètement désintéressé, examinant la question en pur théoricien religieux, elle aurait eu certainement une valeur; si au lieu de cela cette lettre émane d'un homme dont l'esprit à cette époque était altéré et affaibli par le désir de faire sa cour au pouvoir, qui, dans les entraînements de son zèle politique, oubliait trop tout ce qu'il devait à la religion et à sa propre dignité, il importait de le dire; il fallait le dire absolument, c'était un devoir pour Mgr l'évêque d'Orléans qui savait mieux, qui pouvait mieux l'apprécier que chacun de ses collègues dans l'épiscopat; il était nécessaire de le dire et pour éclairer le gouvernement et en même temps pour éclairer l'opinion publique qu'on avait faite juge en France de ce grand débat. Voilà le seul but que Mgr Dupanloup se soit proposé : diminuer l'autorité de l'écrivain, la diminuer par des faits vrais, par des allégations certaines, par des observations sévères mais justes, afin qu'on ne pût pas présenter comme une œuvre libre et indépendante, ainsi que le dit le journaliste, de l'un des plus illustres prélats de France, la lettre complaisante d'un auteur très-ordinaire.

Mgr Dupanloup était entouré des souvenirs de Mgr Rousseau. Il avait dans son clergé d'Orléans de vénérables ecclésiastiques qui avaient vécu sous Mgr Rousseau et qui avaient gémi de ses faiblesses. La population laïque les avait senties et cette tradition vivante, jointe aux grands services que Mgr Dupanloup a rendus depuis onze ans dans son diocèse, vous explique l'assentiment unanime, la sympathie profonde qui le suit sur ce banc, et la présence à nos côtés de l'honorable bâtonnier de l'ordre des avocats d'Orléans représente l'opinion qui règne autour de lui.

Il lui appartenait donc de répondre. Il a répondu. Ce que j'ai à me demander, c'est s'il a rempli les deux conditions de l'histoire. A-t-il dit la vérité et en même temps a-t-il librement apprécié la conduite de son prédécesseur ?

A-t-il dit la vérité? Je me demandais tout-à-l'heure quelle critique on entendait élever contre tous les faits qui sont racontés dans la lettre à M. Grandguillot écrite le 4 février. J'ai écouté attentivement les observations de mon honorable confrère; j'ai tout noté en marge de ma brochure. Sur les faits, j'ose le dire, il n'y en a qu'un qui ait été contesté et j'ajoute justement contesté. Mgr Dupanloup s'est trompé; voulant parler de M. Bigot de Préameneu, il a parlé de Portalis. La lettre était adressée au ministre des cultes et on a eu parfaitement raison de dire qu'en 1810, époque où cette lettre a été adressée au ministre des cultes, le ministre des cultes était M. Bigot de Préameneu et non pas Portalis. Voilà un fait qui a été rectifié avec raison; mais ce n'est pas un fait de nature à justifier l'incrimination. Quant aux autres, il n'y en a pas un qui soit mis en doute. On a parlé du style, on a présenté un mandement qu'on a prétendu être d'un style beaucoup plus élevé qu'on ne le croirait d'après l'appréciation de Mgr Dupanloup. On a dit que les appréciations avaient été sévères; mais quant aux faits, on n'a rien dit; on a seulement fait une observation. J'ai besoin d'y répondre.

Sur quoi reposent vos assertions, a-t-on dit? Sur des documents qui sont dans les archives confiées à votre garde. Vous avez violé un dépôt en profitant de ces documents pour écrire la lettre que vous avez écrite.

Violer un dépôt! Ce n'est pas la première violation qui ait été faite de ce dépôt. Les archives de l'évêché d'Orléans sont ouvertes à quiconque veut les consulter. Il y a une histoire de la ville d'Orléans. Les archives de l'évêché y ont grandement servi. Un petit livre que citait tout-à-l'heure mon confrère, et qui donne l'histoire des Évêques d'Orléans, a été fait précisément en partie à l'aide des archives qu'on a consultées à l'évêché. Je répète que les archives de l'évêché sont ouvertes à tout le monde. Je ne vois pas pourquoi Mgr l'évêque d'Orléans n'aurait pas pu, aussi bien que tout autre historien, prendre une copie des documents qui y sont déposés, la remettre à son éditeur ou à son avocat qui l'a entre les mains. Il n'y a dans tout cela aucune violation de dépôt.

On relève un autre fait. Mgr Dupanloup, dit-on, a attaqué un ancien grand-vicaire de l'église de Coutances qui avait été sous les ordres de Mgr Rousseau avant qu'il ne vînt à Orléans, et on cite la belle conduite d'un abbé Bonté qui a été en effet grand-vicaire à Coutances.

Il n'y a qu'un malheur, Mgr Dupanloup n'a pas dit un mot de M. Bonté et si mon honorable confrère veut se reporter à la note de la brochure à laquelle il fait allusion, il verra d'abord que Mgr Dupanloup ne fait que citer très-fidèlement une lettre, et qu'elle est d'un abbé B. D. et non pas d'un abbé B. J'ai la copie entière de cette lettre; je suis tout prêt à la communiquer. Vous verrez que tous les renseignements qu'on vous a donnés sur Bonté ne démentent en rien, je ne dis pas, ce que Mgr Dupanloup a dit de ce grand-vicaire, car il n'a fait que citer une de ses lettres, mais ne contredisent pas le caractère léger et mondain qui est indiqué par la lettre du grand-vicaire dont Mgr Dupanloup a cité les expressions.

Voilà les faits. Ce sont les seuls qu'on ait relevés et par conséquent je crois que Mgr Dupanloup a rempli la première condition de l'histoire. Il a été vrai dans les faits. Il n'y a pas une lettre citée qui ne soit vraie. Il n'y a pas une demande adressée aux hommes puissants du jour, au ministre des cultes, au ministre de l'intérieur, à l'archichancelier de l'Empire dont nous n'ayons la copie entre les mains, dont on ne puisse avoir l'original aux archives de l'évêché d'Orléans. Il n'y a pas une demande formée par Mgr Rousseau tantôt pour être électeur au grand Collége, tantôt pour être nommé baron, pour être nommé chevalier, enfin tout autre demande, il n'y en a pas une qui ne soit écrite dans ces documents. Donc mon client a dit vrai.

Il a apprécié avec liberté, et j'ai besoin de vous dire le motif de son appréciation. J'en ai d'autant plus besoin, qu'à entendre la défense des héritiers Rousseau, on aurait voulu critiquer uniquement la passion, l'enthousiasme que Mgr Rousseau professait pour l'empereur Napoléon. Il est peut-être assez habile de se mettre à l'abri du nom de Napoléon ; mais comme la Cour voudra examiner la brochure elle-même, les documents que la brochure invoque, la Cour se convaincra que la pensée de mon client n'a pas été exactement traduite.

Voyons s'il y a eu justice dans l'appréciation que Mgr Dupanloup a faite de Mgr Rousseau; voyons si particulièrement cette libre appréciation n'était pas permise à un évêque écrivant en 1860, cinquante ans après la mort de son prédécesseur.

On a dit que des calomnies avaient déjà été répandues contre lui par un comte Barnel de Bauvert, qu'on avait prétendu qu'il avait voté la mort du Roi, qu'il avait été évêque constitutionnel. Comme Mgr Dupanloup n'a rien dit de tout cela, ce que vous dites des calomnies de M. Barnel de Bauvert ne me touche en aucune manière et cela vous montre que ce n'est pas dans les écrits de M. Barnel de Bauvert que Mgr Dupanloup a pris ses reproches tout différents.

On a dit encore que les reproches adressés par Mgr Dupanloup à son prédécesseur étaient tellement graves et portaient une telle atteinte à sa mémoire, que dans un ouvrage qu'on a lu et où se trouve relevée l'histoire de tout le clergé de France, et en particulier de tous les évêques du diocèse d'Orléans, après avoir parlé du grand abbé Bernier qui a été évêque d'Orléans jusqu'en 1804, on passe immédiatement à Mgr de Varicourt qui a été évêque d'Orléans beaucoup plus tard. On attribue cette prétérition à la lettre que Mgr Dupanloup a écrite à M. Grandguillot le 4 février 1860. Il n'y a qu'un malheur, c'est que cet annuaire étant fait pour 1860 était imprimé avant janvier 1860, et qu'avant le 4 février, jour où Mgr Dupanloup a écrit sa lettre, il n'avait pas été question de Mgr Rousseau ; personne n'en avait parlé. Mon honorable confrère a dit que les noms de Mgr de Jarente et de Mgr Raillon étaient complètement tombés dans l'oubli. Je lui demande pardon, mais le nom de Mgr Rousseau était aussi parfaitement oublié que celui de Mgr de Jarente qui l'a précédé et que celui de Mgr Raillon qui l'a suivi à Orléans. Mais à cette époque donc, je ne sais par quelle erreur, Mgr Dupanloup n'a pas à l'expliquer dans un annuaire qui n'est pas spécialement pour le diocèse d'Orléans, mais qui est pour tous les diocèses de France, on a oublié le nom de Mgr Rousseau. Ce que je puis affirmer, c'est que ce n'est pas par suite d'une lettre qui a été écrite deux mois après la confection de l'annuaire.

Voilà ce que j'avais à dire sur les deux premières réflexions.

Maintenant, pour juger les appréciations que Mgr Dupanloup a faites de son prédécesseur, je prie la Cour de me permettre de me reporter à l'époque où était évêque Mgr Rousseau, de voir ce qu'il a fait à cette époque et de montrer à la Cour que, comme l'a dit Mgr Dupanloup, dans un passage de sa brochure, il a été écrasé par les événements contemporains et que ce sont eux qui l'ont jeté dans les défaillances que son successeur a été obligé de relever.

Mgr Rousseau a été préconisé évêque d'Orléans dans un consistoire tenu par le Souverain-Pontife le 3 février 1807. Il a pris possession de cette évêché au mois de novembre de la même année, et il est mort en pleine possession de ses fonctions épiscopales le 7 octobre 1810.

Pendant ces trois années, de la fin de 1807 à 1810, il s'est passé des faits graves, très-graves pour l'Eglise en particulier. Avant de dire les faits graves qui ont malheureusement marqué cette époque, je tiens à dire les faits d'un tout autre caractère qui avaient marqué les premières années du dix-neuvième siècle. On a parlé tout à l'heure de l'éloge que Mgr Dupanloup, reçu à l'Académie, avait fait de l'empereur Napoléon comme protecteur des lettres. On me permettra d'en faire un autre, c'est celui de Napoléon négociant le Concordat de 1801 et on pourra en conclure que ce n'est pas une passion aveugle contre l'Empereur qui a dicté la brochure incriminée.

Avant d'arriver à ces tristes années de 1807 à 1810, je tiens à dire moi-même que Bonaparte, premier consul, avait fait certainement une des choses les plus grandes et les plus difficiles de son règne, en négociant le Concordat de 1801. Il avait à rétablir, en France, l'empire des idées religieuses, dans une nation que les événements d'un siècle entier et les violences des dernières années en avaient presque tout entière éloignée. Il avait à vaincre les antipathies de ceux qui l'avaient aidé à prendre le pouvoir au 18 brumaire, soit les généraux qui lui avaient fourni le secours de leurs bras, soit même tous ces hommes qui, éprouvés par les événements de la révolution, étaient venus lui apporter un concours très-utile et un peu inattendu. Il devait obtenir de la cour de Rome, des concessions que la cour de Rome, on le sait, ne fait pas facilement. Pour mener à fin cette grande entreprise, il a déployé un incroyable mélange de finesse, de force, de fermeté, de prudence. Il a mis sous le charme l'excellent pontife Pie VII; il a obtenu de lui ce qu'il voulait, et enfin, il a obtenu que deux ans plus tard il vînt à Paris pour le sacrer empereur.

Voilà ce qu'il a fait en 1802 et en 1804. Mais comment tout cela a-t-il changé? Comment, quelques années plus tard, la conduite de l'Empereur vis-à-vis du gouvernement pontifical a-t-elle été absolument différente de ce qu'elle avait été dans ces premières années? Je n'insisterai pas sur l'explication du changement. Pour moi elle est toute entière dans un fait, dans une funeste influence, dans l'enivrement et les égarements nécessaires du pouvoir absolu.

Ainsi, dès l'année 1806, l'Empereur qui avait proclamé si hautement à l'époque du concordat la nécessité pour le chef de la religion catholique d'être souverain temporel, indépendant de tous les gouvernements catholiques, l'Empereur commence par s'emparer de quelques portions des Etats romains et menace le reste. Plus le Pape proteste contre ces tentatives, plus elles s'étendent. Elles commencent à se réaliser par l'érection des principautés de Bénévent et Pontecorvo en fiefs héréditaires français. Napoléon prend possession des Marches. Quelques cardinaux sont arrêtés dans le sein du palais pontifical. Enfin, le 17 mai 1809, les Etats de l'Eglise sont, par décret impérial, annexés au territoire français, c'est-à-dire, que le pouvoir temporel du Pape est détruit, bien autrement qu'on ne songe à le détruire maintenant.

Le 6 juillet 1809 des soldats napolitains, quelques habitants de Rome, et des soldats français conduits par un officier supérieur de gendarmerie, escaladent de nuit le palais pontifical sans défense, pénètrent dans la chambre du Pape, l'arrêtent, le font monter dans une voiture soigneusement fermée qui représente assez les voitures cellulaires de notre époque, le portent rapidement à Florence, à Alexandrie, à Grenoble, le ramènent par Valence, Avignon et Nice à Savone, où il est renfermé. Et là, à Savone, séparé de tous ses conseillers habituels, on lui enlève, comme à un captif dangereux, tout moyen de communiquer avec l'extérieur. Plumes, papiers, encre, on ne lui laisse pas un livre : il était ainsi prisonnier à l'époque où se place l'écrit de Mgr Rousseau.

Les desseins de l'Empereur sont dans l'ouvrage de M. Thiers, exposés et résumés dans les termes suivants :

« Napoléon voulait toujours faire accepter à Pie VII, la suppression du pouvoir temporel du Saint-Siége, la réunion de Rome au territoire de l'empire, l'établissement d'une Papauté dépendante des nouveaux empereurs d'Occident, faisant sa résidence à Paris ou à Avignon, jouissant de beaux palais, d'une dotation de deux millions de francs, et de beaucoup d'autres avantages encore, mais placée sous l'autorité de l'Empereur des Français, comme l'Eglise russe, sous l'autorité des Czars, et l'Islanisme sous l'autorité des Sultans, (T. 13, p. 35). »

Il y avait loin certainement du concordat de 1801 à ces projets nouveaux et aux moyens violents que l'on employait pour les faire réussir! Dans cette déplorable lutte, quelle était l'attitude du clergé français? On a dit tout-à-l'heure en invoquant un autre passage de M. Thiers, que le clergé français était en grande majorité, favorable à toutes ces tentatives de l'Empereur Napoléon. J'en demande pardon à mon honorable confrère. Une lecture attentive de l'éminent historien qu'il invoque, suffit pour montrer que le contraire est la vérité. Pour apprécier les sentiments du clergé inférieur, voyez l'accueil fait au cardinal Maury! Le cardinal Fesch, dit l'historien, pour se donner de la popularité, affectait d'être partisan du Pape contre son neveu. Comment! de se donner de la popularité? Oui, dans le clergé de Lyon ou de Paris. Il reconnaissait donc que l'opinion du clergé de Lyon et de Paris n'était pas favorable aux tentatives de l'Empereur.

Maintenant, pour dire la vérité, il y avait quelques prélats distingués, dont je n'ai pas l'intention d'offenser la mémoire, qui s'étaient rattachés aux vues de l'Empereur, qui tâchaient de le modérer, mais qui, en même temps, jusqu'à un certain point, secondaient ses entreprises, sans avoir jamais oublié, du moins dans leurs paroles, dans leurs manifestations, ce qu'ils devaient de regret, de douleur, de compassion, si je puis employer ce mot, au Saint-Père.

Voulez-vous voir une manifestation éclatante du clergé français? Elle arrive si peu de temps après la mort de Mgr Rousseau, que nous pouvons bien admettre que la pensée du clergé était, pendant la vie de ce prélat, ce qu'elle a été, une année après. En 1811, l'Empereur réunit à Paris un concile qui, sans doute, dans sa pensée, devait lui permettre de se passer du Pape. De ces 95 évêques ou archevêques qui avaient été réunis, quelles ont été les manifestations? Vous le savez, on choisit le plus éloquent des orateurs de l'époque pour prononcer le sermon qui doit ouvrir le concile. C'était Mgr de Boulogne, évêque de Troyes. J'ai entre les mains son sermon. Je puis en lire un passage dans lequel la Cour saisira la pensée du clergé pénétré de ses devoirs à cette époque. Remarquez les grandes circonstances dans lesquelles Mgr l'évêque de Troyes prenait la parole, le Pape prisonnier à Savone, l'Empereur ayant le désir secret d'obtenir du concile qu'il réunissait à Paris, des manifestations, des vœux qui rendissent la participation du Pape inutile pour la direction de la religion en France.

La pensée de l'Empereur, ses colères, tout est connu.

Cependant l'orateur ne craint pas de dire :

« Mais quelle que soit l'issue de vos délibérations, quel que soit le parti que la sagesse et l'intérêt de nos églises pourront nous suggérer, jamais nous n'abandonnerons ces principes immuables qui nous attachent à l'unité, à cette pierre angulaire, à cette clef de la voute, sans laquelle tout l'édifice s'écroulerait sur lui-même. Jamais nous ne nous détacherons de ce premier anneau sans lequel tous les autres se dérouleraient, et ne laisseraient plus voir que confusion, anarchie et ruine. Jamais nous n'oublierons tout ce que nous devons de respect et d'amour à cette Eglise romaine qui nous a engendrés à Jésus-Christ, et qui nous a nourris du lait de la doctrine ; à cette chaire auguste que les pères appellent la citadelle de la vérité, et à ce chef suprême de l'épiscopat, sans lequel tout l'épiscopat se détruirait lui-même, et ne ferait plus que languir comme une branche détachée du tronc, ou s'agiter au gré des flots comme un vaisseau sans gouvernail et sans pilote. Oui, quelques vicissitudes qu'éprouve le siége de Pierre, quels que soient l'état et les conditions de son auguste successeur, toujours nous tiendrons à lui par les liens du respect et de la révérence filiale. Ce siége pourra être déplacé, il ne pourra pas être détruit ; on pourra lui ôter de sa splendeur, on ne pourra pas lui ôter de sa force ; partout où ce siége sera, là tous les autres se réuniront, partout où ce siége se transportera, là tous les catholiques le suivront, parce que partout où il se fixera, partout sera la tige de la succession, le centre du gouvernement et le dépôt sacré des traditions apostoliques. (*Sermons*, T. 3, p. 427.)

Et ce ne fut pas la seule manifestation des évêques réunis ; j'emprunte le récit suivant à un écrit récent d'un grand écrivain :

» A peine la lecture faite en congrégation générale, Mgr de Droste, évêque suffragant de Munster se lève et demande que le Concile presse l'Empereur, d'accorder la liberté du Pape, Mgr de Chambéry se lève, et d'une belle et forte voix, avec cet élan de l'âme et du cœur qui fait la grande éloquence, il dit : Quoi messeigneurs, il n'est pas question de la liberté du Pape ! que faisons-nous, évêques catholiques, réunis dans un Concile, sans pouvoir seulement communiquer avec notre Chef ? Il faut qu'à la première députation du Concile à l'Empereur, la liberté du Saint-Père soit demandée par nous. C'est notre devoir, nous le devons à nos diocèses, à tous les catholiques de l'empire et de l'Europe, jetons-nous aux pieds du Souverain, pour obtenir cette délivrance.

» Un des prélats, l'évêque nommé à......, trouve l'expression *se jeter aux pieds de l'Empereur* pas assez digne pour un Concile. Mgr de Chambéry répond : je connais et je défendrai autant qu'aucun de mes collègues, la dignité épiscopale; mais des évêques peuvent bien se jeter aux pieds du Souverain, pour obtenir la liberté du Vicaire de Jésus-Christ. » Il continua en disant : « Argue, obsecra, increpa, la cause est si grande, » puis enlevé par un mouvement très noble, faisant allusion à l'adresse du chapitre de Paris, pour demander la grâce de Mgr D'Astros, il s'écria : « et nous, nous n'aurions pas le courage de demander la liberté du Pape! » il ajoute : « Mais l'Empereur pourra s'irriter. Messeigneurs la divinité consent à être pressée, importunée par des prières; les souverains sont les ouvrages de Dieu ; quand on agit avec eux, comme avec lui ont-ils le droit de se plaindre ? »

(M. Villemain. — Brochure, *la France, l'Empire et la Papauté*, page 20.)

Ainsi à l'unanimité on décide qu'avant de commencer les opérations du concile, on demandera la liberté du Saint-Pontife détenu à Savone.

J'ai dit les événements au milieu desquels Mgr Rousseau a gouverné le diocèse d'Orléans. Qu'a-t-il fait au milieu de ces événements? C'étaient des sentiments parfaitement nobles que ceux dont l'expression se trouve dans le sermon de l'évêque de Troyes et dans la délibération du concile tout entier. Mgr Rousseau a-t-il fait quelque chose de semblable, pendant le cours de son administration, et, en particulier, après la prise de possession des Etats du Saint-Siége, l'enlèvement et l'emprisonnement du Pape?

J'ai entre les mains la collection de ses mandements. Elle fait partie de la bibliothèque de l'évêché d'Orléans. Vous les lirez. Il y a très-peu d'œuvres religieuses dans ces nombreux mandements, mais vous y trouverez une longue suite de proclamations enthousiastes sur les événements de l'époque et sur la grandeur du chef de l'État, et pas autre chose. Qu'on ait pour l'empereur Napoléon une vive admiration comme celle que mon honorable confrère a si bien exprimée tout-à-l'heure, je n'ai rien à dire. Mais comment! pour un évêque, était-ce la seule pensée? Comment, aucun autre sentiment ne pénètre-t-il jamais dans son cœur? On me cite Bossuet. Nous allons voir tout-à-l'heure ce que Bossuet disait de cette déplorable tendance à subordonner l'administration des évêques à la volonté absolue d'un souverain temporel. Vous parcourrez tous ces mandements; le 21 mars 1808 à l'occasion d'une quête pour le petit séminaire; le 15 août, jour de la fête de l'Assomption, à laquelle on réunit celle de Napoléon; une longue suite de mandements au sujet d'une foule de victoires et de victoires dont le souvenir est bien passé maintenant.

A tout événement, en toute occasion il envoie des mandements qui n'ont pas d'autre but que de louer l'Empereur et par le plus triste de tous les éloges, la plus redoutable de toutes les flatteries, en voyant dans toutes ses actions la main de Dieu, en la divinisant autant qu'il est en lui, déclarant que Dieu admet l'Empereur en partage de ses desseins. Vous trouverez cette sorte d'idolâtrie dans la plupart des mandements de Mgr Rousseau, Tenez! A l'époque où l'Empereur a mis la main sur les Etats du Pape, il fait un mandement sur les victoires d'Enzersdorf et de Wagram.

Le Pape vient d'être enlevé de son palais, conduit en captivité. L'évêque le sait, les lettres qui sont là le montrent. Que va-t-il dire? C'est une grande chose pour un évêque, le Pape, le Chef de la catholicité pris dans son palais, conduit captif à Savone! Écartez-vous des pensées religieuses, prenez les pensées les plus mondaines; supposez un général dévoué à son roi, apprenant que son roi est captif, est-ce qu'il ne lui donnera aucun signe de regret? Toutes ses pensées, tout son amour seront-ils pour celui qui l'a vaincu sans combat? Voici le début du mandement:

« Le voilà donc vérifié de nouveau, nos très-chers Frères, cet oracle de l'Esprit-Saint, dont Bossuet s'était emparé dans sa politique sacrée, et que pour l'instruction des rois, il y développe avec toute l'autorité de son immense savoir, de ses hautes vertus, tout le poids de son génie; cet oracle qui prononce que la fidélité aux traités et la bonne foi sont tellement les devoirs du souverain que Dieu en punit, par des châtiments à jamais terribles, l'infraction et l'oubli. »

Que veut-il dire? Est-ce le Pape qui a manqué à ses devoirs, qui a violé les traités? Parle-t-il de la punition qui vient d'être infligée au Saint-Père?

Le 22 septembre 1809, mandement sur la paix avec l'Autriche. C'était un thème un peu nouveau pour Mgr l'évêque d'Orléans; il le développe avec éclat. Il raconte aux fidèles de son diocèse que l'Empereur n'a jamais désiré que la paix et qu'il pleurait sur tous les champs de bataille, que chacune de ses victoires lui avait coûté des torrents de larmes. Il dit qu'avec la paix qui est sûre, le commerce va refleurir et se développer. Les plus belles années d'Athènes et de Rome vont renaître; l'instruction publique s'avance vers la perfection; et la religion..... Que va-t-il dire de la religion? Va-t-il demander que Pie VII remonte sur le trône pontifical, seul moyen de rendre la paix à l'Église? La compassion venant se mêler à l'esprit catholique, demanda-t-il au moins la fin de cet immense scandale de la captivité du Saint-Père? Voici, pour la religion, l'avenir qu'il entrevoit et qu'il souhaite:

« Le clergé se servant de toute l'influence de son saint ministère pour seconder les bienfaisantes vues du gouvernement, et attendant sans impatience, mais dans un respectueux espoir, de l'auguste restaurateur de la religion, le sort qui doit la placer aussi loin du besoin qui dégrade que de l'opulence qui peut corrompre.

Rien n'est assurément plus clair que ce programme: subordination absolue du clergé à l'Empereur et augmentation de traitement pour récompense.

Vous lirez tous ces mandements. C'est le même caractère que vous trouverez partout.

La Cour pourra aussi parcourir ces lettres : je n'ai pas envie de les relire; la Cour y trouvera tout ce qu'y signale Mgr Dupanloup. Des ambitions mondaines, de petites vanités, des caresses adressées aux puissants de l'époque, une attention soutenue à communiquer ses mandements à l'archichancelier de l'empire Cambacérès, au ministre des cultes, au ministre de l'intérieur; un soin puéril de leur indiquer en leur écrivant les passages où il prodigue les éloges les plus marqués à l'Empereur Napoléon; enfin une prodigieuse persévérance à signaler lui-même toutes les preuves qu'il donne de son dévouement.

Je ne veux pas tout produire, la Cour le verra; mais ce que la Cour trouvera dans toutes ces lettres, comme dans tous ces mandements, c'est une absence complète de sympathie pour le malheureux Pontife enfermé à Savone. Son nom s'y trouve à peine, et quand il s'y trouve, ce n'est pas pour le plaindre. Au contraire, on lui trouve un certain entêtement, il a une certaine obstination dans les idées, et on trouverait plutôt à blâmer et à condamner sa conduite qu'à le plaindre du malheur dont il est frappé.

Lorsque le Pape était enlevé de Rome, le 6 juillet 1809, il adressait à toute la catholicité des adieux touchants dont je veux lire un passage : c'est la fin.

« Nous abandonnons nos mains sacerdotales à la force qui nous lie pour nous porter ailleurs, et nous déclarons les auteurs de ce fait responsables envers Dieu de toutes les conséquences de cet attentat. De notre côté, nous désirons seulement, nous conseillons, nous ordonnons que nos fidèles sujets, nos ouailles particulières de Rome, que notre troupeau universel de l'Eglise catholique, imitent ardemment les fidèles du premier siècle, dans la circonstance dans laquelle Saint-Pierre était resserré en prison, et où l'Eglise ne cessait jamais de prier Dieu pour lui. »

Voilà ce que le Pape demande le 6 juillet 1809 : des prières. Je suis fâché de le dire; il ne paraît pas en avoir obtenu de l'évêque d'Orléans, et dans tous les documents particuliers ou publics émanés de lui, elles ne se trouvent nulle part. Voilà ce qui a frappé Mgr Dupanloup à la lecture de tous ces documents émanés de son prédécesseur.

Maintenant était-il utile de signaler cette particularité? Qui en doute? Est-ce que cette subordination absolue au gouvernement de cette époque, cet oubli complet des intérêts de la catholicité et du sort de son auguste chef, n'étaient par de nature à montrer que la lettre de Mgr Rousseau ne pouvait avoir aucune autorité? Elle était commandée presque par une circulaire. Elle était envoyée avec préoccupation au ministre des cultes. On s'inquiétait de ce que le ministre des cultes en pensait; on était troublé de ce que sa réponse se faisait attendre.

Voyez si rien peut mieux montrer ce pouvoir spirituel se subordonnant complétement au pouvoir temporel! Mgr Rousseau dit à la fin de sa lettre : « C'est ma profession de foi. » Ce sont les termes dont il se sert.

C'est votre profession de foi? Et vous écrivez au ministre des cultes, et vous lui demandez instamment de vous dire si vous en avez dit trop, ou si vous n'en avez pas dit assez! Comment! un prêtre, pour une profession de foi, demande au ministre des cultes s'il en a trop dit ou s'il n'en a pas assez dit! Il pourra restreindre, modifier, mutiler sa foi suivant que le ministre des cultes l'exigera ou le désirera! Ce seul mot a tout dit.

Je n'ai pas besoin d'examiner en détail la lettre de Mgr Rousseau; si j'avais à répliquer plus tard, je pourrais le faire. Aujourd'hui, à l'heure avancée de l'audience, je ne veux pas prolonger le débat, abuser encore de l'attention que me prête la Cour.

Je veux seulement lui lire un court passage de Bossuet qu'on invoquait tout à l'heure contre moi, qui est nommé dans tous les mandements de Mgr Rousseau. Je dois lui rendre cette justice, il ne le cite pas, mais partout il le nomme.

Eh bien! voilà ce que disait Bossuet de la situation d'un prélat qui humilie son caractère de prêtre, comme le faisait Mgr Rousseau :

« La prétention de Cranmer et de ses adhérents, dit-il, était que Jésus-Christ instituait les pasteurs pour exercer leur puissance comme dépendante du prince dans toutes leurs fonctions; ce qui est sans difficulté la plus inouïe et la plus scandaleuse flatterie qui soit jamais tombée dans l'esprit des hommes. (Hist. des Variations, liv. VII.)

Voilà comme jugeait Bossuet de cette subordination complète, de cette dépendance absolue du pouvoir spirituel au pouvoir temporel. C'est, disait-il, et je ne crois pas que cela puisse s'appliquer avec plus de raison qu'à tous les écrits de Mgr Rousseau et à sa conduite, c'est sans difficulté la plus inouïe et la plus scandaleuse flatterie qui soit jamais tombée dans l'esprit des hommes.

L'appréciation de Mgr Dupanloup a été la même qu'aurait été celle de Bossuet, s'il avait vécu du temps de Mgr Rousseau. C'est cette appréciation qui règne dans son écrit, qui éclate dans tous les passages qu'on critique, dans toutes les expressions que l'on incrimine. Passerai-je en revue toutes ces expressions? Vous montrerai-je qu'elles n'ont pas un autre sens, une autre intention? Quand Mgr Dupanloup a dit que son prédécesseur était un prêtre respectable dans le sens abaissé du mot, j'en conviens, toute la brochure est dans ce mot. Prêtre respectable, en ce que ses mœurs étaient pures, ses exemples privés excellents; il ne donnait lieu à aucun scandale public dans son diocèse, il n'y a aucun reproche à cet égard à lui faire; dans le sens abaissé du mot, en ce que Mgr Dupanloup est intimement convaincu qu'il n'avait pas la hauteur d'esprit, l'élévation d'idées, la grandeur de caractère qui convient à un prélat de la religion catholique. Voilà comment il le trouve un prêtre respectable, mais dans le sens abaissé du mot, c'est-à-dire sans toutes les grandeurs morales qui doivent relever le prêtre, pour qu'il soit digne de la religion qu'il sert.

De même il a dit qu'il ignorait l'honneur épiscopal. On a discuté sur les mots *l'honneur, l'honneur épiscopal*. On a cru que le mot épiscopal avait été mis là pour restreindre le sens de la phrase, pour diminuer la gravité du reproche. Qu'on y songe! il s'agit de l'honneur épiscopal. Croyez-vous que Mgr Dupanloup le mette au-dessous de l'honneur comme le monde l'entend? C'est bien de l'honneur épiscopal qu'il parle. Selon sa pensée, il a jugé, il a apprécié avec la liberté de l'histoire; il croit que Mgr Rousseau a manqué de ce qu'il appelle l'honneur épiscopal, qu'il n'a pas été à la hauteur de ses fonctions d'évêque, de sa dignité, qu'il a été écrasé par les événements, qu'il a succombé sous le poids des circonstances dans lesquelles il s'est trouvé à Orléans. Voilà ce que lui reproche Mgr Dupanloup dans tous les passages de la brochure qu'il a publiée. Il ne l'a pas faite à plaisir; il y était forcé par la publication que les héritiers Rousseau ont demandée sans motif au *Constitutionnel*. Il ne pouvait pas faire autrement. Il lui appartenait plus qu'à aucun de ses collègues en épiscopat, de savoir, de rechercher ce qu'avait été Mgr Rousseau et de le dire ouvertement, parce que la connaissance de l'homme fait apprécier la doctrine, parce que la doctrine vaut ce que vaut l'homme, parce qu'il voulait mesurer la doctrine qu'il combattait au caractère de l'homme qui l'avait soutenue et au nom duquel on la publiait.

Je n'ai plus qu'un mot à ajouter; si, sur les détails de la brochure, il est besoin d'autres explications, je me réserve de les donner, ou mon confrère, Me Berryer, les donnera dans la suite de ce débat.

On a parlé d'une lettre que Mgr Dupanloup a écrite au respectable curé de Saint-Jacques-du-Haut-Pas, et dont une copie a été laissée par M. le curé de Saint-Jacques entre les mains de Mme Bertin. Cette copie a été lue; je suis loin de regretter qu'elle ait été portée à la connaissance de la Cour.

Une première réclamation avait été adressée à Mgr Dupanloup, sans procès celle-là, par un homme intelligent, un de nos confrères qui cédait à ses sentiments personnels, et ne suivait l'impulsion, ni du *Siècle*, ni de personne. Mgr Dupanloup s'est fait un devoir de répondre à cette lettre de M. Colmet d'Aage. J'ai cette réponse entre les mains; elle est empreinte des mêmes sentiments de convenance et de regret que vous avez remarqués dans la lettre de M. le curé de Saint-Jacques. Plus tard, quoique les plaintes de Mme Bertin parussent inspirées par une influence étrangère, Mgr Dupanloup a voulu avoir pour elle les mêmes égards.

Vous avez entendu la lettre, vous en avez apprécié le caractère. Il a cédé à un mouvement de conscience en l'écrivant, il ne peut la démentir. Tout en usant de ses droits, Mgr Dupanloup n'a pu se dissimuler qu'il avait affligé M. Colmet d'Aage, peut-être Mme Bertin. Il a voulu leur dire son regret ; il l'aurait exprimé aux héritiers Rousseau, s'ils n'avaient pas attendu l'audience d'hier pour se faire connaître.

Peut-être le respect humain n'admet pas ces délicatesses de l'âme. Nous serions peu disposés, même pour un tort que nous aurions causé, pour une peine que nous aurions faite, si nous l'avions faite involontairement et si nous avions été forcés de la faire, à aller trouver celui qui l'a soufferte, à lui en faire nos excuses; nous craindrions qu'une telle démarche ne fût mal comprise. Que voulez-vous? notre vénérable client se laisse diriger par d'autres règles; il est habitué à voir, avec une profonde sympathie, les peines dont il est le confident et le témoin. Elles lui sont encore plus amères lorsqu'il en est la cause, même involontaire. Il faudrait ne pas le connaître pour s'étonner de ce qu'après avoir causé, sans le vouloir, par la nécessité de ses devoirs d'évêque, une douleur qu'on lui révèle, il cherche, non pas à la calmer, mais à témoigner qu'il la partage et qu'il en souffre lui-même ; on peut être sûr que son plus vif désir, dans des occasions pareilles, serait de pouvoir essuyer les larmes qu'il a fait couler.

Voilà le sentiment qui a dicté sa lettre; elle est simple, elle est naturelle. Elle a été communiquée par le plus honorable des amis; une copie a été remise sans difficulté à Mme Bertin qui l'a demandée.

Mais on dit : Pourquoi s'être borné à des regrets ? Pourquoi n'avoir pas ajouté un mot, et nous nous serions retirés? L'Évêque n'avait qu'à dire qu'il s'était trompé ; que Mgr Rousseau ne méritait pas les reproches qu'il lui avait adressés !

Mgr Dupanloup était prêt à faire tous ces sacrifices pour atténuer les douleurs qu'il avait pu causer, excepté un toutefois, le sacrifice de sa conviction, de sa foi ; il ne pouvait rétracter, en un degré quelconque, ce qu'il avait écrit avec une parfaite sincérité et sous l'empire du sentiment le plus impérieux.

Quand on a écrit sous la pression de la haine, de l'envie, avec le désir de nuire, on se rétracte, on doit se rétracter. Mais quand on a écrit de conviction, inspiré, comme d'en haut, par la foi la plus pure, on ne revient pas, on persiste; c'est l'honneur épiscopal; l'Évêque actuel d'Orléans y a été fidèle.

Audience du 17 Mars.

RÉQUISITOIRE DE M. LE PROCUREUR-GÉNÉRAL CHAIX-D'EST-ANGE.

Ce n'est pas sans hésitation et sans douleur que nous avons donné à Mgr l'évêque d'Orléans la citation qui le fait aujourd'hui comparaître devant vous. Une loi dont on ne saurait méconnaître la sagesse et la prudence, ne permettait pas aux parties intéressées, de vous saisir directement de leurs plaintes. Par une disposition exceptionnelle de cette loi, c'est au procureur-général seul qu'appartenait avant tout, le droit de savoir s'il convenait d'autoriser la poursuite, et, par une attribution spéciale, c'est à vous seuls qu'appartenait ensuite le droit définitif et souverain de la juger. — Quant à nous, saisi d'abord de la plainte du *Siècle;* saisi, quelques jours plus tard, de la plainte des héritiers Rousseau, sans prendre aucun parti, sans avoir, sur le fond même de l'affaire, aucune opinion arrêtée, mais nous réservant, comme la prudence et la justice l'exigeaient, d'entendre, de part et d'autre, les explications qui seraient fournies, nous n'avons pas pensé, cependant, qu'il nous fût possible d'étouffer ces plaintes et d'interdire aux parties l'accès de votre audience. Nous avons donc donné la citation qui vous saisit, et c'est aujourd'hui sur le mérite même des deux plaintes, que nous avons à nous expliquer.

Pour cet examen, nous adopterons l'ordre de discussion qui a été jusqu'à présent suivi devant vous, et nous commencerons par la première des plaintes, c'est-à-dire, par celle du gérant et des rédacteurs du *Siècle.*

La Romagne, aujourd'hui détachée, en fait, des Etats du Saint-Siége, doit-elle en être définitivement séparée, ou bien, au contraire, doit-elle, par la persuasion ou par la force des armes, être ramenée à l'obéissance du Saint-Père? Telle est la question qui agitait la politique, et dont on essayait, bien à tort, suivant nous, de faire une question religieuse. Cette question n'est pas de notre ressort; elle n'appartient, en aucune manière, au débat qui s'agite devant vous, et nous n'avons pas un seul mot à en dire.

Cependant, au milieu de la polémique ardente qu'elle soulevait, se jeta Mgr Dupanloup, évêque d'Orléans, membre de l'Académie française. Il s'y jeta avec un talent qu'il faut toujours reconnaître; il s'y jeta avec une ardeur qu'il faut quelquefois regretter. Le *Siècle* lui répondit, et alors s'engagea entre eux particulièrement cette discussion dont on a fait passer successivement sous vos yeux toutes les phases. Nous ne voulons, quant à présent, en prendre que les derniers éléments, que les termes définitifs. Mgr l'évêque d'Orléans répondit par une lettre à

M. Grandguillot, rédacteur en chef du *Constitutionnel*, et dans cette lettre, voici ce qu'on trouve :

« Quant aux arguments de ma *Seconde Lettre à un catholique*, ils n'étaient pas nouveaux, dites-vous ; voilà pourquoi vous n'avez pas essayé de les réfuter. C'est vrai, mes arguments n'étaient pas nouveaux : c'étaient simplement les principes éternels de la raison, de la justice et de l'honneur ; jusqu'à preuve contraire et réfutation quelconque, j'ai droit de les croire irréfutables. Vous me trouvez peut-être bien présomptueux, monsieur, mais je vais plus loin, et je crois que c'est précisément parce qu'ils sont irréfutables que vous ne les avez ni publiés ni réfutés ; ni vous ni d'autres, sauf le *Siècle*, cependant, dont la réfutation n'a été qu'une calomnie. Puissants adversaires qui ne savent lutter contre leurs contradicteurs, qu'en étouffant leurs voix dans l'oppression de la calomnie ou du silence ! Mais, j'ai tort, monsieur, de vous comparer au *Siècle*. Laissons ce journal. Vous avez de l'honneur : si je me trompe, faites ce que vous n'avez pas fait : publiez ma lettre, et réfutez-là ! »

C'est là, suivant le gérant et les rédacteurs du *Siècle*, que se rencontre le délit pour lequel ils ont porté plainte. Ils divisent ce paragraphe en trois parties et ils disent : il y a là diffamation, car Mgr l'évêque d'Orléans nous a accusés d'avoir usé envers lui, d'une calomnie, ou même, suivant le journal qui a le premier reproduit cette lettre, d'une lâche calomnie. Il y a diffamation : car on trouve ce passage : « J'ai tort de vous comparer au *Siècle*. Laissons ce journal. Vous avez de l'honneur ; si je me trompe, faites ce que vous n'avez pas fait : publiez ma lettre et réfutez-là. *Qui dicit de uno negat de altero* : en conséquence, vous nous refusez tout sentiment d'honneur.

Il y a enfin une troisième diffamation, car on nous appelle de « puissants adversaires qui ne savent lutter contre leurs contradicteurs qu'en étouffant leurs voix dans l'oppression de la calomnie ou du silence. » Il y a là une imputation d'habitudes, et cette imputation porte atteinte à l'honneur et à la considération du corps collectif qu'on appelle le journal.

Nous allons, après avoir décomposé ce paragraphe, examiner successivement les trois griefs relevés par le *Siècle*. Nous le ferons très-brièvement. La cause a été si habilement, si compendieusement plaidée, tous les termes de cet article ont été discutés avec tant de soin, que ce serait abuser de votre attention et de votre patience que d'y revenir en détail.

Le délit de diffamation existe, dit-on, car on a prétendu que nous avions rendu Mgr l'évêque d'Orléans victime d'une calomnie ; on a même dit d'une lâche calomnie. C'est avec raison qu'on a fait observer que le mot de lâche n'avait pas ici une importance décisive et qu'après tout, on n'y tenait pas. Nous n'y tenons pas nous-même. La calomnie est toujours lâche. Mais il faut prendre le texte définitif, le plus favorable au prévenu. En effet, Mgr l'évêque d'Orléans a accusé le *Siècle* de l'avoir calomnié. Calomnié sur quel point? parce que le *Siècle* a supposé que l'évêque d'Orléans avait conseillé l'emploi de la force et de la violence pour soumettre la Romagne et la faire rentrer sous l'autorité du Pape.

Est-ce là une calomnie? Est-ce la vérité? Le doute sur ce point, il faut en convenir, semble d'abord permis. Le ton général de la brochure, cette parole altière, cette voix hautaine avec laquelle le savant et illustre prélat défend ses convictions et dit qu'en définitive la Romagne doit rentrer sous l'autorité du Saint-Père, semble autoriser d'abord une pareille pensée. C'était peut-être l'Eglise qui parlait, mais c'était certainement l'Eglise militante.

Il y avait, outre le ton général de la brochure, des passages dans lesquels, en effet, on semble faire appel à l'emploi de la force. A la page 31, Mgr Dupanloup disait, à propos de la dotation qu'il était question de faire au Pape :

« Cinq cents Evêques qui dans le monde entier, hier ont fait pour lui entendre leur voix, recueilleraient encore, au besoin, l'antique denier de Saint-Pierre, et le monde catholique lui donnerait même des soldats, s'il le fallait. « Croyez-vous donc que le sang chrétien ait oublié de couler dans nos veines et que nos cœurs ne battent plus dans nos poitrines? Prenez-y garde! vous finirez par nous blesser..... »

A la page 9 d'une autre brochure, il engageait la France à tenir la parole qu'elle avait, disait-il, donnée, et à ne pas laisser démembrer une souveraineté que, suivant lui, elle avait garantie. Il ne l'engageait pas à attendre, à cet égard, la décision de l'Europe, et il lui disait :

« Non, la France, première nation catholique du monde, a fondé la souveraineté temporelle du Pape. En tout temps, elle l'a soutenue. Il y a dix ans, elle l'a restaurée. Depuis dix ans, elle l'a maintenue. Avant la guerre, elle l'a garantie. Jamais elle n'a demandé à l'Europe la permission de remplir son rôle séculaire; autant aurait valu demander la permission de s'appeler la France. »

A la page 17, enfin, l'évêque d'Orléans disait : « Eh bien! je le demande, que fera l'Europe pour garantir les Etats du Pape contre ce million de fusils? » Parce qu'on prétendait, en effet, que Garibaldi avait demandé un million de fusils pour défendre l'Italie.

Voilà quel était le ton général de la brochure. Le *Siècle* déclare qu'il s'y est trompé. En même temps qu'il y avait dans la brochure ces passages qui avaient pu, de bonne foi, l'induire en erreur, il y en avait d'autres, cependant, qui auraient pu l'éclairer. Ainsi, à la page 9, Mgr l'évêque d'Orléans faisait appel à un congrès; il disait qu'il l'attendait. Plus loin, il citait le passage d'une brochure publiée par M. Villemain, et ce passage est ainsi conçu :

« La puissance intervenante et victorieuse n'aurait nul besoin d'agir par la force contre aucun des districts insurgés ou troublés. Il lui suffirait de ne pas reconnaître nominalement une translation de pouvoir que l'avenir ne maintiendra pas, et que n'a jamais admis l'intérêt de la France.

» Mais, si on laisse faire la révolution, si on n'intervient pas, je ne dis même point par la force des armes, mais par la proclamation ferme du droit, par le refus net de reconnaître une dépossession injuste, un démembrement impolitique et violent, qui me dit qu'on garantira efficacement quelque chose dans l'avenir? »

Voilà les passages dans lesquels Mgr l'évêque d'Orléans déclarait qu'il repoussait l'emploi de la force.

Sur ce point, au surplus, l'affaire a été simplifiée. Là, au débat, devant vous, l'honorable avocat qui plaidait pour *le Siècle* a fait un appel à Mgr l'évêque d'Orléans : Je m'en rapporte à sa parole, a-t-il dit; nous avons cru qu'il avait fait appel à la force brutale, à la violence, à l'intervention de l'armée; nous reconnaissons loyalement qu'il est incapable de vouloir nous tromper; nous nous en rapportons à ce qu'il dira. Or, on a dit pour lui, il l'avait d'ailleurs d'abord dit lui-même, qu'il s'était senti calomnié par l'imputation de ce fait et par conséquent que dans son intention, il avait repoussé l'emploi de la force. *Le Siècle* a pu s'y tromper. Sous ce rapport, *le Siècle*, par la déclaration qui a été faite à votre barre, doit avoir satisfaction.

Il y a un autre passage dans le paragraphe :

« Mais j'ai tort de vous comparer au *Siècle*. Laissons ce journal. Vous avez de l'honneur; si je me trompe, faites ce que vous n'avez pas fait : publiez ma lettre et réfutez-la ! »

Il y a là, vous dit-on, une véritable imputation diffamatoire. C'est me dire à moi que je n'ai pas d'honneur que de dire : J'ai tort de vous comparer *au Siècle*, car vous avez de l'honneur. Voilà le sens, vous dit-on, voilà la vérité de la phrase.

A cela on a fait deux réponses. La première, c'est que ce ne serait pas là une injure directe, que ce ne serait qu'une allusion. Cette première réponse ne devait pas être présentée. On sait ici, sur tous les bancs et de tous les côtés, que la loi prudente et sage n'a pas seulement interdit la diffamation directe, brutale, nominale, sur laquelle aucun doute ne peut s'élever, mais que la loi aussi bien que la jurisprudence ont défendu l'allusion et la diffamation même indirectes : de sorte que, s'il y avait, dans la pensée de Mgr Dupanloup, même une allusion ou une injure indirecte, il y aurait le délit prévu par la loi, et il faudrait en demander la réparation. Mais on a fait une autre réponse, qui est meilleure. Celle-là est en fait, et sur celle-là encore, l'honorable défenseur du *Siècle* a dit qu'il s'en rapportait à la parole de Mgr Dupanloup : Avez-vous voulu faire une allusion? Est-ce par un sentiment de comparaison que vous avez dit : « Laissons ce journal; vous avez de l'honneur? » Ou, au contraire, y a-t-il, dans votre pensée, un intervalle entre chacun de ces membres de phrase? Faut-il lire comme on a lu au nom du *Siècle;* ou faut-il lire, au contraire, comme on a lu au nom de Mgr Dupanloup? Au nom de Mgr Dupanloup on vous a dit que la phrase avait été mal comprise et mal lue; que l'injure, qui, dans tous les cas, ne serait qu'indirecte, n'avait jamais été dans la pensée de l'écrivain; que la phrase devait être lue ainsi : « Mais j'ai tort, monsieur, de vous comparer au *Siècle*. Laissons ce journal. » Et puis que là s'arrêtait définitivement la phrase; qu'il n'était plus question du *Siècle* et qu'après l'avoir quitté, ne pensant plus à lui et ne voulant y revenir, même par aucune allusion indirecte, on avait dit : « Vous avez de l'honneur; si » je me trompe, faites ce que vous n'avez pas fait, » et qu'il n'y avait aucune relation et aucune pensée commune entre ces deux parties du même paragraphe. Nous acceptons et nous sommes heureux d'accepter cette interprétation qui, ce nous semble, sur ce point, éteint la question de diffamation.

Il y a un dernier paragraphe.

« Puissants adversaires qui ne savent lutter contre leurs contradicteurs qu'en étouffant leurs voix dans l'oppression de la calomnie ou du silence. »

Là incontestablement, se rencontre le délit de diffamation avec tous ses caractères, avec toute sa gravité. Il y a là l'imputation, je ne dis pas seulement d'un fait, il y a l'imputation d'habitudes générales et constantes, de la part du *Siècle*, de lutter avec ses contradicteurs, mais de ne lutter contre eux qu'en étouffant leurs voix dans l'oppression de la calomnie ou du silence. C'est donc là l'imputation de faits portant atteinte à l'honneur et à la considération de l'être moral, de l'être collectif qu'on appelle le journal.

Il faut dire même qu'il y a eu là, sous la plume de l'écrivain, un mot malheureux et souverainement injuste. Dans cette querelle, il est incontestable que le *Siècle* n'a pas cherché à étouffer la voix de ses adversaires dans l'oppression du silence. Il n'a jamais manqué de donner, dans ses colonnes, toute la publicité possible à chacun des écrits émanés de la plume de l'évêque d'Orléans : de sorte qu'assurément, il n'étouffait pas sa voix par l'oppression du silence. Mais, il faut le dire, et nous le disons avec chagrin, on doit tenir compte des provocations qui, incessamment, chaque jour, étaient adressées à Mgr l'évêque d'Orléans; on doit tenir compte de ces violences de langage, de ces inconvenances de style, avec lesquelles il était sans cesse poursuivi et maltraité. Le *Siècle* demandait hier qu'on retranchât de cette discussion un article qu'on y avait fait figurer et qui était de quinze jours, je crois, postérieur à la publication de la brochure. Sans contredit, il a raison : cet article si désolant, qui n'aurait jamais dû paraître dans les colonnes d'un journal grave et sérieux, cet article dont j'ose à peine vous rappeler le titre, cet article envoyé de Rome, est, en effet, postérieur à la brochure, et, par conséquent, il n'a pu provoquer les violences de la lettre adressée à M. Grandguillot. Mais, ce qui les explique, ce sont les articles précédents. Il est juste de les rappeler à votre attention, non pas tous, non pas en détail, car il est impossible qu'ils n'aient pas frappé vos esprits, et que vous n'ayez pas été profondément affligés de cette polémique, dans laquelle on trouve ce qui suit :

« Les évêques peuvent sans danger calomnier du haut de leur chaire, les intentions les plus droites. La protestation est inférieure à tout ce qu'a produit l'épiscopat jusqu'ici. Mais en revanche, cette protestation se fait remarquer par la passion, par l'inconvenance des attaques, par l'habileté avec laquelle les faits sont grossis et dénaturés. Nous protesterons de notre côté, avec calme, au nom de tout ce que Mgr Dupanloup attaque et méconnaît. Ces appels factieux troublent les consciences faibles et portent le désordre dans le sein des familles. Coupables agressions, appels indécents à l'ignorance, aux préjugés, aux superstitions des masses. Propagande impie ; vous dites : baissez, exterminez. »

Dans un article du 15 novembre :

« Dieu n'est représenté tout entier ni par le Pape romain, ni par l'Eglise romaine, ni par la Confrérie Veuillot, ni par la papesse anglicane, ni par le pape grec, ni par le pape suédois, ni par le pape musulman. Dieu n'appartient à personne : Dieu se donne à tous, et quiconque dit que Dieu lui a confié ceci ou cela, quiconque affirme que hors de son Église il n'y a point de salut, quiconque parle ainsi trompe ou se trompe. Une durée de 18 siècles pour une superstition quelconque, ne prouve qu'une chose : c'est qu'elle a vécu 18 siècles, mais cela ne prouve pas qu'elle en dure 20, ni même 19. Le clergé fait ce qu'il doit faire, il fait ce que firent les maîtres de poste pour empêcher l'établissement des chemins de fer, ce que firent les bouchers pour entraver la liberté du commerce de la viande, ce que feraient les agents de change si l'on voulait proclamer la liberté du marché financier, ce que fait en un mot tout animal créé qui, méchant ou non, se défend quand on diminue ses prérogatives. »

Voilà la polémique du *Siècle*, voilà les provocations qu'il adressait à Mgr l'évêque d'Orléans. Combien ce prélat a dû regretter de n'avoir pas toujours, dans ces brochures légères qu'au courant de sa plume et dans l'ardeur de la lutte, il laisse tomber au milieu des partis, combien il a dû regretter de n'avoir pas toujours mesuré l'étendue de sa parole, la dignité de son langage cependant si élevé ; combien il a dû regretter de s'être laissé trop entraîner par l'ardeur de sa foi, par la vivacité de sa conviction, et de s'être ainsi livré tout entier, dans une lutte où il était provoqué lui-même par de tels excès, au paragraphe qui a fait l'objet de la plainte du *Siècle !* Je suis convaincu que ce n'est pas seulement au moment de la poursuite, que ce n'est pas aujourd'hui pour la première fois qu'il a pu regretter d'avoir suivi cette lutte avec une vivacité trop grande, et je ne dirai pas d'avoir provoqué, mais je dirai, au moins, d'avoir amené les violences contre lesquelles il s'est ainsi élevé.

Quoi qu'il en soit, nous reconnaissons qu'il y a là une provocation incessante, une provocation violente, faite pour aigrir les meilleurs, les plus calmes esprits, par laquelle il est naturel qu'il ait été entraîné. Nous croyons, en conséquence, qu'il y a lieu d'appliquer cette ancienne maxime de notre droit : *Injuriæ mutua pensatione tolluntur*. Je sais bien que cette maxime, les casuistes, plus sévères, ne voulaient pas l'admettre : ils la trouvaient mauvaise et dangereuse, et ils se fondaient sur ce principe qu'en définitive c'était donner à chacun le droit, dans ces querelles déplorables, de se faire justice à soi-même. Mais nous ne sommes pas devant des casuistes, nous sommes devant une Cour de justice, nous appliquons les principes moins rigoureux du droit, ou plutôt de la jurisprudence, qui a toujours pris ces actes de provocation en grande considération. Nous estimons donc sur ce point, qu'il y a eu des provocations suffisantes, que le délit n'existe pas, et qu'il y a lieu de renvoyer Mgr l'évêque d'Orléans des poursuites et de la plainte intentée par le *Siècle*.

Maintenant, messieurs, nous passons à la seconde plainte, celle qui est relative à Mgr Rousseau, mort en 1810.

Avant d'examiner le fond même de la plainte et la question de savoir si elle est suffisamment justifiée, il y a un premier point qu'il faut discuter.

Ce n'est pas, j'en suis sûr, sans quelque regret, que Mgr l'évêque d'Orléans a su qu'il devait se présenter devant la Cour une de ces exceptions qu'on appelle des fins de non-recevoir, et je suis convaincu que le bénéfice de ces exceptions à l'aide desquelles on échappe à la discussion du fond, ne convient pas à son caractère, à sa loyauté, et qu'il aimerait mieux répondre, devant la justice qui l'appelle, du fond même de ses écrits, de ses actes, de ses paroles, que d'être obligé de se retrancher derrière la fin de non-recevoir qu'on invoque en son nom. On l'invoque cependant, et d'ailleurs, tout le monde le sait, si elle existe, vous pourriez et vous devriez même la suppléer d'office.

Quelle est donc cette exception? La plainte pour diffamation envers la mémoire d'un mort est-elle recevable? Grande et importante question, digne, ce nous semble, de toute l'attention, de toutes les méditations de la Cour, qui touche aux points les plus élevés de la morale publique et de l'intérêt social, en même temps qu'aux textes élémentaires des lois qui nous régissent. Nous voudrions pouvoir la résumer devant vous clairement et simplement ; nous voudrions pouvoir aussi préciser avec soin, avec suite, avec méthode, tous les arguments de nature si diverse, qui doivent, suivant nous, en amener la solution.

Est-il vrai de dire que la mémoire des personnes mortes est abandonnée sans protection, sans défense possible, sans aucune action judiciaire, au caprice, à la légèreté, à la malveillance, à la haine? Est-il vrai que cette mémoire chère et précieuse puisse être ainsi livrée au premier pamphlétaire venu, et qu'une fois qu'un homme est dans la tombe, qu'il ne peut plus se défendre lui-même, sa réputation et sa mémoire sont jetées dans le domaine public, *res nullius*, comme disait la loi romaine, de sorte que chacun puisse librement s'en emparer et que personne n'ait d'action judiciaire pour rétablir les faits, pour défendre la mémoire, pour venger l'honneur de celui qui n'est plus?

Ainsi, pour prendre des exemples et pour pousser l'argument jusqu'à ses limites extrêmes, car, pour soutenir la fin de non-recevoir, c'est nécessairement jusque là qu'il faut aller, un fils vient d'enterrer sa mère, un père vient de perdre sa fille. Rentrant de leur convoi, tout mouillé de ses larmes, il trouvera un écrit, un journal, un pamphlet créé par la plus indiscrète malignité ou par la plus indigne malveillance, qui ternit odieusement la mémoire de celle qu'il pleure et dont le seul souvenir l'inonde de larmes. De sorte qu'à son premier chagrin viendra s'en ajouter un second aussi cuisant : c'est que, non seulement il a perdu celle qui lui était chère, mais qu'elle-même a perdu l'honneur avec la vie. Et ce n'est pas tout encore, à moins que, comme dans ces pays barbares où il n'y a pas de loi, il ne se fasse justice à lui-même, il aura la suprême douleur de se sentir impuissant à venger, par une action régulière et légale, la mémoire et le souvenir de ceux qu'il a le plus aimés.

Est-ce vrai? sommes-nous donc dans un pays ainsi fait? Une telle impunité existerait-elle pour une telle infamie, devant de telles douleurs? Vous voyez que je pousse ici l'argument à l'extrême, et que j'oublie un moment, pour le besoin de l'argumentation, les détails de l'affaire qui nous occupe. Je ne crains pas de le dire : la pensée de tous les honnêtes gens, de tous ceux qui m'entendent, se révolte à une pareille idée. Ce serait là une loi, je ne dirai pas imprévoyante, ce serait une loi immorale et sauvage. Ce ne peut pas être notre loi ; et, qu'on se rassure, ce n'est pas notre loi. Notre loi, il faut le dire à son honneur, il n'y en a pas au monde de plus morale et de plus pieuse. Toutes les fois qu'elle s'occupe de la famille et de ses règles, de mariage et des obligations qu'il impose, qu'elle examine l'ordre des successions, toujours l'esprit de famille, la piété qui doit y présider dominent ses dispositions.

Prenons en un seul exemple :

Nous trouvons, dans notre loi civile, l'article 727 du code Napoléon, qui dit :

« Est indigne de succéder et comme tel exclu de la succession, l'héritier majeur qui, instruit du meurtre du défunt, ne l'aura pas dénoncé à la justice. »

Pourquoi donc cette sévérité? Pourquoi ce langage inusité dans la loi et ce langage emprunté, cependant, à notre plus vieille jurisprudence? Comment! vous ne vous contentez pas de dépouiller l'héritier et de l'exclure de la succession? Dans votre sévérité, vous lui imposez une flétrissure et vous le déclarez par un mot dont on comprend toute la portée, VOUS LE DÉCLAREZ INDIGNE! Pourquoi cela? Uniquement parce que la loi est morale et pieuse, parce que c'est une loi qui a la famille en honneur et parce que, vous, héritier, vous avez manqué à un devoir de piété et de famille; *propter debitum pietatis officium,* disait la loi romaine. Et de nos jours un de nos jurisconsultes, M. Demolombe, expliquant cette loi, a dit :

« Le législateur a vu dans le silence de l'héritier, dans son abstention, une indifférence coupable à ce point qu'elle constitue, sinon une sorte de complicité morale, du moins un impardonnable outrage à la mémoire du défunt. »

Voilà donc l'esprit religieux, l'esprit moral de notre législation.

En présence d'une telle disposition, ne comprenez-vous donc pas que refuser à l'héritier le droit de venger la mémoire du défunt, ce serait une anomalie et une inconséquence inexplicables? Est-ce que quand la législation d'un peuple a été conçue dans cette pensée, *propter debitum pietatis officium,* il peut arriver un moment où cette législation est affaiblie à ce point, à ce point imprévoyante et barbare qu'elle ne donne aucune action pour venger l'honneur des morts et le laisse livré au caprice, à la malveillance, à la haine de tous ceux qui voudront l'attaquer? Je dis que cela n'est pas possible, qu'il n'y a pas, dans nos lois, une telle contradiction : l'une me déclarant indigne si je ne venge pas l'atteinte à la personne matérielle, l'autre me déclarant non recevable si je veux venger l'honneur de la personne morale. Ce n'est pas possible.

Aussi, sur le droit de demander une réparation quelconque, tout le monde est d'accord. Ce droit existe; vous en avez un exemple célèbre entre tous. Vous me permettrez de le rappeler à mon tour. Ce sont d'ailleurs de grands souvenirs pour un des avocats qui ont si brillamment soutenu cette lutte : c'est l'affaire du prince Eugène. Là en définitive se sont agitées ces questions. Vous les avez résolues par un arrêt qui porte la date du 17 avril 1858, qui avait été préparé par d'éloquentes plaidoiries, et qui est conçu dans des termes tels, qu'il est certainement un des mémorables arrêts de cette Cour. Là s'agitait la question de savoir si une action quelconque était ouverte en justice pour la réparation des injures prononcées contre la mémoire d'un mort; et voici à cet égard ce que je lis dans l'arrêt :

« Considérant... que ces dispositions de la loi qui soumettent les auteurs de faits dommageables à réparer le tort que leur faute a causé, ne se bornent pas dans leur application aux choses matérielles, qu'elles embrassent et protégent tout ce qui concerne la dignité morale des familles; qu'il est absurde de supposer que les héritiers auxquels on ne dénierait pas une action en responsabilité s'il s'agissait de meubles ou d'immeubles dégradés par imprudence, puissent être éconduits quand ils veulent préserver l'honneur de leur nom des atteintes de la calomnie et conserver sans altération cette partie si précieuse du patrimoine que leur a transmis leur auteur... ; que pour tout fait mensonger, en quelque ouvrage qu'il se soit glissé, histoire, mémoire ou libelle, la réclamation est ouverte, et que selon les cas, les tribunaux civils ou les tribunaux de répression sont chargés d'apprécier le dommage et d'en régler la réparation. »

Voilà le langage ferme et net de votre arrêt.

Là aussi, ainsi que vous le pressentez par ces derniers termes, on invoquait les droits sacrés de l'histoire, la liberté qui lui appartient, soit dans l'exposition, soit aussi dans l'appréciation morale des faits. On invoquait ces libertés qui sont des libertés que tout le monde reconnaît et proclame. On avait raison de les invoquer là : c'était le lieu ou jamais. De quoi s'agissait-il? D'un libelle? d'un pamphlet? d'un écrit jeté au courant de la plume et au milieu de l'animation des partis, sur une question aujourd'hui controversée et qui cessera peut-être bientôt d'agiter l'attention publique? Du tout : il s'agissait d'un ouvrage sérieux, d'un ouvrage de longue haleine, d'un livre d'histoire contemporaine, écrit par un homme qui y avait pris lui-même une grande part. Il avait à parler nécessairement d'un homme illustre avec lequel il s'était trouvé longtemps en relations, qui, lui aussi, avait joué un grand rôle dans ces événements, qui avait été l'enfant d'adoption de l'Empereur, qui avait commandé une de ses armées. C'était par conséquent un des personnages dont il lui était le plus nécessaire de parler. Si donc il y avait lieu, non pas pour un écrit de controverse, mais pour un livre d'histoire, de réclamer les franchises de l'histoire et la liberté qui lui est nécessaire, c'était assurément pour le livre du maréchal duc de Raguse et pour les parties qui concernaient un personnage aussi considérable que le prince Eugène.

Sur ce point encore on s'entendait. Nous avons là les paroles qui ont été prononcées :

« Je le demande, disait-on au nom des héritiers du prince Eugène, les enfants n'ont-ils pas le droit de revendiquer l'honneur de leur père? La jurisprudence serait bien étroite et bien imparfaite si elle refusait un droit pareil. N'est-il pas vrai, en effet, que rien ne peut mieux exciter le père de famille à la vertu, que l'espoir de transmettre son souvenir comme un bien précieux à des enfants? N'est-il pas vrai que rien n'encourage plus les enfants que le sentiment du dépôt dont ils sont chargés? Il ne faut pas que la calomnie puisse imprudemment porter atteinte à ce noble et salutaire héritage. »

Et sur cette question des libertés de l'histoire, l'honorable avocat s'expliquait ainsi :

« L'histoire, soit, à condition que l'histoire parlera comme un juge. »

Paroles vraies, véritable solution de la question. Oui, comme un juge dont la voix est souvent sévère, jamais violente, qui donne de haut ses leçons, mais qui ne les donne pas avec colère, avec mépris, avec ironie et dans un esprit de dénigrement. Oui, l'histoire a ses franchises, ses libertés nécessaires, son culte, qui est le culte de tous les gens honnêtes et lettrés, mais c'est à condition que l'histoire parlera comme un juge et qu'elle ne dégénérera par en pamphlet, qu'elle ne sera pas tout animée du feu des passions contemporaines.

Voilà ce qu'on disait, et l'avocat même qui défendait les libertés de l'histoire, qui voulait se mettre à l'abri derrière elles, et réclamait ses franchises, ses droits nécessaires, indispensables, l'honorable Me Marie disait :

« Mais si l'écrivain n'a parlé d'un mort que pour le flétrir, s'il n'a touché à sa renommée que pour la ruiner méchamment et pour la salir, il excède son droit; il doit une réparation à celui qu'il attaque: car j'admets la liberté et non pas la licence. »

Ce sont là les principes, les sages principes qu'on invoquait de part et d'autre, et qui ont été consacrés par la justice. Ainsi, sur ces droits de l'histoire, il n'y a qu'une chose à dire, c'est que tout le monde veut qu'ils soient respectés, c'est que tout le monde entend qu'ils n'aillent pas jusqu'à la licence, c'est que c'est là une question d'appréciation et de convenance, et que, par conséquent, tout se réduit devant vous à cette question.

Voilà donc qu'il est reconnu que les héritiers ont une action, mais quelle action? Votre arrêt a dit : « SELON LES CAS, les tribunaux civils ou les tribunaux de répression seront compétents. » Selon les cas, je le comprends. Dans l'espèce qui se débattait aux pieds de la Cour, il n'y avait aucun doute. L'auteur de la diffamation était mort; sa responsabilité était par conséquent éteinte. Il ne restait plus qu'un éditeur, homme dont la bonne foi n'était contestée par personne, complétement étranger à la diffamation, lui ayant prêté son concours sans la connaître, et contre lequel par conséquent il était impossible de trouver l'apparence d'un délit. L'auteur du délit avait disparu. Il était donc impossible de porter une action devant les tribunaux de répression. Il fallait nécessairement la porter devant les tribunaux civils ; et, devant les tribunaux civils où l'affaire se plaidait, où on accordait la réparation qui était demandée, la justice elle-même, dans cette question où elle n'était pas sollicitée de le faire, disait que, *selon les cas*, on irait ou devant les tribunaux civils, par voie d'action civile, ou devant les tribunaux de répression, par voie d'action pénale.

Mais si l'auteur avait été vivant, si l'intention de nuire avait été certaine, si la diffamation avait été incontestable, quelle action auraient eue les héritiers? — Une action civile, vous dit-on, rien qu'une action civile; la poursuite en diffamation est non recevable. — Je m'en étonne. Non recevable, pourquoi? — Parce que la loi a gardé le silence; parce que le délit n'est pas prévu, n'est pas puni; parce que la loi a bien entendu protéger l'honneur des personnes vivantes, mais qu'elle n'a pas entendu protéger l'honneur des personnes mortes; — et en conséquence, vous n'avez, en présence de la diffamation la plus certaine, la plus éclatante, la plus méchante que vous puissiez rencontrer, la plus odieuse, dès qu'elle est faite sur la cendre d'un mort, — vous n'avez qu'une ressource : c'est l'article 1382, qui, prévoyant tout, comprenant tout, mêlant tout, et toutes espèces de dommages, et, par exemple, comme vous le dites dans votre arrêt, la dégradation par imprudence d'un meuble ou d'un immeuble, ordonne que le préjudice sera réparé! Allez puiser dans cet article, dans la généralité de ses termes; passez par cette porte étroite et mesquine, vous trouverez-là de quoi satisfaire votre juste vengeance.

C'est donc dans cet article et au milieu de cette confusion, de ce pêle-mêle, que vous placez l'origine, le fondement, le principe de cette honorable et sainte action à laquelle le législateur vous pousse quand il vous déclare indigne pour n'avoir pas vengé la mort de celui dont vous êtes héritier.

Convenez que c'est triste. Convenez que cette lacune est désolante. Convenez qu'elle accuse le législateur, si elle existe. Tout le monde, en effet, la regrette. M. Chassan, qui a fait un savant livre sur les délits qui se peuvent commettre par la voie de la presse, est bien de cet avis, et à la page 400 de son livre, il dit en exprimant ses regrets : — « Que faudra-t-il décider? Le nom que nous laissons après nous et que nous léguons à nos enfants, à nos proches, à nos amis, pourra-t-il être impunément outragé? N'y a-t-il pas là aussi des intérêts à garantir, des espérances à protéger, une communauté de souvenirs, véritable propriété de famille, qu'il faut défendre contre les atteintes de la méchanceté? Nul ne saurait dire le contraire, sans doute; et Voët élève la voix pour enseigner que l'injure faite à la mémoire du défunt exige une réparation. »

Ainsi ceux qui pensent que la loi a gardé le silence, qu'elle est muette, qu'elle a laissé place à la réparation civile, mais qu'elle n'a pas donné l'action correctionnelle, ceux-là regrettent la prétendue lacune de notre législation.

Pourquoi donc la poursuite en police correctionnelle serait-elle refusée? Chaque action suit la nature de l'acte qui lui a donné naissance et qui lui sert de fondement. Si c'est un acte commercial, l'action est commerciale. Si c'est l'interprétation d'un contrat civil, l'action est civile. S'il s'agit de la recherche d'un fait qualifié délit par la loi, par exemple, d'un fait de diffamation, l'action est correctionnelle.

Mais on dit qu'on ne peut pas diffamer une personne morte. C'est là, dit-on, qu'est le point de la difficulté. Pourquoi? Qui a dit cela? Où est le texte qui l'a dit, car on a parlé de textes en disant qu'ils étaient formels sur ce point? Et avant d'examiner les textes, parlons d'abord des motifs de la loi.

Toute loi pénale repose sur deux considérations : la perversité morale de l'acte en lui-même, le trouble qu'il apporte dans la société. Moralement, est-il moins blâmable d'attaquer la mémoire d'un mort que l'honneur d'un vivant? Faire un pamphlet contre un homme qui est là, debout, avec ses souvenirs et ses preuves, sur le seuil de la police correctionnelle où il va bientôt vous forcer de descendre, est-ce un acte plus coupable que de faire un pamphlet sur la tombe d'un mort, et de l'attaquer quand il n'est plus là pour se défendre? C'est impossible. Tous ceux qui sont ici trouvent que l'acte est aussi punissable, qu'il s'agisse d'attaquer l'honneur d'un vivant ou d'attaquer la mémoire d'un mort, et que même, il y a dans cette attaque posthume quelque chose de plus odieux, et qui ressemble à un acte peu loyal.

Socialement, au point de vue de l'ordre public, si l'on considère les haines et les vengeances que l'attaque peut provoquer dans le monde et que la loi a toujours pour but de prévenir, est-ce que l'attaque contre la mémoire des morts n'excite pas de semblables haines, des récriminations aussi violentes, des vengeances aussi sauvages? Les motifs qui déterminent la loi à venger l'honneur des vivants, sont donc les mêmes que ceux qui devaient l'amener à venger la mémoire des morts. On dit qu'il existe sur ce point des textes précis. Voyons-les. En effet, si la loi a décidé ainsi, courbons la tête, quels que soient nos regrets.

Il y a deux articles. L'un définit la diffamation; c'est l'article 13 de la loi du 17 mai 1819. L'autre règle la procédure de l'action; il se trouve dans la loi du 26 mai 1819.

La diffamation est l'imputation d'un fait qui porte atteinte à l'honneur ou à la considération de la personne à laquelle le fait est imputé. Voilà la définition de la loi.

Ah ! dit-on, il faut que l'imputation soit adressée à une personne vivante; c'est le texte de la loi. Non, ce n'est pas son texte. Vous ajoutez là un mot qui ne se rencontre pas dans la loi. Nulle part elle ne l'a dit, et rien assurément ne vous autorise à ajouter un tel mot. La loi, au contraire, a dit : *à une personne quelconque*; et la jurisprudence a entendu, a appliqué, a interprété ce mot si large, ce terme si générique, dans son sens le plus étendu et le plus large.

Ainsi la question s'est élevée et n'a pas été longtemps débattue, de savoir s'il pouvait y avoir diffamation contre un être collectif, contre un être moral, contre une société; et la jurisprudence, en présence de cette objection : — la loi dit que la diffamation est l'imputation adressée à une personne; or, ici ce n'est pas à une personne qu'elle est adressée; la loi doit être entendue dans son sens le plus restreint; c'est à un être collectif, à un être moral et non à une personne; — la jurisprudence, cependant, a appliqué la loi. Il n'y a là aucun doute. C'est un point qui ne peut être contesté par personne.

Ainsi le texte de la loi, la définition de la diffamation ne repoussent en rien l'application que nous en faisons ici. La loi ne dit pas si c'est la personne tant qu'elle vit, si c'est la personne quand elle est morte. On peut faire un outrage à une personne morte; on peut faire un outrage à une personne vivante. On peut attaquer l'honneur d'une personne vivante; on peut attaquer l'honneur d'une personne morte. Le langage de la loi doit être compris dans le même sens que le langage vulgaire. Il doit être entendu comme nous l'entendons tous, comme on n'a jamais fait difficulté de l'entendre dans le monde.

L'article 5 de la loi du 26 mai 1819, à la vérité, s'exprime ainsi :

« La poursuite n'aura lieu que sur la plainte de la partie qui se prétendra lésée... »

C'est vrai ; il y a ici une attribution restrictive, exclusive, qui est donnée à la personne qui se prétend lésée. C'est un principe plein de sagesse et fondé sur des considérations graves que vous appréciez tous, sur lesquelles je n'ai pas à revenir. Il est incontestable que dans ces sortes d'affaires, quelquefois si graves par leurs conséquences, si délicates par les explications qu'elles entraînent, il faut que ce soit celui qui se prétend lésé qui seul soit juge de la poursuite. Le ministère public n'intervient en quelque sorte que comme partie jointe, comme spectateur du débat, chargé d'y donner son avis, mais ne prenant parti d'abord, ni pour l'un, ni pour l'autre, et ne pouvant se faire le vengeur public d'un intérêt privé. On comprend cela quand l'homme est là pour se défendre, quand il peut juger de l'opportunité des poursuites. C'est à lui que l'attribution est réservée, et c'est lui qui se plaindra. Quand il ne sera plus là pour se défendre, est-ce qu'il n'y aura personne pour le venger? Est-ce qu'il n'y aura personne qui puisse prendre sa place? Quand l'injure sera posthume, quand elle sera née après lui, que dès lors il ne pourra plus juger lui-même, qui jugera? Ce sera l'héritier, qui est héritier de tous ses droits, de toutes ses actions, qui est son représentant, *qui sustinet personam*, qui est un autre lui-même, et le meilleur juge de l'action à soutenir.

On fait une objection. On dit : vous laissez à une personne qui peut être dirigée par une intention malveillante, perfide, le soin de faire un procès dans lequel la réputation du mort, l'honneur de son nom sera compromis. Qu'on me permette de le dire : cette supposition n'est pas raisonnable. La loi ne présume pas qu'on puisse laisser après soi un héritier tellement malveillant pour le défunt, et tellement perfide qu'il veuille entamer un procès dans lequel doit succomber l'honneur de sa famille, l'honneur du nom qu'il porte. Ces choses-là n'arrivent pas. Sans doute, il peut y avoir des héritiers imprudents. Mais voyez la portée de votre objection et jusqu'où elle conduirait. Vous reconnaissez que l'action civile existe. Pour l'exercer, vous ouvrez la porte des tribunaux, vous facilitez leur accès. Lorsqu'on vient plaider ici, par exemple, sur les faits et gestes du prince Eugène, sur l'honneur de sa mémoire, sur la dignité de son nom, les tribunaux ne se ferment pas; on peut plaider,—c'est la liberté de l'histoire qui en donne le droit, — qu'il a trahi son souverain et son père ; on peut secouer sa poussière, abaisser la dignité de ses actions. Vous accordez l'action civile, et par une singulière contradiction, vous défendez la poursuite devant les tribunaux correctionnels. Le scandale pourtant, sera plus grand avec l'action civile, car devant les tribunaux correctionnels, par une sage précaution du législateur, il est défendu de rendre compte de ces débats. Et vous, pour éviter le scandale, vous dites : Je vous ferme l'accès des tribunaux correctionnels, dont les débats ne peuvent être reproduits; mais je vous ouvre l'enceinte de l'audience civile, qui est publique, dont les débats seront reproduits avec la plus grande publicité. Il y a là une inconséquence et une contradiction.

D'ailleurs, remarquez-le bien, Messieurs, aux termes de l'article 5 de la loi du 26 mai 1819, à qui l'action est-elle réservée? Est-ce à celui qui a été directement et personnellement diffamé? La loi dit : « La poursuite n'aura lieu que sur la plainte de la partie qui se prétendra lésée. » Or, l'héritier, c'est celui qui se prétend lésé. Le fils qui vient défendre la mémoire de son père, se prétend lésé par les atteintes portées à l'honneur de son père. C'est là ce qui lui donne droit à l'action civile : c'est là par conséquent ce qui lui donne droit à l'action que lui réservent ces termes positifs de l'article 25 de la loi du 26 mai 1819. S'il ne se prétendait pas lésé, s'il n'était pas lésé en effet, il n'aurait pas plus le droit de paraître devant la juridiction civile que devant la juridiction correctionnelle. Ainsi, l'action en diffamation est ouverte parce qu'en effet il y a imputation d'un fait qui porte atteinte à l'honneur et à la considération de la personne morte ou vivante à laquelle il est imputé, et cette action appartient aux héritiers parce qu'ils sont lésés.

Voilà donc la loi, voilà ses motifs. Voilà la loi spéciale sur la diffamation qui, évidemment, par la généralité de ses termes, s'applique à la diffamation commise envers les vivants. Voilà son texte. Ainsi doivent disparaître les regrets que font éclater les jurisconsultes qui adoptent l'opinion contraire, et on peut se dire en toute sécurité que l'action existe, qu'elle appartient à l'héritier, que c'est une action en diffamation.

Cette loi si sage, si conforme à la justice, à ses besoins, à nos instincts de famille, s'il pouvait y avoir un doute sur son existence, ce doute, il faudrait l'interpréter par les législations anciennes. Non pas que nous demandions, comme on le disait dans une plaidoirie, l'application des lois de Solon ou des lois romaines; mais ces lois ont toujours servi à éclairer notre jurisprudence. Or, à Athènes, suivant les lois de Solon, les injures contre les morts étaient punies, alors même qu'elles ne l'étaient pas contre les vivants. C'est le contre-pied des doctrines qui sont plaidées aujourd'hui devant vous, que les injures contre les morts sont permises, que les injures contre les vivants sont défendues. On poursuit si loin cette pieuse pensée, qu'au dire même des auteurs qui ont rapporté ces lois, il n'était pas permis de maudire un mort, alors même qu'on était poursuivi par les injures de ses enfants. « *Mortuo nemini maledicendum, etiam si quis à liberis ejus maledictis incessatur.* » Et quant aux lois romaines, vous savez leur texte : « *Et si fortè cadaveri defuncti fit injuria.... injuriarum nostro nomine habemus actionem.... Spectat enim ad existimationem nostram.* Il s'agit en effet ici de notre propre intérêt, de notre propre considération, de notre propre honneur.

Pour repousser ces assimilations tirées des lois anciennes, M. Chassan a trouvé un argument qui a été reproduit devant vous et qu'en vérité nous ne pouvons comprendre. M. Chassan a dit : Les idées chrétiennes avec leur spiritualisme et leur mépris pour la matière, ont changé les mœurs sur ce point comme sur tant d'autres. Ah! c'est là, je vous l'avoue, la pensée qui me paraît la plus étrange et la plus singulière. Quoi! les idées chrétiennes, par leur heureuse invasion dans le monde, auraient changé les idées grecques et romaines, et, méprisant la matière, nous auraient dit de traiter comme une matière inerte, sans valeur, indigne de tout souci, la cendre de nos pères, la dépouille mortelle de nos enfants!

Cette idée empruntée à M. Chassan, qui l'a empruntée je ne sais où, a été reproduite ici, devant vous : A quoi bon venger la mémoire d'un mort? Ces outrages, quand il n'est plus là, n'ont plus de prise sur lui, il ne les sent pas, il ne saurait en souffrir; son âme, insensible aux bruits du monde, est remontée vers Dieu, et, quant à son corps, il est couché dans le tombeau, et on protégera la pierre qui le couvre, *car la ville des morts a sa police aussi bien que la ville des vivants.*

Aussi bien? Quoi! toute votre préoccupation se borne à protéger contre quelques dégradations imprudentes la pierre du tombeau? Quoi! la police des morts n'est pour vous que la police d'un cimetière, et vous dites que la ville des morts a sa police comme la ville des vivants? Non pas : car celle des vivants a une autre police, une autre loi qui n'est pas matérielle, une pure protection qui est plus efficace et plus prévoyante. La loi qui régit la ville des vivants n'est pas une loi matérielle, mais une loi qui tient compte de l'esprit plus que de la matière, qui pense à l'âme autant qu'au corps, qui venge l'atteinte faite à l'honneur aussi bien que l'atteinte faite à la vie. Partout, enfin, dans cette loi prévoyante et sage, vous voyez la pensée de la famille, l'intention d'en resserrer les liens, de faire reposer sur ce fondement sacré le fondement même de l'Etat. Voilà les lois saintes, les lois éternelles qui protégent autre chose que la matière. Ce ne sont pas là ces lois vulgaires qui, suivant vos propres expressions, régleraient la police de la ville des morts.

C'est là ce que le Christianisme est venu apprendre au monde? J'en demeure étonné, confondu. Je l'estimais plus haut quand je lisais cette lettre de consolation que Bossuet écrivait à une dame de qualité sur la mort de son mari; oui, j'aimais mieux ces pensées pleines de vie et d'avenir :

« Ne vous affligez pas comme les gentils qui n'ont pas d'espérance, ne pleurez pas comme ceux qui croient que la mort leur enlève tout et que l'âme se perd avec le corps. Affligez-vous comme vous faites pour vos amis qui sont en voyage, et que vous ne perdez que pour un moment. »

Belle doctrine! Nobles paroles! Sainte consolation! Voilà la mission de la religion chrétienne sur la terre. Voilà comment elle resserre les liens de la famille. Voilà comment elle établit la solidarité entre chacun de ses membres. Voilà comment elle enchaîne dans une indissoluble union, de sorte qu'elle ne puisse jamais se perdre entièrement de vue, et que toujours elle se suive, du moins par la pensée; voilà comment elle enchaîne dans une même solidarité d'honneur, de principes, de vie commune, la famille tout entière, et celui qui vit dans le sein de Dieu, d'une vie meilleure, et celui qui est resté sur la terre et dans l'espoir d'une réunion prochaine.

Voilà les sentiments de la religion chrétienne. Ceux-là ne vous apprennent pas qu'il y a une pierre sur un tombeau, mais qu'il n'y a rien dans ce tombeau qu'une froide poussière, comme dit M. Chassan. Elle a dit : Vous vivez, et vous vivrez toujours, même dans la consommation des siècles, dans une éternelle communauté d'idées, de pensées, d'intérêts, de souvenirs, d'honneur, avec ceux qui vous ont été chers, qui vous ont transmis leur nom, leur héritage, leur patrimoine, non pas seulement leurs biens et leurs champs, mais encore avec leurs cendres, leur honneur et leur noblesse.

Voilà, messieurs, ce que nous avions à vous dire sur cette question grave, controversée, mais digne, par son élévation, par toutes les considérations divines et humaines qui s'y rattachent, par l'étude attentive des textes, de toute la sollicitude de la Cour.

Elle a divisé les jurisconsultes, c'est vrai. Ceux qui combattent la recevabilité de la poursuite correctionnelle ont pour eux M. Chassan, dont je vous ai parlé, Dalloz, Grellet. L'opinion que j'ai eu l'honneur de développer devant la Cour, a pour elle d'autres jurisconsultes, Garnier du Bourgneuf, et un homme dont je suis habitué, depuis que j'ai lu ses livres et étudié ses doctrines, à ne jamais parler qu'avec respect, Mangin. Dans son traité spécial sur l'action publique, avec cette rectitude de pensée, cette sûreté de jugement qui le distingue, il n'hésite pas, et se prononce en faveur de l'action pénale. Nous pouvons citer aussi un autre jurisconsulte, dont je ne sais pas si, en sa présence, j'oserai prononcer le nom; un jurisconsulte, je ne puis m'empêcher de le dire, qui a porté dans l'examen de ces questions un jugement ferme, une raison droite, un bon sens pratique, enfin, qui serait à lui seul un immense et réel avantage, alors qu'il ne serait pas accompagné par autant de verve et d'esprit, par autant de vigueur, de jeunesse et de science (1). Cet auteur, dans ses observations sur quelques points de la législation criminelle, a discuté cette question. Il se prononce en faveur de l'action pénale; il dit que la loi est faite en ce sens, et que si elle ne l'était pas, il faudrait la faire.

La jurisprudence, voulez-vous me permettre de le dire? est encore indécise, incertaine, flottante. La question n'a jamais été nettement, pré-

(1) M. Dupin.

cisément, positivement discutée. Il semble que les tribunaux, comme effrayés de son importance et de sa gravité, aient mieux aimé juger par d'autres motifs, éluder la question, ne la pas prendre de front, et ne pas la soumettre à une décision énergique et ferme. Dans la plupart des procès, on a trouvé que par un accident ou par un autre, par un reflet ou par un autre, les héritiers qui se plaignaient avaient raison de se plaindre, parce qu'ils étaient atteints eux-mêmes directement, et qu'on avait eu l'intention de les atteindre. La question cependant a été plus nettement posée, je ne dis pas dans votre arrêt du prince Eugène, qui admet que, selon les cas, on pourra aller ou devant les tribunaux civils ou devant les tribunaux de répression ; je parle de l'arrêt Casimir Périer, que je ne veux pas reproduire, dont vous avez entendu la lecture et que je vous demande de vouloir bien relire dans la chambre du conseil.

Voilà tout ce que nous avions à dire sur cette question. Permettez-nous d'ajouter que nous avions à cœur de la discuter, parce que nous avions sur elle une conviction entière, ardente, invétérée, et aussi parce qu'elle nous semblait une des questions les plus pratiques et les plus importantes qui se puissent agiter.

Maintenant que nous croyons que la poursuite est recevable, voyons si elle est fondée. Les plaidoiries que vous avez entendues, si complètes, si habiles, et suivant si bien toutes les phases de cette polémique, nous rendraient inexcusable si nous voulions être long dans une pareille affaire.

Il s'agit de la mémoire de Mgr Rousseau, mort en 1810, évêque d'Orléans. Qu'était-il ? Si nous en croyons un de ses successeurs, Mgr Dupanloup, il était un prêtre *respectable, mais dans le sens le plus abaissé du mot*. De sorte que cet éloge, le seul qu'il lui accorde, vous voyez dans quels termes il le donne. Si j'en crois au contraire les actes qui ont passé sous nos yeux, la plaidoirie que nous avons entendue hier et qui nous a, je le déclare, profondément touché, profondément ému, il n'y a pas d'existence mieux remplie que celle de Mgr Rousseau, mort en 1810, à l'âge de 75 ans. Je ne dis pas qu'on nous ait produit les titres qu'il aurait à l'admiration publique; non, on nous a produit les titres qu'il a à l'estime et au respect de tous.

Vous savez comment il a débuté dans la carrière, comment il s'y est fait connaître, avec quel éclat il a paru. Sans doute, nous ne sommes pas un juge littéraire aussi compétent que Mgr Dupanloup; nous disons cependant que son style nous a semblé noble, élevé, et que ses mandements nous ont paru, en dehors des questions politiques, qu'il ne faut pas mêler à cette affaire, des mandements pleins de sentiments religieux et catholiques.

Il avait prêché devant le roi Louis XV et devant le roi Louis XVI. Pendant l'émigration, il a été appelé au triste honneur de pleurer sur les dépouilles de ces victimes de la révolution, auxquelles il avait fait naguère entendre la parole évangélique. Il a fait l'oraison funèbre du roi

Louis XVI et de la reine Marie-Antoinette. Il me semble que cela vaut quelque chose. Il me semble que si je parviens en cherchant bien, à découvrir dans sa vie des fautes, — et qui n'en a pas commis ? — des excès, des travers, des ridicules, quand j'entends raconter sa vie, il me semble que je lui pardonne. Je ne suis pas ministre de la religion, mais je voudrais trouver un manteau pour cacher sa nudité, s'il en a montré quelqu'une, et je n'aimerais à parler que de ses bonnes actions et de sa simplicité.

Il est pauvre d'esprit ; je ne suis pas de votre avis. Mais ce n'est pas pour cela que vous vous moquez de lui : ce serait l'abus de la force, vous ne l'auriez pas fait. Pauvre d'esprit tant que vous voudrez. Je me rappelle le testament qu'il a fait. Il a donné bien peu : il a donné 1500 fr. à distribuer aux pauvres de son ancien diocèse ; 1500 fr. aux pauvres de son diocèse actuel. C'était plus qu'il n'avait. Il a trop compté sur ses ressources, sur ses économies ; et quand, après lui, on a fait le compte, non pas comme vous, de ses méchantes actions, mais de l'argent qui lui restait, il s'est trouvé que, comme dans les temps anciens, il fallait l'enterrer aux dépens du public. Je suis touché de cela, et il est impossible de n'en être pas ému.

Cependant, pour excuser la violence d'une attaque dont le contre-coup retombe sur la famille elle-même, on prête aux héritiers une conduite inconsidérée et des motifs suspects. On suppose qu'ils ont été se jeter dans je ne sais quelle intrigue pour défendre la mémoire de leur oncle. Quant à nous, nous n'avons pas besoin d'examiner ces questions, nous n'avons pas besoin de savoir quels sont ces héritiers qui nous ont saisi de la plainte et nous ont provoqué à la poursuite. Si j'avais besoin de le savoir, je jugerais les sentiments des autres par les miens. Je me dirais, parce que je ne connais rien de plus saint et de plus sacré que les souvenirs de la famille : ils font ce qu'ils doivent. Ils ont l'honneur insigne de compter un prélat dans leur famille ; ils se plaisent à le citer, ils croient que c'est un exemple de vertu à maintenir au foyer domestique ; ils le montrent à l'enfant, dès qu'il commence à comprendre ; ils provoquent la bénédiction de ce vieil oncle dont quelques portraits se trouvent chez eux. On l'insulte, on le traîne dans la boue, on l'outrage ; on ne l'injurie pas seulement, on le bafoue. Ah ! comme je le vengerais de l'injure que je pourrais oublier pour moi-même ! comme j'en demanderais la réparation quand il s'agirait de sa mémoire vénérée ! Je juge donc de leurs sentiments par les miens. Et puis, cette femme que je n'avais jamais vue, qui a eu le courage de venir à notre audience, j'en suis ému. J'aime à penser que ce sont d'honnêtes gens. Je dis qu'elle doit remercier Dieu qui lui a donné, dans un âge avancé, après tant d'épreuves douloureuses, après avoir tant gémi sur la mort prématurée de ses enfants, morts glorieusement pour la défense de l'ordre, la force de venger la mémoire de l'oncle qui l'a élevée et dans le respect duquel elle a vécu toute sa vie. Elle doit dire : Je te remercie, ô mon Dieu! toi qui me permets d'aller à l'audience, accablée par mes 83 ans, par les épreuves de ma vie, par mes chagrins de toute nature, et de montrer par ma présence, aux magistrats, que c'est bien moi qui viens demander cette réparation. Je ne cherche donc pas à savoir si elle n'est intervenue que poussée par le *Siècle.* Je ne veux pas le croire; cela d'ailleurs ne fait rien à l'affaire, et si ce sont des illusions, je veux garder mes illusions.

La famille Rousseau se plaint que la mémoire de Mgr Rousseau ait été accablée d'injures et de diffamations. L'injure, c'est ce qui s'écrit avec le dessein d'offenser quelqu'un dans son honneur ou sa personne : voilà la définition qu'en donnent, non pas la loi, mais les jurisconsultes.

La diffamation, c'est l'imputation d'un fait qui porte atteinte à l'honneur et à la considération.

Ne revenons pas en détail sur l'écrit incriminé, prenons-le dans sa substance. Faisons pour la lettre de Mgr Dupanloup ce qu'on a fait pour les articles du *Siècle :* résumons la lettre. On pourra dire, je le sais, on aura raison de dire qu'un écrit doit être jugé dans son ensemble, qu'il ne faut pas ainsi en réunir les fragments, car il aura, par cette concentration, plus d'énergie, d'acrimonie, de violence; c'est vrai, mais vous en tiendrez compte, et quant à nous, après de si longs débats, nous ne pouvons pas mettre un intervalle entre chacun des articles relevés comme injurieux ou diffamatoires :

« Je dois ajouter cependant que ce n'était pas *dans toute son indépendance*, comme vous le dites encore, monsieur, que Mgr Rousseau fit une telle œuvre; mais, au contraire, je suis condamné à le dire, dans la préoccupation la plus vaine, la plus servile. Ce discours fait *en conséquence* d'une *circulaire officielle*, il l'envoie au ministre. Le ministre ne daigne pas lui répondre. Inquiet, presque désolé, après vingt-cinq jours du silence ministériel (M. Portalis, alors ministre, était un homme honorable, à qui les bassesses ne plaisaient pas.)... »

Portalis?..... je le sais, c'est une inadvertance. Il se trouve que Portalis, dont on fait si justement l'éloge, et de l'éloge duquel on tire précisément une insulte contre la mémoire de Mgr Rousseau, était mort depuis trois ans, le 3 août 1807. Il aurait pourtant été mieux de le savoir.

« Du reste, monsieur, cet évêque faisait tout ce qu'il pouvait pour honorer son caractère... » Nous sommes contents, voilà une bonne parole... « ...... *à sa manière et au gré du temps où il vivait.* »

« Sur tout cela, monsieur, je suis condamné à vous dire simplement que Mgr Rousseau ignorait l'histoire, qu'il ignorait plus encore les vrais principes de l'Eglise gallicane, et, ce qui est pis, qu'il ignorait l'honneur épiscopal. »

Vous aurez à savoir s'il y a diffamation.

« Quant à moi, si un jour, Dieu daigne me recevoir dans une vie plus heureuse et meilleure, où je rencontrerai enfin la vérité, la justice et l'éternel honneur, j'aurai la consolation de penser que mes successeurs, dans cinquante années, en priant Dieu pour mon âme, ne seront point condamnés à se défendre eux-mêmes contre moi et à venger l'Eglise de mes trahisons ou de mes lâchetés. »

Voilà la pensée qui aurait dû faire tomber la plume des mains de Mgr Dupanloup. Il se retourne vers Dieu, vers le temps où il ne sera plus, où son corps sera sous la pierre de sa cathédrale, où tous ses actes alors seront connus et examinés. Il n'y en aura que d'honorables, d'imprudents peut-être ; je le sais, je le veux. Mais cependant, voyons : si après une vie entière de travail, de bonnes actions, de foi sincère, — qui peut se rendre la justice de dire : je n'ai jamais failli? — si dans cinquante ans, — c'est un long silence, il n'y a pas toujours là une famille qui veille, nous en avons des exemples et des preuves dans le procès actuel, car il y a là des mémoires abandonnées, — si dans cinquante ans on allait recueillir tout ce qui aurait échappé à Mgr Dupanloup, — cachant tout ce qu'il a de bien, dire tout ce qu'il a pu avoir de misères et de fautes?... Quand il pensait à Dieu, à l'éternel honneur de vivre dans son sein, je trouve qu'il devait laisser là sa plume, et ne plus parler, du moins comme il l'a fait, de Mgr Rousseau.

« Vous le voyez, monsieur, Mgr Rousseau ignorait les vrais principes de l'Eglise gallicane, autant que l'histoire et le droit catholique. — Mais ce qui est pis, j'ai été condamné déjà à le dire, il ignorait surtout l'honneur épiscopal. — Mgr Rousseau fut un prêtre *respectable, mais dans le sens le plus abaissé du mot;* d'un esprit médiocre et d'un caractère plus médiocre encore. Tout ce qui reste ici authentiquement de lui, le démontre surabondamment. J'ai depuis ce matin sous les yeux ses mandements, ses ordonnances, une partie de sa correspondance : le tout, comme style, comme doctrine, est d'une extrême vulgarité. — Mais on peut racheter la médiocrité de l'esprit par la dignité de l'âme. Il n'en fut pas ainsi de l'évêque dont vous parlez ; vous en jugerez bientôt vous-même comme on en juge à Orléans. J'ai laissé son portrait dans une des salles de mon évêché, et je me le suis reproché quelquefois, lorsque j'entends des Orléanais, quand ils passent devant cette figure, dire à voix basse et en baissant les yeux : « *Hélas! ce fut un bien pauvre homme!* »

Ainsi, Mgr Dupanloup se reproche d'avoir laissé dans son salon le portrait de son prédécesseur. — Et pourtant on l'a rayé, je ne veux pas savoir qui, de la liste des vivants et des morts. — Dans *la France ecclésiastique* qu'on vous a produite, c'est-à-dire dans l'annuaire du clergé, publié, quoi qu'on en ait dit, un mois après la lettre de Mgr Rousseau son nom, ainsi que celui de deux autres, est effacé de cette longue suite de prélats qui ont gouverné le diocèse d'Orléans. On l'a supprimé, ou, comme on vous l'a si bien dit, on l'a exécuté, en attendant peut-être qu'à la place de ce portrait qui figurait encore dans le salon de son successeur, on mette un voile noir, comme on faisait autrefois à la suite d'une exécution véritable. Ainsi, on voudrait, ce semble, que son nom fût aboli et sa mémoire éteinte. Si du moins on lui laissait le bénéfice de cet oubli!

« Vous dites qu'il avait été prédicateur ordinaire de Louis XVI. Même avant de connaître les pétitions dont je vous ai parlé, nous savions qu'il fut aussi baron de l'Empire, et de plus membre de la Légion-d'Honneur, car il ne manqua jamais de dire ces deux choses en tête de tous ses mandements. »

Oui, comme le voulait la loi. Elle pourrait être mieux exécutée aujourd'hui.

« Il ne sut pas porter le poids de cette fortune. Sa tête, son cœur, son caractère, tout y fléchit. »

Je pourrais multiplier ces tristes citations. Il faut en finir.

« C'est alors enfin qu'il ose bien prononcer, dans le discours même que vous citez, monsieur, ces paroles *qui retombent de tout le poids de leur honte sur sa bassesse :* « Du pied du trône impérial où ils reconnaissent dans Napo-
» léon l'héritier de la puissance de César, vous conduirez vos élèves au pied
» du trône pontifical, où ils trouvent dans Pie VII, le successeur du Chef
» des Apôtres. » Au pied du trône pontifical ! Et Pie VII était dans les fers ! Ou je me trompe, monsieur, ou le public français, qui comprend l'honneur, goûtera peu votre héros ; vous-même le flétrissez en ce moment, j'en suis sûr. »

Est-ce là le style de l'histoire? Est-ce le moment de parler des priviléges, des droits, des libertés incontestables de l'histoire, qu'on a si bien revendiqués ici, comme on les revendiquait dans l'affaire du prince Eugène? Est-ce dans un long travail historique que tout ceci a été puisé pour être ainsi concentré et placé sous vos yeux ? Non, c'est toute la substance de ce petit écrit que vous connaissez. Est-ce là de l'histoire?

Mgr Dupanloup, dites-vous, était obligé de parler ainsi, et il y était incontestablement amené? — Je ne puis l'admettre. Je comprendrais ceci : dans une lutte sur une question grave, on oppose à Mgr l'évêque d'Orléans d'aujourd'hui, Mgr l'évêque d'Orléans d'il y a 50 ans. On lui oppose une lettre, il a toute liberté pour la discuter. — Qu'il la discute. — Elle n'a pas de raison, pas de sens? Qu'il le dise avec vivacité, non pas comme en face d'un vivant, non pas comme en face d'un journaliste ou d'un laïque. — Je sais bien qu'on nous a dit que nous n'étions pas juges de la question de convenances. Sans doute, ce n'est pas pour une question de convenances qu'on est appelé ici. Mais tout magistrat que nous sommes, tout impassible que nous sommes, nous apprécions les convenances et nous avons incontestablement le droit d'y rappeler, même dans l'exercice officiel de notre ministère. — Discutez donc son opinion. — Mais, dites-vous, il faut discuter son autorité! — Discutez-la. — Mais pour cela il faut l'amoindrir, il faut discuter sa vie. — Je ne puis l'admettre que dans une certaine mesure : car il serait exorbitant de dire que pour détruire l'autorité d'un écrivain, il faut détruire l'écrivain lui-même. — Je le veux bien, pourtant, j'y consens, discutez sa vie : dites qu'il a été un adulateur du pouvoir, et qu'en conséquence l'opinion de Mgr Rousseau n'a pas l'autorité qu'on lui attribue. Dites cela, je vous l'accorde. Dites-le avec justice et sincérité, et puisque l'histoire est un jugement, jugez-le donc, mais en bien comme en mal, et non dans un esprit de dénigrement. — Est-ce qu'il n'a jamais fait de bien? Est-ce qu'il n'a jamais été qu'un prêtre ridicule, mauvais, vénal? Vous avez les archives de l'évêché; elles sont confiées à votre garde, à votre foi. — Je ne parle pas des archives qui peuvent être publiques : la bibliothèque, les mandements, les documents historiques; mais les archives intimes : la correspondance privée avec les supérieurs ou les inférieurs, les remontrances adressées à celui-ci, les encouragements donnés à celui-là, car il était pasteur de ce troupeau et gardien de son honneur et de sa dignité, enfin tout ce dépôt qui ne saurait être un dépôt public et qui est évidemment confié à la foi de celui qui gouverne le diocèse; vous les avez, ces archives intimes, puisque dans ces papiers qui vous sont confiés, vous trouvez cette lettre d'un pauvre vicaire de Coutances. Vous ne le connaissez pas, qu'importe? vous le jetez en passant dans la suite de vos attaques. A côté de cette lettre, vous trouvez les preuves de bonnes actions. Il est impossible qu'elles n'y soient pas. A côté de cette lettre, vous trouvez son testament. Il est impossible qu'il n'y soit pas. Vous trouvez le souvenir qu'il n'a pas pu subvenir à son enterrement. Il est impossible qu'il n'y soit pas. Dites-le. Mais non : vous vous contentez de dire que c'était un *prêtre respectable, mais dans le sens le plus abaissé du mot*. Dites ce qu'il a fait de bien. Vous vous prétendez historien, c'est-à-dire juge, comme on le disait si bien. Où donc, je vous prie, est l'autre plateau de la balance? Nous n'en voyons qu'un. Nous ne voyons, si j'ose emprunter cette expression à un autre monde que le mien et que le vôtre, Monseigneur, nous ne trouvons que le passif, tout ce qui peut le déshonorer et le flétrir. Nous voyons bien que ce n'est pas dans un esprit sérieux, que c'est dans un esprit de dénigrement que vous avez écrit.

Je ne veux pas m'étendre plus longtemps sur cette question; c'est une question d'appréciation, de sentiment. La diffamation dans chaque espèce ne peut pas être définie par la loi. C'est l'imputation d'un fait qui porte atteinte à l'honneur, à la considération de la personne. Je demande à tous ceux qui m'entendent, si l'écrit que je viens d'analyser devant vous, dont vous avez entendu la lecture dans la discussion, n'est pas un écrit essentiellement diffamatoire et de nature à porter atteinte à l'honneur et à la mémoire de la personne qui se trouve ainsi attaquée.

Pourquoi, cependant, Mgr Rousseau a-t-il été traité ainsi? Nous le savons tous; je le répète, ce n'est pas parce qu'il était pauvre d'esprit, c'est parce qu'il a prodigué des éloges au Chef du gouvernement. On vous a dit dans quelles circonstances. Il avait été rétabli par lui; il l'avait vu lui-même rétablissant les autels et rouvrant les temples. Il en avait été touché, il avait été ému de sa grandeur. Qui n'en aurait pas été touché? Il avait pour lui un culte poussé trop loin? je le veux bien supposer, non pas par les raisons qu'on a données et qui ne sont pas bonnes. On vous a dit, par exemple, qu'il associait la fête de la St-Napoléon à la fête de la Sainte-Vierge. Comment vouliez-vous qu'il fit autrement? La St-Napoléon est le 15 août : il était bien obligé d'associer ces deux fêtes, puisqu'elles avaient été associées par une autorité supérieure, c'est-à-dire, par le Souverain-Pontife. Fallait-il donc supprimer la Saint-Napoléon, ou fallait-il supprimer l'Assomption?

Mais, en tout, vous a-t-on dit hier, il voit la main de Dieu toujours présente et toujours active. Ce n'est pas là une pensée neuve. Quand on a dit « L'homme s'agite, mais Dieu le mène, » on a dit une belle et noble parole; la forme est magnifique, mais le fonds est vulgaire. C'est la tradition constante de l'Eglise catholique depuis les premiers apôtres jusqu'à nos jours. Jusqu'à nos jours on a toujours pratiqué cette doctrine : *Non est potestas nisi a Deo; quæ autem sunt a Deo ordinatæ sunt.* Il avait raison de voir en tout la main de Dieu, même dans les épreuves si tristes que supportait l'Eglise. — Il ordonnait des prières pour l'Empereur, c'est vrai, mais je vous répète que c'était la doctrine et la tradition de l'Eglise, il faisait ce que les Pères lui disaient de faire. *Colimus imperatorem ut hominem a Deo secundum, solo Deo minorem.* Voilà ce que disaient les Pères, et Mgr Dupanloup ne peut pas les sacrifier. — Ils disaient avec Tertullien : Nous prions Dieu pour les Empereurs, afin de leur obtenir une longue vie, la sûreté de leur empire, la tranquillité dans leur famille.

Il n'a pas été un héros? Il ne sait pas où ils ont été, les héros; il n'y en a pas eu beaucoup.

Mgr Dupanloup. Ils ont été à Vincennes !

M. le procureur-général. Oui; il n'y en a pas eu beaucoup ; et prenons l'exemple même que vous avez cité : on nous a parlé hier, avec un éloge justement mérité, de Mgr de Boulogne, évêque de Troyes. C'est vrai; il a été chargé d'ouvrir devant 85 prélats ce concile de 1811 qui n'a eu qu'une triste suite. Il a fait un discours où il a parlé du Pape, du St-Père retenu prisonnier, où il a parlé avec honneur et si vous le voulez avec courage; il ne m'en coûtera jamais de rendre cette justice et cet honneur aux membres de l'épiscopat. Mais enfin, puisque vous parlez de ce discours, il faut bien, pour excuser Mgr Rousseau, que je dise ce que j'y trouve : en même temps que Mgr de Boulogne faisait l'éloge de Sa Sainteté Pie VII, il disait :

« Puisse la maison qui s'élève sur la France comme *un nouveau soleil*, devenir la maison favorite de Dieu, comme était celle de David! puisse-t-elle faire passer de génération en génération son nom avec sa gloire et se perpétuer d'âge en âge sous l'égide de la religion toujours heureuse, toujours triomphante et toujours couronnée par la vertu et par la victoire! »

Mgr Rousseau n'en disait pas davantage. Et, dans ce même discours, je vois que Mgr de Boulogne invoque, comme il le devait, l'Esprit-Saint.

» Esprit-Saint, au nom de qui nous sommes assemblés,... bénissez notre invincible et glorieux monarque, conservez cette tête précieuse sur laquelle repose non-seulement le bonheur de la France, mais le destin de l'univers; formez en lui une âme aussi grande que sa fortune, en l'ornant de toutes les vertus chrétiennes; donnez-lui de comprendre que si la force ou le génie fonde les Empires, la religion seule les affermit et les conserve, et faites qu'en héritant les droits de Charlemagne, il le surpasse en zèle et en sagesse, comme il le surpasse en gloire et en puissance.

» Bénissez son auguste campagne; qu'elle soit une princesse accomplie non-seulement devant les hommes, mais encore devant Dieu...

» Bénissez l'auguste enfant que vous avez accordé à nos vœux et à nos prières; couvrez son berceau de vos ailes... »

Voilà ce que disait Mgr de Boulogne. Et si je le cite, qu'on ne croie pas, j'en aurais honte, que ce soit dans un esprit de dénigrement contre un prélat illustre que je tiens en honneur, que je veux respecter, mais dans un esprit de défense pour celui qui se plaint et dont les cendres ont été insultées. Je veux montrer qu'il y a dans l'histoire des temps difficiles, périlleux, où le plus ferme hésite sur la voie qu'il faut suivre. Mgr Rousseau a fait comme a fait Mgr de Boulogne, l'éloge de l'Empereur. Mais, dit-on, il n'a jamais accordé de prières pour le Pape. C'est une parole injuste; Mgr l'évêque d'Orléans aurait dû le savoir, car, précisément, dans la lettre dont la publication l'a si fort irrité, voici ce que je rencontre; et certes, au milieu de querelles envenimées, parler ainsi du Saint-Père, ramener ainsi à son culte, c'était bien quelque chose :

« Du pied du trône impérial où ils reconnaissent, dans Napoléon, l'héritier de la puissance de César, de qui Jésus-Christ a dit : « rendez à César » ce qui appartient à César, et à Dieu ce qui appartient à Dieu » vous conduirez vos élèves au pied du trône pontifical, où ils trouvent dans Pie VII le successeur du Chef des Apôtres, et, par une succession non interrompue, le dépositaire de toute son autorité spirituelle. »

Que ceux d'entre les prélats qui n'ont pas prié pour l'empereur comme ils le devaient, comme Dieu même le leur commandait, qui n'ont pas célébré sa grandeur, qui n'ont pas fait de mandement pour toutes ses victoires, que ceux-là se lèvent, et jettent la première pierre à Mgr Rousseau!

Voilà ce que j'avais à vous dire sur cette affaire. Mgr Dupanloup invoque une excuse, c'est celle de la légitime défense, ou plutôt, celle de la nécessité dans laquelle il se serait trouvé de combattre Mgr Rousseau. Soit; mais Mgr Rousseau, cependant, ne se trouvait pas être un agresseur; il ne s'était pas mêlé dans la lutte; il y était jeté malgré lui, cinquante ans après sa mort. C'était une considération pour le combattre avec plus de ménagement.

Ensuite, cette excuse et cette atténuation, nous avons le regret de le dire, mais nous y sommes forcé parce que les intérêts de la justice sont des intérêts sacrés, échappent à Mgr Dupanloup.

C'est l'entraînement de la lutte qui l'a fait parler ainsi; ce n'est pas le besoin de combattre l'autorité épiscopale de Mgr Rousseau, et la preuve, c'est qu'il ne s'arrête pas à lui. Après avoir parlé comme il l'a fait de Mgr Rousseau, n'était-ce pas assez? Peut-être pourrait-il se défendre en disant : on a invoqué son autorité contre moi et je l'ai foulée aux pieds. Mais il ne s'arrête pas : il dit cette parole qu'il nous est impossible de ne pas relever, mauvaise dans la forme, mauvaise dans le fond : vous invoquez Mgr Rousseau; *j'en ai eu de meilleurs encore que Mgr Rousseau.*

Eh bien! Monseigneur, pourquoi le dire? Il est possible que dans cette longue suite de prédécesseurs qui sont vos ancêtres,—car le sacerdoce est une famille; les joies et les bonheurs de la famille lui sont refusés, mais il se complaît à regarder comme ses pères ceux qui sont ses prédécesseurs, — il s'en trouve qui ont commis quelque faute; à quoi bon le dire? En voilà un, soit, la nécessité vous y oblige; le besoin d'en faire justice vous y force, je le veux bien; mais non : « *J'en ai de meilleurs encore que Mgr Rousseau.* » Il les nomme, il les insulte; pourquoi cela? Est-ce le besoin de sa réponse? A quoi cela sert-il? Il y en a un dont il parle, dont il relève les erreurs, et il termine en disant : il fit une fin chrétienne. A la bonne heure : au moins, vous dites ce qu'il y a de bon; mais après avoir dit ce qui était inutile, ce qu'il y avait de mauvais. Pourquoi le diffamer quand son nom est complétement oublié, quand on ne peut plus trouver les traces de son passage dans la vie, pour relever et pour dire ce qu'il a fait de bien sur la terre, quand aucune voix au monde ne s'élève plus pour le défendre, quand on ne sait même pas où sa cendre se cache? Quand on sait cependant qu'il a fait une fin chrétienne, c'est-à-dire que Dieu lui a pardonné, qu'il l'a reçu dans son sein et lui a permis de se reposer en paix, sous l'éternelle inviolabilité de son pardon? Pourquoi aller le chercher jusque-là, le rappeler sur la terre et le renvoyer flétri, quand Dieu le renvoie absous?

Il y en a un autre, c'est Mgr Raillon. Vous l'avez également sacrifié. Mgr Raillon avait été nommé évêque d'Orléans, le 30 octobre 1810. Il avait été nommé évêque de Dijon par Charles X, le 7 juin 1829. Bientôt après, il avait été nommé archevêque d'Aix. On dit, je l'ignore, je me trompe peut-être, qu'il avait été désigné pour être élevé à la dignité de cardinal, c'est-à-dire, à la suprême dignité de l'Eglise, lorsque la mort est venue l'enlever. Il m'est impossible de n'en pas dire un mot. Vous savez comment Mgr Dupanloup en parle. Nous avons demandé son dossier au ministère des cultes, et voici comment il était présenté en 1829 par Mgr Feutrier, évêque de Beauvais et ministre des cultes, au choix du roi pour l'évêché de Dijon :

« S'il est difficile de remplacer Mgr de Boisville sous ces deux rapports (le savoir et la fortune, du moins doit-on tendre à retrouver, dans son successeur, les mêmes lumières, les mêmes vertus, le même zèle apostolique.

» Je crois devoir fixer l'attention de Votre Majesté sur un ecclésiastique qui me paraît réunir toutes les qualités désirables. M. l'abbé Raillon (Jacques), né dans le diocèse de Grenoble, le 17 juillet 1762, fut nommé en 1805, chanoine titulaire de l'Église métropolitaine de Paris. Il se distingua par sa piété, son mérite et sa modestie.

» Présenté au Pape, par le chef du gouvernement, pour l'évêché d'Orléans, en 1810, il ne reçut pas ses bulles à cause de la mésintelligence qui existait entre les cours et administra en vertu des pouvoirs du chapitre, le siége vacant par la mort de Mgr Rousseau. Sa conduite fut si sage et si prudente que seul des évêques nommés, il fut maintenu administrateur capitulaire par les suffrages de son chapitre et à la grande satisfaction de tous les diocésains.

» En résumé, M. l'abbé Raillon est un ecclésiastique recommandable, sa vie est exemplaire, ses principes, ses talents, sa modération, son dévouement au roi lui donnent des droits à la bienveillance de Sa Majesté. L'expérience et les lumières de cet ecclésiastique offrent la garantie que l'administration habile, sage et paternelle à laquelle le diocèse de Dijon était habitué depuis sept ans, se perpétuera sous son successeur. Je ne crois donc pas pouvoir proposer à Votre Majesté un meilleur choix. »

Voilà ce qu'il était, non pas suivant les caprices de l'imagination et suivant un récit fait pour les besoins de la cause; non, mais d'après un grand prélat de l'Église de France, Mgr Feutrier. Nous avons sous les yeux, d'autres documents qui montrent encore ce qu'il était. Il avait été nommé après Mgr Rousseau, évêque d'Orléans. Il n'avait pas reçu ses bulles; c'était dans le temps de cette grande querelle de l'institution canonique qui agitait alors la catholicité. Il y avait en France, vingt-sept évêques nommés qui n'avaient pas reçu leurs bulles, et comme autrefois sous Richelieu, comme autrefois sous Louis XIV, le gouvernement laïque songeait à s'affranchir de cet assujettissement et à se passer de l'institution canonique. Cependant Mgr Raillon était resté dans son siége. Il fut tourmenté de cette idée qu'il n'avait pas des pouvoirs suffisants, et, sur le conseil de quelques amis, il assembla immédiatement le chapitre métropolitain et le consulta. J'ai la délibération du chapitre; voici ce que j'y trouve :

« Considérant......., secondement, qu'après la mort de Mgr Rousseau, de respectable mémoire, M. Raillon, ayant été nommé à l'évêché d'Orléans, ce fut librement, à l'unanimité, sans nulle réclamation et même avec le sentiment de la satisfaction la plus vive pour un tel choix, que le chapitre lui a conféré le pouvoir qu'il a exercé depuis...

» D'après ces considérations, le conseil est d'avis à l'unanimité. :

» 1° Qu'il n'y a aucun doute sur la validité des pouvoirs conférés par le chapitre, à M. Raillon ;

» 2° Que M. Raillon sera invité à continuer de les exercer comme par le passé, pour le bien de l'Église et de l'État. »

Voilà ce qui est dit au nom du chapitre tout entier.

On dit à Mgr Raillon qu'il doit rester à la tête du chapitre. Il répond qu'il ne restera qu'à la condition d'être assisté par deux vicaires.

Et puis, encore agité, il écrit à M. de Montesquiou une lettre qu'il faut vous lire pour l'honneur même de l'épiscopat et du siége d'Orléans.

« C'est un conseil, Monseigneur, que je prends la liberté de demander, non au ministre, mais à l'une des plus belles lumières qui nous soient restées du clergé de France, à M. l'abbé Montesquiou.

» Votre Excellence pressent déjà la question que je vais avoir l'honneur de lui soumettre; la voici en peu de mots :

» Est-il inutile à l'Eglise ou à l'Etat, dans les circonstances actuelles, est-il convenable en soi, ou conforme aux vues de Sa Majesté, que les prêtres qui, comme moi, ont été nommés à des évêchés pleinement vacants, renoncent d'eux-mêmes et entièrement à l'administration du diocèse qui leur fut confié ?

» J'ai cru pouvoir, en conscience, accepter et conserver jusqu'ici la plus grande part aux affaires du diocèse d'Orléans. Ce qui s'est pratiqué dans le siècle religieux de Louis XIV, du temps, ou plutôt sous la direction de Bossuet, et par les Evêques dont la mémoire est restée en vénération dans l'Eglise de France, ne m'a laissé aucune inquiétude à cet égard. Mais je sais qu'il y a des circonstances où ce qui est permis peut n'être pas expédient. De tant de prêtres qui avaient été nommés avec moi ou avant moi à des évêchés, je me vois à peu près le seul aujourd'hui qui soit resté paisiblement en place. Plusieurs ont été privés de toute juridiction par les chapitres.

» Je n'ai pas à craindre ici d'être traité d'une manière humiliante par le chapitre. Je puis dire que j'y jouis de quelque considération et que le clergé de la ville et du diocèse m'est attaché. Je dois moi-même ajouter que MM. les vicaires généraux capitulaires qui composent avec moi le conseil de l'administration, tous hommes éclairés et animés du meilleur esprit, ont redoublé, pour moi, de bienveillance et d'égards, à mesure que ma position est devenue plus embarrassante.

» Voilà, Monseigneur, l'état des choses au vrai. Un ancien Evêque, d'un esprit et d'un cœur très-droits, que j'ai consulté sur ma situation et sur ce qu'il y aurait de plus convenable à faire, m'a répondu ces propres paroles : La Providence vous a mis ici sans que vous vous en soyez mêlé ; à votre place, j'y demeurerais, et j'attendrais les événements. D'autres personnes éclairées m'ont donné le même conseil.

» Malgré cela, Monseigneur, je ne suis pas tranquille, je sens le besoin d'être décidé par une autorité grave à prendre un parti définitif. Un mot de Votre Excellence servirait de règle à ma conduite. C'est ce mot que j'ose lui demander. Quel que puisse être son avis, je m'y conformerai scrupuleusement. Je ne voudrais rien faire d'inconvenant ; mais je veux sincèrement le bien, que mon intérêt s'y trouve ou non. Si ma renonciation pleine et entière peut être tant soit peu utile au bien de l'Eglise ou agréable au Roi, je m'empresserai de la mettre aux pieds de Sa Majesté. Je dirai même que je n'aurai pas d'effort à faire pour quitter une place où je suis arrivé sans avoir fait la moindre démarche pour l'obtenir. »

Voilà ce que j'avais à vous dire sur Mgr Raillon.

Voilà, par conséquent, toute la cause :

Je me suis efforcé de relever les points principaux de ce grave débat; je l'ai examiné en ayant sous les yeux une parole de Bossuet que j'espère avoir eue toujours présente à la pensée, car je sais jusqu'où peuvent aller les entraînements de la parole; je sais jusqu'où peuvent pousser des convictions ardentes, mais sincères. Mais j'avais vu, en lisant celui que je lis souvent, Bossuet, qu'un jour, il avait adressé au roi Louis XIV un mémoire pour lui demander la poursuite d'un livre *De romani pontificis auctoritate*. C'était le temps de cette grande querelle avec le Pape Innocent XI et de cette fameuse assemblée qui a délibéré les quatre articles qui sont le fondement de la liberté française en matière ecclésiastique et qui forment encore aujourd'hui une partie essentielle du droit public de la France. Ce livre contestait toutes ces libertés. Il était, disait-on, dangereux, attentatoire aux droits de la couronne et à la souveraineté du monarque. Dans un mémoire, Bossuet en demandait la poursuite et la suppression. Mais en même temps quelle modération il montrait vis-à-vis de ce prélat! — car c'en était un aussi, — de ce prélat, — Mgr Roccaberti, qui avait été autrefois général de l'ordre de Saint-Dominique, qui était alors archevêque de Valence, qui, plus tard, devint inquisiteur général! Il démontrait la culpabilité du livre, et, après avoir recommandé une grande modération dans l'application de la peine, il ajoutait ;

« Sans doute, Messieurs, les gens du Roi, en disant ce qui est essentiel à l'affaire, sauront éviter par leur prudence les termes qui pourraient causer de l'aigreur. »

J'ai prié Dieu en venant, que cette pensée fût toujours présente à mon esprit. — Les magistrats, en effet, ne doivent jamais, même dans les plus justes poursuites, se laisser entraîner à des paroles imprudentes qui pourraient causer de l'aigreur. Si je l'avais fait, j'en demanderais pardon à la justice, car elle doit toujours marcher dans la voie de la fermeté, mais dans la voie de la modération.

J'ai examiné avec chagrin — qui peut croire que je n'ai pas une douleur sincère d'un pareil procès? — j'ai examiné avec chagrin ce qu'avait dit Mgr Dupanloup; j'ai songé avec amertume aux conséquences que, suivant nous, ce procès devait entraîner; mais enfin j'ai fait mon devoir. Je n'ai pas pu m'empêcher de trouver que Mgr l'évêque d'Orléans avait failli, qu'il avait été entraîné par l'ardeur de la polémique, qu'il avait été irrité par la contradiction. Il n'a plus alors calculé l'ardeur de ses paroles, et son zèle, un zèle convaincu sans doute, mais trop ardent, l'a emporté au delà des limites permises.

Que nous voudrions avoir assez d'autorité dans le caractère, assez d'onction dans la parole pour pouvoir nous élever jusqu'à son esprit, arriver jusqu'à son cœur, et pour pouvoir le persuader lui-même que son zèle n'a pas toujours été selon la justice, selon la modération, selon la charité chrétienne! Que nous voudrions pouvoir l'en convaincre lui-même en lui disant en même temps : qui est-ce qui n'a pas failli dans le monde, Monseigneur? n'est-il pas bon, comme le dit Saint-Augustin, que les justes eux-mêmes tombent en faute? *Expedit ut cadant in apertum manifestumque peccatum.* Ils tombent, mais ils se relèvent. Ils passent à travers des épreuves pénibles, mais ils en sortent. Après la lutte, ils se sentent plus avertis, plus éprouvés, et loin du combat qui les avait entraînés au delà même de la poursuite légitime, rentrant en eux-mêmes, sentant qu'ils ont été trop loin, et puisant alors un enseignement salutaire et une vigueur nouvelle dans la faute même qu'ils ont commise, ils se relèvent plus forts en se disant que la modération est la loi du monde, que l'indulgence est la loi de Dieu, qu'elle doit être pratiquée par tous ceux qui le vénèrent, par ceux surtout à qui il a confié son culte, qu'il a oints de son huile, et qu'il a désignés, par l'éclat de leur parole, comme par la sainteté de leur ministère, pour servir, je ne dirai pas seulement d'admiration, mais encore d'exemple aux autres.

RÉPLIQUE DE Me DUFAURE.

Après les développements que nos débats ont pris, je me fais une loi de répondre aussi sommairement qu'il me sera possible au Réquisitoire que la Cour vient d'entendre. Je ne dis rien de la partie de la citation qui repose sur la plainte du *Siècle*. Peut-être mon honorable confrère Me Berryer aura-t-il quelques mots à ajouter tout-à-l'heure. Quant à moi, je m'occupe exclusivement de cette partie de la citation sur laquelle le ministère public a insisté, je veux dire de la plainte portée par les héritiers de Mgr Rousseau.

Je n'ai pas à défendre Mgr Dupanloup, ni ses défenseurs, d'avoir proposé une fin de non-recevoir. L'expression est peu exacte. Lorsqu'on est appelé devant un tribunal, la première condition du débat, la première question à examiner est de savoir si le tribunal est compétent pour connaître des faits qui lui sont soumis. Ce n'est pas une fin de non-recevoir, c'est une question d'attribution dont la solution dépend de la nature et de la qualification des faits sur lesquels la plainte est fondée.

M. le procureur-général a reconnu lui-même que cette question d'attribution était grave, élevée, controversée : les jurisconsultes ne sont pas d'accord; la jurisprudence est, selon lui, incertaine. Cela ne suffit-il pas et pouvions-nous prendre la parole devant vous, sans nous demander d'abord si vous étiez le tribunal devant lequel on pouvait nous appeler ?

J'ai donc cherché à me rendre compte des reproches adressés à Mgr Dupanloup, pour savoir s'ils pouvaient motiver une poursuite correctionnelle. M. le procureur-général croit que nous nous sommes trompés, et, dans le réquisitoire que vous venez d'entendre, il a cherché à établir, soit par la loi, soit par des considérations générales, soit par les doutes plutôt que par les affirmations de la jurisprudence, qu'il existait une loi pénale, que la cause présentait un délit caractérisé, et que vous étiez un tribunal compétent pour prononcer une réparation correctionnelle.

Je me méfie des efforts que l'on fait pour changer les termes et exagérer les apparences de l'opinion que l'on combat.

Ainsi on commence par me dire : Voyez, vous voulez que l'insulte adressée à la mémoire d'un mort reste sans réparation. Vous refusez aux tribunaux, et vous prétendez que la loi leur a refusé, le moyen d'accorder à cette mémoire outragée une réparation quelconque. Supposez un père qui vient de perdre sa fille, un fils qui vient de perdre son père. Ce père vient de la voir descendre dans la tombe, la terre la recouvre à peine, qu'un journal l'insulte odieusement, et le père n'aura pas le droit de demander vengeance! — J'ai le regret de le dire : de telles objections prises dans de tels exemples sont exagérées et en dehors de notre cause.

Vous parlez d'un fils qui vient de voir mourir son père, d'un père qui vient de voir mourir sa fille. Pourquoi ces suppositions? Pourquoi ces exemples? Nous avons au procès une mort récente! les liens les plus rapprochés et les plus tendres! Un évêque mort à Orléans, il y a cinquante ans, entré dans le domaine de l'histoire, vengé, non par des enfants, mais par des neveux et des petits-neveux qui l'avaient, en apparence du moins, oublié, qui ne connaissaient plus le chemin de sa tombe, qui ne demandaient plus de prières dans la cathédrale où ses restes reposent, et qui n'ont été poussés à s'occuper de lui que par les moyens et dans les circonstances que la Cour a déjà pu apprécier.

Voilà la cause. Ne la déplaçons pas. Si le système du ministère public est vrai, c'est pour notre cause qu'il doit être vrai.

On nous reproche de demander que la mémoire des morts outragée reste sans réparation. Avons-nous rien dit de pareil? Quelle réparation accordez-vous, nous dit-on? Une réparation devant les tribunaux civils sans doute! Pour accorder cette réparation, les tribunaux civils n'ont-ils pas autant d'autorité morale que les tribunaux correctionnels? Leur sentence ne se fait-elle pas également respecter? L'arrêt rendu dans l'affaire des héritiers du prince Eugène n'a-t-il pas vengé la mémoire de ce mort illustre, si indignement outragé par les Mémoires du duc de Raguse, et les héritiers du prince Eugène auraient-ils pu désirer une réparation plus noble et plus éclatante que celle que la Cour, après le tribunal jugeant en matière civile, a consenti à leur accorder? Je ne vous ai donc pas parlé d'insulte laissée sans vengeance. Je tiens les tribunaux civils pour aussi capables de satisfaire la juste indignation des héritiers que les tribunaux correctionnels; plus capables même, parce qu'ils proportionnent mieux la réparation au dommage causé. Le tribunal correctionnel est lié. Il n'a qu'une chose à faire : déclarer la diffamation et prononcer une peine, et après un débat gêné, une défense incomplète, puisqu'il ne peut permettre la preuve des faits; le tribunal civil ne juge qu'après un débat sans limites et proportionne la peine au dommage causé. Tantôt il ordonne la suppression des passages diffamatoires; tantôt, au contraire, par une réparation encore plus intelligente et plus respectueuse de la liberté d'écrire, à côté de la diffamation il fait insérer le démenti; à la suite de la diffamation il fait ajouter les documents officiels, authentiques, qui la confondent; enfin, quand il y a lieu de prononcer une peine, il sait infliger une peine pécuniaire considérable, qui, quelquefois, est aussi sensible que l'emprisonnement prononcé par le tribunal correctionnel.

Cela ne suffit pas au ministère public: il faut qu'il y ait délit; il faut qu'il y ait répression pénale, jugement d'un tribunal correctionnel. Si la loi l'a ainsi décidé, force sera bien de s'y résigner.

On m'a dit que j'avais prétendu que le texte de la loi était contraire à cette prétention. Je n'ai pas eu besoin de le dire; je plaide pour le prévenu. Le ministère public ou les parties civiles doivent montrer les textes de la loi qui caractérisent le délit. Je n'ai pas à montrer de textes contraires. Je vous demande, je n'ai pas autre chose à faire, quelle est la loi qui déclare que des outrages adressés à la mémoire de quelqu'un qui n'est plus, sont un délit et peuvent être correctionnellement poursuivis.

On rappelle l'article 13 de la loi du 17 mai 1819 et l'article 5 de la loi du 26 mai. Je les lis et j'y vois que toute allégation ou imputation d'un fait qui porte atteinte à l'honneur ou à la considération de la personne ou du corps auquel le fait est imputé, est une diffamation, et, comme telle, frappée d'une loi pénale.

On me dit : Vous voyez, la personne, vivante ou décédée! La loi est générale; elle s'applique également à l'une et à l'autre.

Je ne crains pas de le dire, c'est la première fois que, soit dans des débats législatifs, soit dans des débats judiciaires, les termes employés par la loi de 1819 ont été ainsi interprétés. Je ne crois pas qu'il soit possible de donner à nos lois cette étendue que, toutes les fois qu'elles ont parlé des personnes, elles ont parlé de personnes décédées comme de personnes vivantes. Prenez tous nos Codes : la force des choses y ramène souvent le mot de *personne*, mais jamais avec un sens aussi large.

Avant la loi du 17 mai 1819, le Code pénal avait établi des peines contre la calomnie; il avait défini la calomnie. Si le Code pénal avait entendu parler de personnes mortes ou de personnes vivantes, aurait-il ainsi caractérisé le délit de calomnie :

« Art. 367. Sera coupable du délit de calomnie : celui qui, soit dans des lieux ou réunions publics, soit dans un acte authentique et public, soit dans un écrit imprimé ou non, qui aura été affiché, vendu ou distribué, aura imputé à un individu quelconque des faits qui, s'ils existaient, exposeraient celui contre lequel ils sont articulés à des poursuites criminelles ou correctionnelles, ou même l'exposeraient seulement au mépris ou à la haine des citoyens. »

Ici pas de doute possible, l'*individu quelconque* est bien un être vivant, puisque la diffamation l'expose à des poursuites criminelles ou à la haine de ses concitoyens.

Le mot *individu*, employé dans le Code pénal, n'a certainement pas un autre sens que le mot de *personne*, employé dans la loi du 17 mai 1819. Si on avait eu l'intention, dans la loi du 17 mai 1819, d'employer une expression qui eût plus d'étendue que celle du Code pénal, assurément on l'aurait dit. La loi a été assez longuement discutée. Rien n'a été omis. Les lois de 1819 ont beaucoup ajouté au Code pénal, l'ont singulièrement amélioré; mais il n'est pas une de leurs innovations qui n'ait été soigneusement et loyalement expliquée. Comment celle-ci ne l'aurait-elle pas été?

On insiste et on me dit : Voyez ce que la jurisprudence a ajouté à la loi. Elle a ajouté à la loi que lorsque l'injure aurait été adressée non pas à une personne individuelle, isolée, mais à une personne collective, l'injure était punissable, comme elle l'aurait été s'il se fût agi d'un individu outragé.

J'en demande pardon à l'éloquent organe du ministère public : la jurisprudence n'a pas donné cette extension à la loi. Elle aurait été impuissante à la lui donner. C'est le législateur lui-même qui a pensé que le corps constitué devait être défendu comme l'individu. La jurisprudence n'aurait pas pris sur elle d'ajouter à la loi ce qui n'y était pas.

Sans doute quand une collection de personnes a été outragée, tous ses membres ont le droit de demander une réparation, non pas comme être collectif, mais comme individus. On parle d'une société, d'un conseil de surveillance. Il est composé de plusieurs personnes. On attaque le conseil de surveillance. Les personnes qui en font partie peuvent être directement outragées. Elles attaquent personnellement. Ne prenez pas, si vous voulez, le conseil de surveillance pour un corps. Les membres qui le composent sont des personnes et ont le droit d'attaquer.

Voilà tout ce que dit la loi. Il est donc vrai qu'on est absolument impuissant à trouver dans nos lois, rien qui caractérise comme délit, je ne dis pas qui mette à l'abri de toute poursuite et empêche toute réparation à obtenir, mais je dis qui caractérise comme délit, justiciable des tribunaux correctionnels, les outrages adressés à la mémoire de quelqu'un qui n'est plus.

Je n'ai pas à dissimuler que parmi les jurisconsultes qui ont soutenu cette opinion, il en est qui regrettent que la loi ait laissé cette lacune; je le dissimule d'autant moins que la Cour, même quand elle partagerait ce regret, ne serait pas tentée le moins du monde d'y céder au point de faire une loi quand elle doit rendre un arrêt. Chassan, tout en regrettant cette lacune, cherche cependant à expliquer la différence qui existe entre nos lois et les lois grecques et romaines à cet égard. Il l'attribue à l'influence du Christianisme.

L'honorable organe du ministère public ne comprend pas cette raison. Je pourrais me dispenser de l'expliquer. Quant à moi, je la comprends jusqu'à un certain point. Quelles étaient les idées de Rome et de la Grèce? Un homme perdait la vie : il n'existait plus, il était mort tout entier. Selon leurs croyances, il ne restait autre chose de lui que le souvenir gardé par ses parents, par ses amis, par ses concitoyens. C'était là leur conviction, leur foi. Et cependant, par un certain pressentiment de cette immortalité de l'âme qu'ils ne comprenaient pas encore, ils attachaient à sa mémoire une importance extrême, comme si ce souvenir, conservé dans le monde, était en effet une seconde vie qui fût donnée à celui qu'on avait perdu. Aussi lui accordaient-ils, la Cour le comprend, une importance que, de nos jours, avec nos croyances chrétiennes, nous ne pouvons plus lui attribuer. Que Tacite dise que la gloire était la dernière passion du sage, je ne m'en étonne pas. Quand le sage allait mourir, il ne devait rien rester de lui, rien, si ce n'est ce que Tacite appelle la gloire. Mais, parmi nous, en est-il ainsi? Non, la croyance chrétienne est que la mort n'est qu'un passage à une autre vie; qu'après elle, nous restons tout entiers, dépouillés seulement de l'enveloppe matérielle qui emprisonnait notre âme; que nous comparaissons alors devant un autre juge, et que nous sommes soumis à d'autres jugements. Et alors que nous importent, jusqu'à un certain point, les jugements de cette terre? Peuvent-ils avoir parmi nous l'importance, la grandeur qu'ils avaient chez les païens?

La Cour comprend la pensée de Chassan. Voilà comment il a dit, et comment il est permis d'admettre avec lui que si, à aucune époque de notre législation moderne, non-seulement depuis la loi de 1819, mais dans toutes les législations qui ont suivi l'établissement du Christianisme, nous ne trouvons plus une protection aussi énergique accordée à la mémoire des morts, le législateur a eu des motifs sérieux pour laisser dans ses dispositions la lacune qu'on y relève.

Mais, nous dit le ministère public, Chassan semble croire que Garnier du Bourgneuf veut substituer à nos lois modernes la loi romaine ou la loi de Solon. C'est là une erreur. Personne n'a songé à intercaler dans nos codes une loi de Solon pour en faire une loi pénale, mais on a bien le droit de s'en servir comme d'un moyen d'interprétation.

Nous avons nos lois pénales positives; je raisonne sur le droit actuel; c'est à ce droit que je demande s'il y a un délit, et je n'admets pas que la loi de Solon ou la loi romaine puissent venir, à titre d'intercalation ou à titre d'interprétation, ajouter à nos lois ce que le législateur n'a pas entendu y mettre.

Me dira-t-on : Les législateurs voulaient établir ce délit; ç'a été leur pensée; ils ont eu tort de ne pas s'expliquer suffisamment, mais les expressions qu'ils ont employées doivent être interprétées en ce sens?

Non, ils n'ont jamais indiqué que ce fût leur pensée. Il n'y a pas de législateur moderne qui ait dit que son intention était de considérer l'outrage adressé à la mémoire des morts comme un véritable délit.

La jurisprudence est-elle incertaine, comme l'a dit l'organe du ministère public? Je ne puis pas le croire. Le jugement rendu dans l'affaire de la Chalotais, ce jugement rédigé avec tant de soin, avec tant d'élévation, que j'ai lu hier à la Cour, est précis, positif, sur la question; il la tranche d'une manière absolue.

Le jugement rendu dans l'affaire de Tourzel, que j'ai lu également, dont les motifs ont été adoptés par la Cour devant laquelle j'ai l'honneur de plaider, est également précis et positif : il déclare que les outrages adressés à la mémoire d'un mort, ne sont pas punis par nos lois, mais peuvent quelquefois rejaillir sur leurs héritiers, et, dans ce cas, doivent légalement être punis, et le ministère public de dire qu'on a voulu par là éluder les dispositions de la loi ; que n'osant pas appliquer une loi qui n'était pas assez précise, on a, pour arriver à punir l'outrage adressé au défunt, supposé qu'il était adressé directement à l'héritier.

Non, la jurisprudence n'a pas songé à éluder la loi ; elle a fait une application parfaitement raisonnable, à notre avis, de nos lois pénales. Elle a dit, ce qui est sensible, que quelquefois l'injure adressée à la mémoire d'une personne décédée, est une injure adressée à ses enfants. Elle s'est demandé s'il n'y avait pas, dans la forme et dans l'intention de l'injure, le caractère d'une diffamation contre les héritiers du défunt. Et quand les tribunaux ont reconnu tout à la fois, et cette forme et cette nten tion, ils n'ont pas hésité à prononcer une condamnation. Ils l'ont prononcée aux termes de l'art. 13 de la loi du 17 mai 1819, parce qu'elle était réclamée par des héritiers qui étaient véritablement outragés.

Vous n'avez pas prononcé le contraire dans l'affaire des héritiers du prince Eugène. La question ne se débattait même pas. La Cour, sur les conclusions éloquentes de l'organe du ministère public, a tracé les droits de l'histoire, a reconnu qu'il y avait lieu à une réparation civile, a ordonné cette réparation et n'a pas eu à se prononcer sur une action pénale.

Mais, dit-on, d'après les motifs de l'arrêt de la Cour, certains cas peuvent donner lieu à une poursuite correctionnelle, d'autres à une poursuite civile. Si, dans l'espèce, la poursuite correctionnelle était impossible, c'est que l'éditeur était seul poursuivi et non pas l'auteur même de l'ouvrage.

Premièrement, ce qu'on dit là est une interprétation de l'arrêt, car il n'a rien dit de semblable. On y voit bien, en effet, que l'outrage adressé à la mémoire d'un mort donnait lieu, dans certains cas, à une action pénale; dans d'autres, à une action civile. Mais pourquoi n'y avait-il pas lieu à une action pénale? La Cour ne l'a pas dit, n'était pas appelée à le dire. On suppose que c'est parce que les héritiers poursuivaient l'éditeur et non pas l'auteur.

Quoi! parce qu'on poursuit l'éditeur seul, il n'y aura jamais lieu à une action correctionnelle contre lui, si l'ouvrage publié outrage les héritiers en même temps que le défunt? Je ne l'admets pas moi-même. Je suis plus sévère que le ministère public et je me fonde sur l'arrêt rendu dans l'affaire Lacour contre les héritiers de la princesse Czartoryska. M. Lacour était-il l'auteur des Mémoires qu'on poursuivait, et dans lesquels la princesse Czartoryska avait été offensée? Il ne l'était pas plus que M. Perrotin n'était l'auteur des Mémoires du duc de Raguse. Il l'était encore moins, si on tient compte de la distance écoulée entre la composition des Mémoires et l'époque de la publication. Cependant M. Lacour a été puni et il n'était qu'un éditeur, il n'était pas l'auteur, il n'avait même jamais connu celui-ci. Il a été puni, parce que la publication de l'outrage est quelquefois la cause de tout le mal qui est produit, parce que la diffamation est dans l'acte de la publication tout autant que dans l'acte de la composition de l'ouvrage. Et on en est venu à ce point de décider que, dans des cas pareils, l'éditeur, celui qui publie, est le véritable diffamateur et que l'auteur est son complice.

Vous le voyez donc, ce n'était pas parce que M. Perrotin était simplement éditeur des Mémoires du duc de Raguse qu'il n'y avait pas lieu à une action pénale. Le motif, c'était que dans la situation où l'on se trouvait, le maréchal Marmont eût-il été présent, les héritiers du prince Eugène n'auraient pas pu intenter contre lui une action correctionnelle, car le maréchal Marmont, en outrageant la mémoire du prince, n'avait certainement pas songé à attaquer personnellement ses héritiers. Dès lors on ne pouvait demander qu'une réparation civile. Il n'y avait pas délit, il n'y avait pas lieu à une répression pénale.

Ce point de jurisprudence me paraît donc tranché et par le silence de la loi, et par les décisions que la jurisprudence a rendues, et par les raisons très-solides et très-fondées, à mon avis, que les jurisconsultes ont données. J'espère que la Cour déclarera que dans la plainte des héritiers Rousseau il n'y a rien qui caractérise le délit, et par conséquent rien qui puisse être de la compétence des tribunaux correctionnels.

J'ai été touché de ce qu'on a dit que Mgr Dupanloup échapperait par là à toute nécessité de réparation, que Mgr Dupanloup serait mis à l'abri des conséquences de son écrit. Il ne l'entend pas ainsi. Même en soutenant que le tribunal correctionnel n'est pas compétent, il sait très-bien qu'il y a contre lui une autre action qu'on peut intenter, qu'on intentera peut-être demain. Il se défendra; il est prêt à se défendre. Mais il croit que demander à la Cour de déclarer qu'elle n'est pas compétente pour connaître des faits qui lui sont imputés, qu'il n'y a pas de délit caractérisé dans ce qu'il a fait, ce n'est pas prendre une voie détournée pour échapper à la conséquence de l'écrit qu'il a publié.

Seulement cette réflexion du ministère public à laquelle je réponds en ce moment me conduit à vous dire ces mots : s'il est vrai, comme j'en ai la conscience, que la Cour décidera que les faits imputés à Mgr Dupanloup par les héritiers Rousseau ne peuvent pas constituer un délit, je conjurerai la Cour, en le décidant ainsi, et en renvoyant les parties à se pourvoir aux fins civiles, de ne rien dire qui puisse à l'avance, par les termes de son arrêt, préjuger la question civile, qui pourra être engagée devant les tribunaux. Le moindre mot émané de la Cour aurait une autorité considérable, devant laquelle le défenseur de Mgr Dupanloup serait le premier à trembler lorsque l'action civile serait intentée. C'est une observation que votre sagesse a certainement devancée. La Cour me permet de lui faire, en terminant, mes observations sur cette première partie du débat.

Maintenant, je suppose que la Cour croie que les faits qui vous sont imputés pourraient caractériser un délit et que la Cour, en raison de cette première opinion admise, veuille examiner la poursuite intentée contre Mgr Dupanloup. On a reproché à la défense d'avoir mal à propos invoqué les droits de l'histoire et on en a donné pour motif que ce n'était pas une histoire que Mgr Dupanloup avait faite, que c'était dans une polémique qu'il s'était engagé, que c'était un écrit de polémique qu'il avait publié, et que cet écrit ne pouvait pas jouir du privilége de l'histoire. Un gros volume, sept volumes comme le maréchal Marmont, à la bonne heure, c'est de l'histoire. Mais une simple brochure destinée à soutenir une opinion, que dans sa conviction on croit juste, ce n'est pas de l'histoire, on ne peut pas en réclamer les immunités.

Il m'est impossible d'admettre cette distinction. D'abord le nombre et la grosseur des volumes ne caractérisent pas précisément l'histoire. Ainsi, quand nous plaidions sur les Mémoires du maréchal Marmont, je me permettais, malgré les sept volumes qui les composent, de soutenir que ce n'était qu'un long pamphlet, et je crois que je le montrais par l'examen de passages innombrables, dans lesquels le duc de Raguse attaquait tous ses contemporains presque sans exception et l'Empereur le premier.

Ensuite ce que nous appelons l'histoire et ce qui doit en avoir les droits, les priviléges, les libertés, c'est tout recours au passé. Lorsque j'ai une opinion à défendre, une conviction à soutenir et qu'elle se rapporte à des personnes qui ne sont plus et qui sont entrées dans le domaine de l'histoire, surtout quand elles ont été revêtues d'un caractère public, c'est de l'histoire que je fais. Je la fais au profit d'une opinion, d'un principe, mais c'est toujours de l'histoire. Vous l'avez prévu dans votre arrêt, quand vous avez dit qu'on pouvait, dans l'histoire, donner libre cours à ses passions, à ses ressentiments, même contre le cri de la conscience publique. Vous avez bien pensé que c'était pour des écrits de polémique que vous le décidiez ainsi. Des passions, des ressentiments, un cri contraire à celui de la conscience publique, tout cela, c'est de la polémique et vous avez reconnu à la polémique les mêmes droits qu'à l'histoire. Tous les jours des questions naissent, des discussions s'élèvent où le passé est évoqué devant nous. Je demande, au nom de l'histoire, de pouvoir l'examiner librement, et, que je le réveille pour l'exposer avec calme, sans chercher à rien soutenir ni à rien prouver, ou que je le réveille au soutien d'une opinion actuelle, vivante, que je veux faire triompher, c'est toujours le passé que je réveille et que je dois réveiller en toute liberté.

Permettez-moi, pour descendre à un sujet infiniment inférieur à celui qui a fait prendre la plume à Mgr Dupanloup, permettez-moi de supposer un débat politique s'élevant entre nous et un homme d'une autre époque, qui aurait eu un grand nom dans une opinion donnée. Laissez-moi, par exemple, mettre en présence ces deux grandes questions de la liberté et du pouvoir absolu. Un homme est vanté dans l'histoire comme un des amis les plus fervents de la liberté et tout d'un coup, dans un journal, on produit un écrit émané de lui, qui contient l'apologie du pouvoir absolu, et on l'oppose à tous les héritiers de ses doctrines. Voyons, faudra-t-il subir ce testament politique qui donne raison à l'opinion contraire, et peut égarer les intelligences? N'aurai-je pas le droit de demander quel était le caractère vrai de cet homme? Et si, par hasard, dans des documents nouvellement découverts, je trouve des choses qui démentent complétement sa renommée, qui montrent que, quand on le croyait indépendant, il était soudoyé, vendu; si je trouve ces choses, si j'en ai la preuve (je l'ai dit à la Cour, je n'admets rien qui soit contraire à la vérité, rien même où la vérité soit douteuse), si j'en ai la preuve certaine, positive, je ne pourrai pas la révéler, je serai obligé de subir le démenti que ce testament soudoyé viendra donner aux opinions que cet homme a soutenues toute sa vie, aux opinions que j'ai soutenues, et que j'ai peut-être adoptées, moi, sur la foi de son nom, et de sa gloire! Non, il importe à la vérité, il importe à l'honneur des sociétés humaines, il importe à toutes les opinions (je fais une supposition, j'en ferai de tout opposées si vous le voulez), il importe que la vérité soit dite.

On me dit : mais discutez!

Discuter! Ce n'est pas la discussion qu'il me faut dans un cas pareil. La discussion de l'écrit, elle a été déjà plus d'une fois tentée. Mais j'ai un moyen de montrer que l'écrit n'est pas sincère, qu'il a été fait sous la pression d'une passion, que l'homme qui l'a laissé n'était pas indépendant quand il l'a écrit, qu'il avait trahi l'opinion de toute sa vie; pour l'honneur de l'humanité, il faut que j'aie le droit de le dire. On ne peut pas m'empêcher de le dire; on ne peut pas m'interdire de le proclamer. Il ne faut pas qu'un mensonge comme celui-là ait cours, soit adopté et puisse avoir une influence sur toute une génération.

Voilà le droit que nous demandons et, je le répète, ce droit est accordé non-seulement aux longs développements historiques publiés sur une époque, mais encore pour toute discussion importante contemporaine. Et l'homme de foi, de conviction qui, ayant la vérité entre les mains, la manifeste et empêche un grand mensonge de dominer, celui-là, je ne dis pas exerce un droit, mais accomplit un devoir, et, loin de le poursuivre comme coupable, on doit lui savoir gré de n'avoir pas reculé devant la divulgation d'une grande vérité, qui jusque-là avait été complétement altérée.

Voilà ce qui me fait croire que les principes que j'invoquais hier pour la liberté de l'histoire, Mgr Dupanloup a le droit de s'en prévaloir.

Maintenant le ministère public recherche avec raison, si c'est dans l'intérêt seul de la vérité et de son opinion que Mgr l'évêque d'Orléans a publié la brochure incriminée. Il a raison de le discuter. C'est la question en matière correctionnelle. Dans le cas où vous croyez qu'il peut y avoir un délit, c'est la question qu'indubitablement vous vous ferez. Mgr l'évêque d'Orléans, en publiant la brochure qu'il a publiée, avait-il l'intention de nuire, l'a-t-il publiée pour diffamer? Est-il vrai qu'il n'a cherché autre chose qu'à rabaisser quelques-uns de ses prédécesseurs et en particulier Mgr Rousseau?

Je pose ces questions. Je ne crains pas la réponse que vos consciences me feront. Ce n'est évidemment pas pour le plaisir de nuire à un ancien évêque, dans l'intention de le diffamer, que Mgr Dupanloup a publié sa brochure. Je ne rappelle qu'en deux mots comment il a été amené à l'écrire.

N'oubliez-pas cette lettre insérée dans le *Constitutionnel* sur la demande, je ne puis le croire autrement, et par la communication des héritiers de Mgr Rousseau, d'un des héritiers tout au moins.

M. le procureur-général me disait: Mgr Rousseau n'a pas été agresseur; pourquoi l'attaquer de cette façon?

Quoi! il n'a pas été agresseur! Celui qui sera, depuis cinquante ans, entré dans le domaine de l'histoire ne sera jamais l'agresseur. Mais ce sont ceux-là qui réclament contre nous qui ont été les agresseurs, qui ont communiqué le document à M. Granguillot, rédacteur du *Constitutionnel*, dans un moment où personne, absolument personne n'avait parlé de Mgr Rousseau. Si on disait que dans les écrits antérieurs de Mgr Dupanloup, il y avait quelque chose, un mot, une allusion à la mémoire de son prédécesseur, à la bonne heure, on pourrait trouver de sa part une provocation quelconque. Mais non, le nom de Mgr Rousseau était depuis longtemps enseveli dans les caveaux de la cathédrale, lorsqu'un de ses héritiers a jugé à propos de communiquer au rédacteur du *Constitutionnel* la lettre qui a donné lieu à tous ces débats.

Maintenant cette lettre a paru, Mgr Dupanloup a cru devoir y répondre. Devait-il y répondre? Est-ce qu'il est possible que lui qui, jusqu'à ce moment, avait soutenu avec conviction, l'honorable organe du ministère public le reconnaît, avait vivement soutenu l'opinion que les Etats temporels du Pape ne pouvaient même pas être diminués, ne fût pas touché de ce que dans ce grand débat on jetait tout d'un coup une lettre émanée d'un évêque son prédécesseur, contenant des passages comme celui-ci, le seul que je rappelle :

« Le Pape en cessant d'être le souverain temporel, reste le chef de l'Eglise catholique, apostolique et romaine, pour la gouverner dans l'esprit, dans la charité et la paix de Jésus-Christ, conformément aux saints canons, arrêtés par les conciles généraux.

» L'Empereur s'est empressé de rendre un solennel hommage à cette vérité; il a déclaré de la manière la plus franche et la plus authentique, qu'il était né au sein de l'Eglise, qu'il en était le fils aîné et qu'il voulait y vivre.

» Il est donc vrai, il est incontestable que Pie VII conserve dans toute son intégrité, dans toute son étendue la plénitude d'autorité spirituelle, la seule que le Sauveur du monde ait donnée à saint Pierre et que, de siècle en siècle, chacun de ses successeurs a, sans la moindre interruption, transmise jusqu'à nos jours. »

Et à la fin, Mgr Dupanloup lit :

« Telle est notre profession de foi comme français et comme catholique. »

Il est certain que quand les adversaires de l'épiscopat actuel trouvaient une lettre pareille émanée d'un ancien évêque français et d'un évêque à qui ils donnaient cette qualification d'être un des plus illustres prélats de l'Eglise de France, il est parfaitement certain qu'ils avaient un document important, considérable, sur lequel il était impossible que l'attention des évêques et en particulier l'attention de l'évêque actuel d'Orléans ne se portât pas.

On me dit ici : Il fallait discuter.

Quoi discuter? Mgr Dupanloup discutait depuis plusieurs mois. Dans la lettre dont je viens de donner lecture, il n'y avait pas de discussion entamée; il y avait une affirmation positive, affirmation tellement positive que l'évêque déclarait que c'était une profession de foi. La profession de foi d'un évêque! La discussion n'en était pas possible. Il n'y avait pas d'arguments à combattre, mais une affirmation à détruire. Qu'avait-on le droit de faire? J'en reviens à ce que je disais tout-à-l'heure. S'il y avait dans la situation de cet évêque, à cette époque, des raisons connues de Mgr Dupanloup qui montrassent qu'il n'avait pas une opinion indépendante, qu'il agissait sous la pression d'un sentiment qu'on a caractérisé tout-à-l'heure, de son enthousiasme pour l'Empereur qui lui avait rendu un évêché et qui avait en même temps restauré les autels en 1801, si Mgr Dupanloup a la preuve que cette pression extérieure, que ce sentiment de dévouement aux volontés de l'Empereur ont pesé sur cet évêque au point de lui faire perdre la liberté de son opinion et la juste appréciation de ses devoirs d'évêque, il doit le dire, comme tout-à-l'heure, dans l'exemple que j'ai eu l'honneur de citer à la Cour, il était nécessaire de combattre l'opinion de l'écrivain, par ce qu'on savait de son caractère.

Que voulez-vous ? Mgr Dupanloup trouve la preuve qu'à l'époque où son prédécesseur a écrit ces lignes, ses opinions n'étaient pas libres au point de vue de la religion ; qu'il était entraîné, beaucoup trop entraîné, par son enthousiasme pour le pouvoir temporel ; qu'il a oublié complétement ses devoirs envers la religion, envers le Chef de la religion. Mgr Dupanloup trouve la preuve que Mgr Rousseau, à cette époque, s'est complétement égaré, à tel point, je dirai ma pensée tout entière, qu'après avoir lu, avec la plus profonde attention, le recueil des mandements publiés par Mgr Rousseau, ce qui m'a frappé, c'est qu'il marchait tout droit et qu'il était très-près du schisme que l'Empereur voulut opérer à ce moment, c'est que les liens avec la Cour de Rome étaient pour lui aussi complétement détachés et brisés que possible. Si Mgr d'Orléans le croit, le sait, en a la preuve en mains, il doit le dire. Il ne peut pas se borner à discuter une opinion. Il doit chercher à déterminer quels étaient le caractère et la situation morale de celui qui a écrit cette lettre.

Si dans la brochure que Mgr Dupanloup a publiée, on trouvait sur Mgr Rousseau des choses tout à fait étrangères à cet ordre d'idées ; s'il eût attaqué, il n'y avait pas lieu, mais enfin, s'il eût essayé d'attaquer ses mœurs, s'il eût attaqué dans Mgr Rousseau d'autres défauts qu'il aurait divulgués, on pourrait me dire : pourquoi avez-vous fait cela ? cela n'a aucun rapport à votre question. Mais quand il s'agit entre lui et ses adversaires de la question du pouvoir temporel du Pape, quand on ne cite la lettre de Mgr Rousseau que pour montrer qu'il ne faisait aucun compte du pouvoir temporel du Pape et qu'il reconnaissait la puissance du Pape comme aussi forte, aussi considérable et aussi respectable, après qu'il avait été chassé ou arraché du palais de Rome, que quand il était en pleine puissance du trône pontifical, il doit donner toutes les preuves que Mgr Rousseau sur ce point, quant à cette question, était un juge tout à fait partial, qu'on ne devait pas s'en rapporter à lui, que sa situation et son caractère comme évêque ne permettaient d'accorder aucune autorité à ce qu'il avait dit sur ce point. Et, je ne crains pas de le dire, on a parlé des effets qu'a produits la publication de Mgr Dupanloup : elle n'a produit qu'un effet, c'est de montrer, et on ne le contestera pas au procès, que, dans la situation que Mgr Rousseau s'était faite, il n'avait aucune autorité sur cette question. L'Empereur avait, par un décret, supprimé complétement les Etats pontificaux; il était tout naturel que Mgr l'évêque d'Orléans de cette époque, tel que nous le connaissons, écrivît dans la lettre qui a été publiée et que Mgr Dupanloup a réfutée, que le pouvoir temporel du Pape était inutile et qu'il suffisait de lui avoir laissé, quant à présent, le pouvoir spirituel.

Voilà donc le but de la publication de Mgr Dupanloup. Il ne l'a pas faite pour nuire, pour diffamer. Ce n'est pas le but vers lequel il a tendu. Une grande question s'agitait. Personne ne peut s'en dissimuler l'importance. Il y était intervenu. Il avait le droit, il avait le devoir d'y intervenir. On lui opposait un document important. Il avait le droit, en examinant la vie et les actes de celui qui, mort il y a cinquante ans, a laissé ce document, de prouver qu'il n'a pas l'importance qu'on veut lui donner.

Mais, me dit-on, il y a bien d'autres circonstances qui tendent à prouver que Mgr Dupanloup ne cherchait qu'à nuire. Pourquoi dans cet annuaire, a-t-on supprimé le nom de Mgr Rousseau ?

Comment ! il faut que Mgr Dupanloup réponde de cet annuaire? Est-ce que c'est lui qui le fait publier? Cet annuaire, ainsi que l'annonce un avis qui est en tête, est publié sous les auspices du ministre des cultes, et d'après un arrangement passé avec lui. Que voulez-vous? On a commis une erreur dans cet annuaire, je le veux bien; mais enfin Mgr Dupanloup n'en peut pas être responsable.

Vous dites: Ce sont ses écrits qui ont produit cette erreur.

Tenez! il y a dans cette lettre un évêque qui a été attaqué en moins de mots, mais encore plus vivement que Mgr Rousseau, c'est Mgr de Jarente. Il est attaqué comme évêque constitutionnel. Je n'ai pas besoin de vous rappeler la constitution civile du clergé en 1791. Les évêques qui avaient prêté le serment que la constitution civile du clergé leur imposait, étaient complétement séparés de l'Eglise romaine. Mgr de Jarente était un de ces évêques. Eh bien, il figure dans la liste de l'annuaire. Vous voyez donc que la brochure de Mgr Dupanloup n'a eu aucun effet sur la rédaction du livre que j'ai entre les mains.

Vous me dites qu'il a été publié le 10 mars. On me rapporte un journal qui en effet le porte à la date du 10 mars. N'a-t-il été publié que ce jour-là? Je n'en sais rien. A quelle époque a-t-il été composé? Je l'ignore encore bien davantage. Il n'y a rien qui me montre que ce gros volume ait été fait en vue de l'ouvrage de Mgr Dupanloup.

Il y avait des annuaires qui avaient été publiés antérieurement. *La France ecclésiastique* n'en est pas à sa première publication. Si nous avions eu le temps, si toutes les objections qui nous sont présentées ne venaient pas en un tel moment, que nous sommes obligés d'y répondre immédiatement, nous aurions vu dans un numéro précédent de *la France ecclésiastique* si le nom de Mgr Rousseau y figurait. Et, à vrai dire, je m'étonne que nos adversaires, si habiles pour préparer une attaque, n'aient pas fortifié l'objection qu'ils nous font en rapportant le volume précédent et en nous disant : Voyez, dans le volume précédent, Mgr Rousseau est inscrit, à sa date, comme l'un des anciens évêques du diocèse d'Orléans, et c'est seulement dans le volume de 1860 que son nom ne figure plus. L'objection aurait eu alors quelque portée, sauf ce que je viens de dire à la Cour. Mais on n'a pas même rapporté le volume précédent : cela me fait fort soupçonner que l'erreur remonte à une époque assez ancienne, et, comme les héritiers Rousseau, pour lesquels on manifeste un si vif intérêt, ne s'occupaient pas beaucoup à cette époque du souvenir de leur oncle, eux-mêmes n'ont pas remarqué que Mgr Rousseau ne figurait pas dans *la France ecclésiastique*.

Ainsi cela n'est pas de nature à prouver que Mgr Dupanloup ait cherché à nuire par la brochure qu'il a publiée.

Mais M. le procureur-général me dit : Pourquoi ne pas tout dire? Pourquoi ne pas dire le bien comme le mal? Pourquoi ne pas raconter toute sa jeunesse, qui a eu un certain éclat, son émigration, son testament? Pourquoi ne pas dire qu'il n'a laissé que 1,500 francs aux pauvres de son ancien diocèse et 1,500 francs aux pauvres du nouveau? Pourquoi tout cela ne se trouve-t-il pas dans votre brochure?

Si Mgr Dupanloup avait eu l'intention de faire une biographie de son prédécesseur, on pourrait lui reprocher d'avoir choisi dans sa vie les actes qui tendraient à blâmer Mgr Rousseau, et d'avoir omis complétement ceux qui lui étaient favorables. Mais enfin ce n'était pas une biographie que faisait Mgr Dupanloup; c'était une polémique dans laquelle il était engagé. Il avait à parler de tout ce qui s'était passé au diocèse d'Orléans et en réalité il ne connaissait que cela, et vous voyez que sur ce qu'a dit Mgr Dupanloup sur les trois années de siége épiscopal de Mgr Rousseau à Orléans, on n'a rien démenti. On vous parle de son ancienne gloire, des sermons qu'il a prononcés, de son émigration, de l'oraison funèbre de Marie-Antoinette, qu'il a faite à l'armée de Condé. Il ne s'agit pas de cela entre nous. Pendant qu'il était à Orléans, pendant ces trois années, est-il vrai qu'il était tellement sous le charme des victoires et de la grandeur du souverain qui gouvernait alors la France, qu'il en oubliait ses devoirs épiscopaux? C'est pour nous toute la question. Quant à son testament, Mgr Dupanloup déclare qu'il ne le connaissait pas. C'est un papier de famille qui n'est pas déposé dans les archives de l'évêché d'Orléans.

A vrai dire, dans une question où il n'y a pas des communications comme dans les procès civils, où on ne peut pas examiner tous les faits qu'on cite, j'ai un doute que n'a pas M. le procureur-général sur cette fortune si modeste qu'on n'a même pas pu donner 1,500 fr. aux pauvres d'un diocèse et 1,500 fr. à ceux de l'autre; voici pourquoi : c'est que Mgr Rousseau avait été obligé de constituer un majorat de 15,000 fr. pour avoir le titre de baron; c'est que le titre de baron de l'Empire, aux termes du décret du 1er mars 1808, que M. le procureur-général connaît aussi bien que moi, ne pouvait reposer que sur la constitution d'un majorat de 15,000 fr. Je sais que la propriété du majorat a pu se transmettre à ses héritiers : mais celui qui constitue un majorat de 15,000 fr. n'est pas dans l'état de dénuement, de pauvreté où on représente Mgr Rousseau, et que, d'ailleurs, excluraient tous les documents particuliers que j'ai entre les mains.

A l'occasion de tous ces documents, on trouve une autre preuve de la partialité de Mgr Dupanloup. On dit qu'il a pris à l'évêché non-seulement les mandements imprimés, qui font partie de la bibliothèque, mais des lettres adressées au cardinal Maury, à l'archichancelier de l'Empire, au ministre de l'intérieur, au ministre des cultes. On considère tout cela comme des documents confidentiels dont Mgr Dupanloup ne pouvait pas faire usage.

J'en demande pardon ; ce ne sont pas des documents confidentiels : ce sont des documents historiques, et c'est précisément le caractère des circonstances dans lesquelles nous plaidons, que l'auteur de ces documents, comme ces documents eux-mêmes, appartienne à l'histoire. Je l'ai dit et je le répète : il n'y a pas de voyageurs curieux, d'historiens cherchant à s'éclairer sur le passé de la ville d'Orléans, qui ne vienne tous les jours à l'évêché, et mon savant confrère, Me Plocque, y viendrait demain, et demanderait, lui qui a le goût des antiquités, à vérifier les documents déposés à l'évêché, qu'on lui communiquerait tout. Il connaîtrait non-seulement les documents imprimés, mais les documents écrits. Ils sont là à titre d'archives, et je répète qu'une histoire d'Orléans a été faite sur ces documents mêmes. Il n'y a donc pas là le caractère qu'on a voulu donner d'un dépôt confidentiel qu'aurait violé Mgr Dupanloup ; il y a un recueil de documents historiques que tout le monde peut consulter et qu'il a le droit de consulter comme tout le monde.

Ainsi, repoussez, je vous en conjure, de la part de Mgr l'évêque d'Orléans, l'intention, à un degré quelconque, de nuire à la mémoire de son prédécesseur. Il a exprimé son regret très-sincèrement, du fond de l'âme, mais il a dit : J'ai une cause à soutenir, une cause qui m'est chère, à laquelle je suis intimement lié : je ne puis pas, même par ces mollesses, laisser passer l'idée qu'il s'est trouvé un évêque libre de ses opinions, ne cédant à aucune pression extérieure, indépendant dans ses appréciations, qui ait pu écrire ce que Mgr Rousseau a écrit, dans la lettre qu'on vient de publier.

Ainsi, aucune intention de nuire ; dès lors, aucun délit.

Mais il a été très-vif dans ses expressions ! En conscience, avec le sentiment d'un grand devoir à accomplir, avec l'impatience légitime de faire disparaître de ce débat la malheureuse lettre de 1810, pouvait-il s'abstenir de dire que son prédécesseur avait cédé aux faiblesses d'un caractère servile ? Je vous ai fait connaître hier l'opinion de Bossuet sur les ecclésiastiques qui subordonnent leur conduite et l'exercice de leur ministère aux désirs du pouvoir temporel. Ce qu'a dit Bossuet, voilà le plus ferme défenseur des libertés de l'Eglise gallicane, Claude Fleury, qui le dit, à peu près dans les mêmes termes :

« La flatterie et la complaisance serviles sont des vices odieux. La liberté et le courage à soutenir la vérité sont des vertus chrétiennes qui font partie de la piété. » (Opuscules p. 6.)

Plus loin :

« Ceux qui, parce que le Pape n'est pas leur seigneur temporel, croient qu'ils n'ont pas de mesure à garder en parlant de ses droits, donnent lieu de soupçonner que leur respect pour le Roi, ne vient que d'une flatterie intéressée ou d'une crainte servile. »

Vous le voyez, Fleury, comme Bossuet, avait fait à l'avance le portrait de cet évêque.

Le langage de Mgr Dupanloup, en parlant de lui, est le même que celui qu'ils emploient pour caractériser une faute semblable. Du reste, il ne lui reproche pas d'avoir loué l'empereur, mais d'avoir été exagéré et singulièrement exclusif dans ces éloges, au point d'oublier les droits du pouvoir spirituel et de manquer au serment qu'il avait fait à l'Eglise, le jour où il avait été préconisé évêque.

La lettre même que le *Constitutionnel* a publiée ne justifie que trop les reproches que son successeur lui a adressés. Voyez le début :

« Messieurs, le sénatus-consulte du 17 février est un de ces grands événements que Dieu prépare dans le secret de ses conseils et qu'il permet dans sa sagesse, sans que qui que ce soit puisse usurper le droit de l'interroger. »

Qu'est-ce que ce décret du 17 février, sur lequel s'exprimait ainsi Mgr Rousseau? C'est le décret par lequel l'Etat de Rome est réuni à l'empire français, en fait partie intégralement et forme deux départements de Rome, le département de Rome et le département de Trazimène.

Selon l'art. 12 :

« Toute souveraineté étrangère est incompatible avec l'exercice de toute autorité spirituelle dans l'intérieur de l'empire. »

Selon l'art. 13 :

« Lors de leur exaltation, les Papes prêteront serment de ne jamais rien faire contre les quatre propositions de l'église gallicane, arrêtées dans l'assemblée du clergé en 1682. »

Art. 15. « Il sera préparé pour le Pape des palais dans les différents lieux de l'empire où il voudrait résider, deux millions de revenus, etc. »

Voilà le décret du 17 février 1810 au sujet duquel Mgr Rousseau écrit sa lettre. Quoi! toute souveraineté étrangère est incompatible avec l'exercice de toute autorité spirituelle dans l'intérieur de l'empire? C'est le renversement absolu du Concordat de 1801. Le Concordat de 1801 est un compromis, une transaction entre les deux puissances, transaction sage, excellente, qui passera toujours pour un des titres de gloire du premier consul, et l'Empereur le brise! L'autorité d'une des parties contractantes est absolument supprimée. Parlez du restaurateur des autels, de celui qui a fait le Concordat de 1801, mais n'exaltez pas en même temps le souverain qui l'a détruit.

J'avais été choqué de ce que dans la plupart de ses écrits comme dans les phrases que je viens de rappeler, il montre Dieu présent, agissant dans tous les actes de l'empire; il montre Napoléon comme admis à partager les desseins de Dieu. On me répond qu'en cela l'évêque d'Orléans n'a rien dit de nouveau, que c'est une idée vieille comme le monde, que rien ne s'y passe sans la volonté de Dieu. Sans doute, mais je ne puis croire qu'il nous prescrive d'adorer tout ce que le libre arbitre de l'homme peut enfanter de folie. Mgr Rousseau aurait été trop modéré dans ses éloges. Il aurait dû dire plus clairement encore que l'Empereur en dépouillant le Pape de ses Etats, en le faisant arracher de son palais, le tenant enfermé à Savone, avait accompli les desseins de Dieu; il aurait dû admirer ces actes de violence et apprendre aux élèves de son séminaire à les admirer comme lui.

Je ne puis croire que ce soit là un devoir. Je crois que Mgr Rousseau est allé beaucoup trop loin dans son admiration, et que quand cette lettre a paru, l'évêque son successeur a été autorisé à dire ce qui devait la priver de son autorité.

A la suite de tout cela, on me dit : Reprocher à Mgr Rousseau d'avoir oublié les malheurs du Pontife par qui il avait été préconisé, qui avait reçu ses serments d'évêque, c'est fermer les yeux sur la lettre même qui est l'objet de ce débat. Mgr Rousseau engage au contraire les élèves auxquels il s'adresse à aller se jeter au pied du trône pontifical :

« Enfin, du pied du trône impérial, où ils reconnaissent dans Napoléon l'héritier de la puissance de César, de qui Jésus-Christ a dit : « Rendez à César ce qui appartient à César, et à Dieu ce qui appartient à Dieu, » vous les conduirez au pied du trône pontifical, où ils trouvent dans Pie VII le successeur du chef des apôtres, et, par une succession non interrompue, le dépositaire de toute son autorité spirituelle. »

Il est remarquable que cette phrase est la seule que l'on puisse citer d'après les écrits que possèdent les archives de l'évêché. Il y aurait eu aussi une circulaire ou lettre particulière au sujet du changement survenu dans la situation du Pape; mais il a été impossible de la trouver. — Est-elle sérieuse, est-elle une dérision ? Que veut-il dire? Où était-il ce trône pontifical? Dans une sorte de prison à Savone, où languissait un vénérable vieillard, privé de plume, d'encre, de conseillers, d'amis, sans communication avec le monde catholique. Si vous vouliez prier pour le Pape, il fallait demander d'abord ce qu'a demandé Mgr de Boulogne, c'est-à-dire qu'il fût rendu à la liberté et qu'il y eût quelque part au monde un lieu où les élèves auxquels s'adressait Mgr Rousseau, pussent le trouver pour lui présenter leurs hommages.

Il n'était pas un héros, j'en conviens, dit M. le procureur-général; y avait-il beaucoup de héros à cette époque? Mgr de Boulogne, dans le sermon qu'il a prononcé à l'ouverture du Concile de 1811, a donné des éloges à l'Empereur.

Je ne le blâme pas d'avoir donné des éloges à l'Empereur. C'était peut-être dans la nécessité de sa situation. Mais il savait faire la part des deux puissances dont il dépendait. Il ne s'est pas jeté complétement du côté du pouvoir temporel en sacrifiant son chef spirituel, et en même temps qu'il donnait des éloges aux grands actes de l'empire, il savait terminer par des prières pour que le Saint-Pontife détenu à Savone fût rendu à la liberté. Vous parlez des éloges donnés par Mgr de Boulogne à l'Empereur. Savez-vous ce qu'ils lui ont valu? Immédiatement après que le Concile a été dissous, trois évêques, et Mgr de Boulogne était du nombre, ont été conduits prisonniers à Vincennes. Pendant deux mois ils sont restés à Vincennes, privés de toute communication, dans la même situation cellulaire où était le Pape à Savone. Après avoir été mis en communication entre eux, ils sont restés là encore assez longtemps détenus dans la prison de Vincennes, et pendant ce temps 22 cardinaux étaient internés dans différentes parties de l'empire. Je ne veux pas rappeler toutes les misères religieuses de cette époque; mais je vous montrerais, et je le ferais facilement, qu'à côté des prélats qui ont été trop faibles, quoiqu'aucun peut-être ne l'ait été au même point que l'évêque d'Orléans de cette époque, il y en a beaucoup qui ont été énergiques, qui ont soutenu dans une juste mesure les droits de la puissance spirituelle. Il y en a eu beaucoup, et Mgr Dupanloup, à la fin de l'écrit qu'on incrimine, a eu soin de le rappeler, qui ont été fermes, énergiques, et qui ont su, pour leur conscience et leur foi, souffrir même la persécution.

Ainsi, voilà tout le débat : l'évêque d'Orléans de 1810, dont la lettre a pu paraître un moment avoir une grande autorité, était-il libre dans son expression, indépendant dans son opinion? Mgr Dupanloup répond simplement qu'il ne l'était pas. Pourquoi ne l'était-il pas? Il le prouve par son caractère et par ses actes. Ne me dites pas qu'il a été ferme à une époque antérieure. Ce n'est pas la question qui s'agite dans ce débat. Qu'a-t-il été en 1810? N'était-il pas, comme disent Bossuet et Fleury, un de ces prélats, courtisans serviles du pouvoir temporel sous lequel il vivait, à qui il demandait des honneurs, des grâces, dont il flattait les ministres et les familiers? Mgr Dupanloup est convaincu que c'est là son portrait. Il le dit, il ne peut pas ne pas le dire : il manquerait à sa foi s'il le taisait.

Enfin, on nous a dit : La preuve que Mgr Dupanloup avait un autre but que de répondre au discours de Mgr Rousseau, c'est qu'il a attaqué d'autres évêques du même siége d'Orléans.

Mgr Dupanloup a, en effet, parlé de deux autres évêques.

Il a parlé de Mgr de Jarente. Mgr de Jarente avait été évêque constitutionnel d'Orléans. Mgr Dupanloup l'a rappelé ; personne, jusqu'à ce moment, ne s'en est plaint.

Mais Mgr Raillon, notre client a dit ce qu'il avait fait. Il paraît, d'après ce qu'a cru Mgr Dupanloup, et le contraire ne lui a pas été démontré, que Mgr Raillon a administré, sans autorisation du Pape, son diocèse d'Orléans : c'était le schisme auquel tendait l'Empereur et que le Concordat condamne absolument. Un débat s'est engagé sur le fait lui-même ; il n'est pas dans notre cause actuelle. On a fait ce que les héritiers Rousseau auraient fait s'ils n'avaient pas cédé à des suggestions étrangères : M. de Malroguier, parent de Mgr Raillon, qui s'est trouvé blessé, a écrit à Mgr Dupanloup, lui a demandé sur quoi il fondait une accusation si grave. Il a cherché à lui communiquer des documents contraires. Mgr Dupanloup a répondu par la voie des journaux, et je conjure la Cour, si elle se préoccupe de ce qui s'est passé entre eux sur ce point, de lire cette magnifique réponse. Il a reçu depuis une lettre pleine de déférence, dans laquelle M. de Malroguier promet de prendre des renseignements nouveaux et espère y trouver la justification de ses plaintes. Ainsi se termine ce débat historique, dignement, pacifiquement, entre des hommes qui cherchent la vérité et la mettent au-dessus de toutes choses. Il en aurait été de même avec les héritiers Rousseau si, au lieu de commencer par une plainte en police correctionnelle, à la suite du *Siècle*, ils étaient venus demander à Mgr Dupanloup sur quels documents il faisait reposer les reproches qu'il avait adressés à Mgr Rousseau.

Toute la pensée de Mgr Dupauloup est dans les derniers termes de sa lettre adressée à M. de Malroguier à l'occasion de Mgr Raillon :

« Que Mgr Raillon se soit fait illusion, dit-il, je n'ai pas à l'examiner. Qu'il ait, dans la suite de sa vie, réparé ses torts et laissé, à Dijon et à Aix, d'honorables souvenirs, je suis loin de le méconnaître ; mais, dans une cause où les plus grands principes sont engagés, et sur des événements historiques qu'il est d'une si grande importance de bien juger, je devais défendre et proclamer la vérité. Je vous devais mes raisons et mes preuves, monsieur ; je les devais au public.

» En tous cas, si malgré tant de preuves que j'ai dû croire décisives, je me suis trompé ; si vous avez des pièces nouvelles, des renseignements inconnus et sûrs à me présenter, je serai heureux d'en donner connaissance au clergé d'Orléans, de les consigner dans nos archives et d'effacer ainsi dans mon diocèse de regrettables souvenirs.

» Ce n'est pas la première fois que de telles luttes s'élèvent, même entre des prélats vivants. Bossuet autrefois, repoussant les imputations qu'on affectait de répandre sur ses motifs et sur ses procédés, disait avec une noble fierté :

» Quant à ceux qui ne peuvent se persuader que le zèle de défendre la vérité soit pur, ni qu'elle soit assez belle pour l'exciter toute seule, ne nous fâchons pas contre eux. Ne croyons pas qu'ils nous jugent par une mauvaise volonté, et après tout, comme dit saint Augustin, cessons de nous étonner qu'ils imputent à des hommes des défauts humains. »

Ces réflexions étaient faites à l'occasion de la querelle élevée entre lui et Fénelon.

Si je vous rapportais les expressions dont, par de purs motifs de foi, le grand évêque de Meaux se servait à l'égard de cet illustre archevêque de Cambrai, vous verriez de quels termes on peut se servir lorsqu'on a une foi à défendre, et comment, plus l'adversaire est grand, plus on sent le besoin d'être énergique.

C'est surtout dans de telles luttes où la foi est engagée, que l'on doit observer ce conseil de saint François de Sales : « Il faut rondement et franchement dire mal de tout ce qui est mal. »

RÉPLIQUE DE Me BERRYER.

M. Berryer se lève pour répliquer.

M. le Président. — Vous voyez que vous n'avez plus rien à dire.

M. Berryer. — Je ne vais donc rien ajouter aux conclusions qu'a prises M. le procureur-général sur la plainte du *Siècle*. Mais dans toutes les paroles très-mesurées que ce magistrat a fait entendre, il en est une que nous ne pouvons pas subir, c'est le mot de « compensation. »

A cet égard, je n'ai besoin de développer aucunes considérations. Elles doivent naître naturellement dans vos cœurs et dans vos intelligences, en examinant le caractère et la situation des parties qui sont en votre présence. Mais j'insiste pour repousser l'idée d'une compensation entre de telles personnes ; une semblable idée ne peut être accueillie par les dispensateurs de la justice.

Il vous suffira, Messieurs, de relire la *deuxième Lettre à un catholique :* vous y verrez en quels termes énergiques Mgr l'Evêque d'Orléans, développant et résumant toute sa pensée, proclame la puissance qu'aurait contre les ambitieux et les factieux une déclaration des droits du St-Siége reconnus et maintenus par les souverains de l'Europe ; quelle foi entière il a dans l'efficacité des déterminations d'un Congrès, seule arme qu'il invoque, et qu'il appelle de tous ses vœux. Vous reconnaîtrez alors la violence, l'iniquité, la mauvaise foi des articles que le *Siècle* a publiés, notamment le 21 janvier, et dans lesquels, malgré la sagesse et la réserve de son langage, Mgr Dupanloup est qualifié de « ligueur fougueux. »

Permettez-moi d'ajouter un mot ; j'ai besoin de satisfaire plus complétement ma conscience et de repousser encore l'imputation d'esprit de parti et d'opposition systématique si étrangement dirigée contre Mgr l'Evêque d'Orléans. Laissez-moi vous lire un seul paragraphe d'un écrit qui a précédé de très-peu de jours la publication du document qui a été le prétexte du procès actuel.

Le 2 février, Mgr l'évêque d'Orléans transmettait à son diocèse la dernière Encyclique de notre Saint-Père le Pape. Voici en quels termes il s'adresse à son clergé :

« Messieurs les curés comprendront que, dans les graves circonstances où nous nous trouvons, ils doivent, en publiant soit les lettres apostoliques, soit nos lettres pastorales, et en faisant les prières prescrites pour l'Eglise et pour le Saint-Siége, s'abstenir de tout commentaire. Nul de leurs paroissiens ne peut se méprendre sur leurs sentiments d'obéissance, de respect et de dévouement pour le Pape; et ils éviteront, par cette sage réserve, toutes les interprétations que des esprits malveillants pourraient vouloir donner à leurs paroles. »

Voilà ce qu'on a appelé une « croisade cléricale. »

M. le Président. — Monseigneur, avez-vous quelque chose à ajouter à votre défense?

Mgr Dupanloup. — Quelques courtes observations.

OBSERVATIONS DE MONSEIGNEUR DUPANLOUP.

Messieurs,

Je regrette d'avoir quelques mots à dire après tant d'éloquentes paroles qui retentissent encore dans cette enceinte : je crains d'ajouter à la fatigue d'une audience déjà si prolongée.

Mais ces quelques mots, je vous les dois, Messieurs, je les dois à moi-même : je les dirai donc.

Mes éminents défenseurs, qu'ils me permettent de les nommer mes nobles et généreux amis, ont admirablement présenté ma défense. Après eux, il ne me reste à dire que ce qu'ils n'ont pu dire eux-mêmes, ce qu'on n'a pu ou voulu me demander, dans une réserve au reste dont je suis reconnaissant.

Un évêque qui vient ici, Messieurs, y paraît dans un double sentiment: avant tout, le respect de cette égalité devant la loi, de cette justice pour tous, qu'un de mes adversaires n'avait pas besoin de me rappeler avant-hier, car ma présence y rend hommage, et je vois au-dessus de vos têtes l'image de Celui qui donna ces bienfaits au monde.

En second lieu, je laisse hors de cette enceinte ce qu'on nomme ma dignité d'évêque, mais j'y apporte toute ma conscience; et c'est elle qui me décide non pas seulement à répondre sur ce qui m'est demandé, mais à dire spontanément ce dont nul ne me demande compte, mes intentions et mes pensées, sans chercher si mes paroles m'exposent ou m'excusent.

Avant tout donc, qu'ai-je fait et voulu faire dans toute cette grande cause et depuis sa première origine?

J'ai voulu défendre l'autorité spirituelle du Chef suprême de l'Eglise dans sa souveraineté temporelle, parce que ma conviction est profonde sur ce point, profondément réfléchie ; non pas née d'hier, et d'un voyage, comme on l'a dit si étrangement, mais ancienne et constante : et dès 1848, je publiais sur la souveraineté temporelle du Pape un livre où je disais :

« Tous reconnaissent que la souveraineté temporelle du St-Siége est intimement liée, dans le dessein manifeste de Dieu, à sa souveraineté spirituelle;

» Que la liberté de la conscience et l'indépendance de la vérité catholique sont providentiellement unies à la liberté et à l'indépendance du Pape;

» Que pour la sécurité de toute l'Eglise, il faut que le Pape soit libre et indépendant;

» Il faut que cette indépendance soit souveraine ;

» Il faut que le Pape soit libre et qu'il le paraisse ;

» Il faut que le Pape soit libre et indépendant, au dedans comme au dehors. »

Tout le livre n'était que le développement de ces propositions et de ces principes; et la lutte que je soutins à cette époque, pour cette grande cause, me donna d'illustres amitiés, qui me sont restées fidèles.

Je le disais surtout avec tout l'épiscopat français; et aujourd'hui encore c'est avec tout ce grand et vénérable épiscopat, sans une exception, que je parle. Que dis-je? c'est avec tout l'épiscopat catholique, qui, d'un bout du monde à l'autre, a fait entendre sa voix dans ces adresses unanimes, qui portaient aux pieds du St-Père, non-seulement le témoignage du respect pour ses inviolables droits, mais aussi l'hommage du dévouement et du respect pour ses malheurs.

Donc, avec tout l'épiscopat catholique, j'ai défendu l'indépendance, c'est-à-dire la souveraineté du Chef de l'Eglise.

Voilà ce que j'ai fait, Messieurs, voilà ce que j'ai voulu faire.

Mais vous l'avez fait, me dit-on, vous le faites avec trop d'émotion.

Avec trop d'émotion! Eh bien, Messieurs, que Dieu voie et me juge! Voyez-moi et jugez-moi vous-mêmes!

Ici, Messieurs, je suis obligé de vous le dire : un partage a été fait dans cette cause; mes avocats l'ont regretté, je l'ai regretté moi-même. Je ne reviens pas sur ces regrets, mais je dois le dire, bien que la cause ait été partagée il n'y a point ici de partage pour moi : je n'ai qu'une âme ici; dans le vrai, il n'y a qu'une cause, celle que je défends; je n'y ai eu qu'un zèle, je n'y ai eu qu'une émotion; et j'ai besoin de vous dire d'où elle est née, cette émotion profonde; qui l'a jetée d'abord en moi, quelles sont les attaques contre l'Eglise qui m'ont touché si vivement et qui ont enfin amassé dans mon âme ces émotions et ces tristesses, dont je rends compte aujourd'hui et dont l'expression se retrouve tout entière dans l'écrit qui m'amène devant vous.

M. le procureur-général a déclaré que mes premiers adversaires n'étaient pas admis à se plaindre : je le crois comme lui ; seulement, il a parlé de compensation. Pour moi, je suis obligé de dire que la compensation est impossible, impossible ici ; je ne l'accepte à aucun titre, et voici mes raisons en même temps que les profonds motifs de l'émotion dont je vous rends compte.

Je ne parlerai pas de tout ce que le *Siècle* a dit de moi ; vous l'avez entendu, et d'ailleurs, je dois le dire, ce n'est point là ce qui m'a ému ; sauf une phrase, tout ce qui m'a été personnel m'a laissé froid. Je vous lisais chaque jour, car je m'étais abonné à votre journal, dont on me disait que la religion avait bien à se plaindre, qu'il y avait là une attaque profonde, immense contre l'Eglise.

On ne m'avait point trompé.

J'ai donc dû lire pendant trois mois tout ce que cette audience a entendu contre moi, et je n'en ai pas été ému.

Mais vous avez dit contre l'Eglise, dont je suis le fils et l'évêque, contre le clergé et contre les prêtres dont je suis le père, et dont je dois être le protecteur et l'ami, vous avez dit des choses qui ne se disent de personne sur la terre ; alors je me suis ému, j'ai senti que vous veniez blesser les affections qui me sont les plus chères et les plus sacrées, jusque dans mon cœur et dans mes entrailles ; vous avez dit :

« Le clergé enrégimente toutes les ignorances, toutes les superstitions, toutes les couardises ; » — vous avez dit cela ; vous avez dit encore : « Le clergé vit d'abus ; » puis vous avez parlé « de toutes les tyrannies, de toutes les simonies, de toutes les exploitations religieuses organisées au nom de Dieu ; »

Vous avez dit que « le clergé et ses corporations religieuses ont intérêt à tenir Dieu sous clefs, à faire commerce d'indulgences, à vendre le paradis » ; enfin cette indignité qui fait de nous les plus vils des hommes :

« Le clergé veut vivre le plus longtemps possible : et longtemps après que la croyance est morte, il la galvanise, et fait croire qu'elle vit encore : — « Tous les désordres, tous les maux, tous les chocs violents dont l'humanité a eu à souffrir, toutes les discordes qui l'ont divisée sont venues du clergé parlant au nom de Dieu. »

Voilà ce que vous avez dit du clergé, et mille autres choses plus odieuses les unes que les autres, et que le temps ne me permet pas de rappeler.

Voici comment aussi vous avez traité les évêques :

Vous avez été jusqu'à dire : « Les évêques font des appels factieux, troublent les familles, calomnient du haut de leur grandeur les intentions les plus pures. » — « Les évêques ne se sont si fort émus pour le Pape que parce qu'ils ont craint que si le gouvernement pontifical, délivré du souci des affaires temporelles, travaillait davantage à la direction spirituelle des âmes, les évêques de France ne fussent obligés d'en faire autant. » — « Nous croyons que les évêques céderaient volontiers le royaume des Cieux à qui leur laisserait les royaumes de la terre. »

Voilà ce que vous avez dit des évêques, et bien d'autres choses encore. Mais laissons les évêques. Dans cette voie des outrages, vous pouviez mieux faire encore, et vous n'y avez pas manqué!

Quelles que soient les tristesses de nos cœurs, à nous, évêques, il y a à cette heure sur la terre un cœur plus grand et plus malheureux que le nôtre! un cœur trompé! un cœur doux et confiant, s'il en fut jamais! un Pontife généreux, qui n'a rencontré ici-bas que l'ingratitude pour prix de son dévouement et de son amour pour ses peuples; qui, après avoir donné le signal des réformes utiles à tous les souverains de l'Italie, a vu se retourner contre lui tous ses bienfaits, et qu'enfin on a chassé de la ville éternelle! Mais il serait superflu de redire ici ses malheurs : le monde entier les connaît, et l'avenir en racontera la gloire. Eh bien! c'est le Pontife magnanime, mais abattu, humilié comme chacun le voit et le sent à cette heure, que vous avez outragé dans ses amertumes comme on n'outrage pas !

C'est vous qui avez dit en parlant de lui, dans cette langue.... que vous seuls savez.... : « *Le Pape Romain, la Papesse anglicane, le Pape suédois, le Pape grec, le Pape russe, le Pape musulman,* » tout cela, mêmes personnages, même imposture.

Mais tout cela n'était rien : « Le Pape peut oublier la doctrine de l'Evangile, mais il ne saurait vous le faire oublier. »

Vous le faire oublier!.... à vous! à vous!

Et encore :

« Le Pape s'appuie sur la superstition, sur d'abominables abus. »

Enfin, vous avez été jusqu'à dire :

« Il a fait entrer dans l'infortunée Pérouse des bandes de forcenés » dont l'audace est allée jusqu'à forcer les portes des couvents et atten- » ter à la pudeur des religieuses. »

Voilà ce que vous avez dit, et je dois avouer que mon horreur pour l'esprit qui vous inspire montait à son comble ; et cependant vos outrages devaient monter encore plus haut. Il est un Nom que la terre adore, et que la justice humaine fait présider à ses jugements..... Eh bien! ce Nom auguste et divin, ces hommes qui en ce moment m'accusent, voici ce qu'ils en ont fait : « *Romanciers d'Angleterre et de France, raconteurs » colosses, Moïse, Mahomet,* JÉSUS! *Shakespeare, Hugo, Gœthe, philoso- » phes dans l'abstrait et le concret.* »

JÉSUS ! Shakespeare ! Hugo !

Je ne m'étonne pas après cela que vous ajoutiez que « l'Eglise a de- » puis longtemps perdu le sens de l'Evangile... » Mais ce qui m'étonne, c'est qu'après cela, vous veniez nous parler d'honneur !

L'honneur, l'honneur ! Ah ! vous en parlez à votre aise. Croyez-vous donc, parce que nous sommes prêtres, que nous n'avons ni cœur ni âme !

Parce qu'il y a en nous un double honneur, l'honneur humain et l'honneur sacerdotal, croyez-vous donc que chaque jour vous puissiez le blesser à coups redoublés, l'immoler à plaisir, sous les yeux de ces 50,000 abonnés et de ce million de lecteurs dont votre défenseur parlait tout-à-l'heure, sans que nous le sentions, sans que nous poussions un cri ! Les martyrs mouraient en silence...., mais quand on outrageait en eux leur foi, leurs frères, leur père, leur mère, leur Dieu, ils élevaient la voix et protestaient ! Et rien n'a pu éteindre cette voix....., et la conscience du genre humain est demeurée avec eux.

Vous vous étonnez de mon émotion?..... Mais cette Eglise insultée par vous chaque jour..., vous ne savez donc pas que je n'en suis pas seulement l'Evêque? J'en suis le fils, elle est ma mère. Et quand un fils voit sans cesse sous les yeux du monde entier indignement outrager ce qu'il a de plus cher au monde, vous voulez qu'il ne sente rien, qu'il ne dise rien et qu'il n'y ait pas même un cri contre vous dans son âme indignée !

Eh bien ! messieurs, je vous l'ai dit, vous le savez maintenant, voilà ce qui m'a ému ; voilà ce qui a jeté, amassé au fond de mon âme, ces émotions dont vous me demandez compte. Mais, si je n'avais pas été ému, si je ne l'étais pas à cette heure encore, m'estimeriez-vous? L'émotion de l'honneur blessé dans ses respects les plus délicats n'est-elle pas sacrée? Qui jamais osa en discuter les accents?... qui peut les juger?.....

Nous ne les condamnons pas, me dites-vous ; vos émotions étaient justes, et nul n'a le droit de vous les reprocher sur ce point ; mais Mgr Rousseau !

Mgr Rousseau !...

Ne craignez pas, Messieurs, ne craignez pas. Ce n'est pas moi le premier qui ai remué ses cendres... ; mais lorsque, je ne dirai pas la méchanceté, mais une effroyable imprudence, est venue arracher le manteau dont parlait tout-à-l'heure, avec juste respect, M. le procureur-général, ce manteau dont nous laissions tous à Orléans, depuis cinquante années, sa mémoire couverte et protégée, vous qui avez évoqué contre moi et contre l'Eglise son nom et ses actes, comment n'avez-vous pas pensé que c'était une question d'honneur, et d'honneur épiscopal au plus haut degré, que vous souleviez? Comment n'avez-vous pas senti que vous veniez me saisir au cœur, sur le siége même de l'honneur, dans mon Eglise, au milieu de mes prêtres et de mes fidèles, dont tous les regards se tournèrent immédiatement vers moi. Je m'en souviens, c'était le dimanche, et le soir même, et le lendemain, l'évêché d'Orléans était rempli : tout le clergé, tous les anciens du sacerdoce, les hommes les plus respectables...... Les souvenirs étaient vivants, tristement ravivés. On ne peut pas faire violence à la conscience publique...... Mais, ne répondez-vous pas, disait-on ? mais ce qu'on a dit n'est pas la vérité.... C'était un homme, c'était un prêtre respectable, de mœurs intègres, d'un cœur bienveillant,.... mais c'est tout ce qu'on peut dire de lui; et encore il manqua bien de cœur envers le Pape!

Messieurs, on ne m'eût pas dit ces choses... que je ne pouvais les taire. Le *Siècle*, le lendemain même, écrivait : « Nous allons voir comment Mgr l'évêque d'Orléans répondra à son vénérable prédécesseur. »

Messieurs, j'ai dû répondre... et je l'ajoute, répondre comme je l'ai fait..., et j'accepte toute la responsabilité de mes paroles devant Dieu et aussi devant les hommes : car j'ai dû répondre avec cette vérité, avec cette liberté de l'histoire, sans laquelle, comme le disait hier un de mes éloquents défenseurs, « la distinction du bien et du mal est effacée sur la terre, et les hommes ne sauraient bientôt plus ce que vaut le vice et ce que vaut la vertu! »

Mais que dis-je? J'étais ici bien plus qu'historien; j'avais ici bien d'autres devoirs à remplir : je devais combattre; j'étais le défenseur nécessaire de l'Eglise et de la vérité.

Quoi! on venait d'ouvrir sous mes yeux une brèche odieuse, qui pouvait faire pénétrer l'ennemi dans le cœur même de la place que je devais défendre. Cette brèche était ouverte, là, sous mes yeux, sous mes pas, au pied même de la chaire de ma cathédrale. — Messieurs, j'y devais monter, et là, défendre le passage, avec la dernière énergie : car, si je ne l'avais pas fait, tous les publicistes, tous les historiens du moment, tous les journalistes passaient par là, et s'en allaient à la suite du guide inattendu qu'on avait évoqué de son tombeau pour en faire le chef de file des ennemis de l'Eglise et du Saint-Siége. Eh bien! cela, Messieurs, cette défense nécessaire, énergique, immédiate, je l'ai dû faire, je l'ai faite; et je l'ajoute, j'y ai réussi: nul n'a passé, nul ne passera par là.

Mais, laissons là les figures. Quoi! non-seulement on allait le chercher dans son tombeau pour m'apporter sa vie, sa doctrine et ses actes; non-seulement on l'opposait à tout l'Episcopat français, au nom de toute l'ancienne France catholique, au nom de la Théologie; mais on le proposait à moi, et à tous les Evêques de France, comme un modèle de sainteté, comme un *saint*, comme un des *Evêques les plus augustes, les plus vénérés, les plus illustres de l'ancien Episcopat français; les plus indépendants; agissant pour l'Eglise, loin de toute pression humaine et de toute contrainte officielle.* Et cela, dans un écrit dont il disait lui-même que c'était sa *profession de foi...* Et après avoir dit cela, il écrivait au ministre des cultes, en parlant de cette *profession de sa foi* : « *En ai-je dit trop? En ai-je dit assez? Répondez-moi, Monseigneur; votre silence m'inquiète.* »

Voilà ce que ce *saint* évêque écrivait à un ministre *de sa profession de foi!*... Eh bien, moi, messieurs, j'ai trouvé que cela était servile, et j'affirme qu'il n'y a pas ici une conscience qui ne le trouve comme moi.

Et il voulait qu'on menât nos jeunes séminaristes *du pied du trône impérial au pied du trône pontifical!*... non pas, car ici, M. le procureur-général s'y est étrangement mépris, non pas afin de prier pour le Pape, mais pour le voir là sur son trône, *mille fois plus libre que jamais*... Et Pie VII était à Savone, dans cette chambre où on vous l'a dépeint, captif, sans une plume pour écrire, sans une feuille de papier pour y mettre sa pensée, sans un ami à qui dire sa peine!... Voilà ce que dans les égarements de son imagination, un évêque appelait le *trône pontifical*... Et ce sont de jeunes séminaristes qu'il voulait qu'on menât là pour former leur esprit et leur cœur...

Et on voulait que je parlasse de cela froidement! Eh bien, non, messieurs, je ne l'ai pas fait, je ne le pouvais faire, vous ne l'auriez pas fait à ma place. Ni l'honneur, ni la conscience ne le permettaient : Dieu m'entend.

Eh bien, messieurs, voilà celui que j'avais à juger; car prenez-y garde, j'étais juge ici, juge dans mon Eglise, juge pour l'Eglise, juge au nom de l'Eglise. On l'avait amené devant moi; sa cause, la cause de l'Eglise, était posée devant moi; le modèle qu'on nous demandait d'imiter était là... je ne pouvais l'éviter. Eh bien! j'ai fait mon devoir. Je l'ai jugé; je l'ai condamné; je n'ai rien voulu laisser subsister du modèle qu'on osait offrir à l'épiscopat français... A votre tour, jugez-moi.

Tenez, messieurs, laissez-moi vous dire ici ma pensée dans toute sa simplicité. Je ne sais pas le droit; il y a peu de moments, j'écoutais avec un grand intérêt, malgré les tristesses de mon cœur, avec l'intérêt qu'inspirent toujours de savantes discussions entre des esprits éclairés, tout le débat légal qui s'agite ici. Y a-t-il ici une loi, une loi pénale? Avez-vous le droit de la suppléer?... sur cette discussion, je n'ai qu'un mot à dire, c'est que je n'invoque pas plus que mes honorables défenseurs une fin de non-recevoir.

Non, messieurs, je ne suis pas venu ici pour une fin de non-recevoir... Mais, si j'ignore le droit civil, il est un autre droit que je réclame pour l'Eglise : c'est que les évêques puissent se juger les uns les autres.

Bossuet rappelle qu'autrefois en Egypte on jugeait les rois après leur mort; et il ajoute que c'était là un des principes de la dignité des mœurs publiques, et même de la grandeur si persévéramment soutenue des rois chez les Egyptiens. « Chacun, dit encore Bossuet, touché de » l'exemple, craignait de déshonorer sa mémoire et sa race... »

Et si les petits-neveux pouvaient en souffrir quelquefois, la patrie et la vertu n'en souffraient pas.

Messieurs, permettez-moi de vous le dire : laissez juger les évêques après leur mort : cela est bon pour tous; cela est bon pour les évêques, bon pour l'Eglise, bon pour le pays, bon pour la dignité des caractères, bon pour tous. Oui, il est bon de savoir à l'avance qu'on peut être jugé et qu'on le sera, et l'Eglise ne le trouve pas mauvais; nul ne se juge et ne se réforme plus sévèrement qu'elle-même. Elle se glorifie d'être une société qui travaille perpétuellement à se juger elle-même et à se réformer par le principe profond de sainteté, par la force de régénération spirituelle, qui est en elle et qui lui vient de Dieu. Trois mille conciles ou synodes jusqu'au Concile de Trente sont un témoignage immortel de ses saintes sévérités pour les évêques, pour les prêtres, pour tous. Nous ne faisons pas profession d'être parfaits. Dieu nous a laissé la liberté, afin que nous ayons le mérite et la vertu; la liberté du mal, qui ne prouve rien contre l'Eglise, parce que l'Eglise elle-même le condamne plus sévèrement que qui que ce soit sur la terre.

Et d'ailleurs, n'est-ce pas une des choses qu'on a dites le plus contre nous, que nous manquions de justice pour nous-mêmes, que nous jetions un voile trop complaisant sur nos fautes, que nous nous défendions à tout prix les uns les autres, et enfin qu'on ne peut pas croire à la parole d'un prêtre sur un autre prêtre? Mais qu'ai-je fait autre chose aujourd'hui que de défendre énergiquement, loyalement l'honneur de l'Eglise contre les faiblesses d'un de ses ministres?

Et pourquoi ne l'aurais-je pas fait?... Je parlerai en ce moment comme s'il n'y avait ici que des magistrats... je dois le dire, je respecte et honore aussi toute cette audience;... les Saints l'ont dit : Il n'y a pas un mal qui n'ait pu se trouver dans le cœur d'un prêtre; et si malgré cela le respect et la confiance surabondent encore dans les cœurs pour nous, c'est que portout et toujours le bien, le dévouement, le zèle, la charité, la pureté des mœurs l'ont emporté et ont vaincu le mal par le bien; et il faut en rendre grâces à l'Eglise, qui n'a jamais cessé de se juger et de se réformer elle-même avec une inviolable justice et quelquefois avec une inexorable sévérité. C'est ce que j'ai fait, messieurs : j'ai jugé, j'ai condamné en son nom.

Et maintenant, messieurs, vous me jugerez à votre tour. Car si j'ai jugé comme évêque un autre évêque, dans une cause qui est essentiellement du droit des évêques, la forme de mon jugement, par la contrainte de la situation qui m'était faite, et ma lettre adressée nécessairement à un journaliste, m'ont amené devant vous; mais le fond est un jugement porté au nom de l'Eglise, qui ne le réformera pas, je le pense du moins.

Et maintenant, messieurs, un dernier mot, le dernier, le seul qui me soit personnel.

Dans le cours et la longue discussion de cette cause, mes adversaires et mes défenseurs m'ont donné des mérites que je n'ai pas; mais il en est un que je crois avoir, et que mes adversaires ont méconnu :

C'est que je suis et j'ai toujours été l'homme de la paix. C'est l'histoire de ma vie. Ma pauvre vie ne mérite pas d'histoire; mais enfin, c'est l'histoire de ma vie. Et si j'ai trouvé en ce monde de nobles amitiés et aussi de violents adversaires, c'est parce que j'ai toujours été l'homme de la paix.

J'avais passé ma vie avec les enfants, et c'en fut le meilleur temps. J'y étais encore lorsque, pour eux-mêmes et comme par eux, je fus jeté au milieu de grandes querelles pour la liberté d'enseignement. Je m'étonnai d'abord de l'ardeur extrême des combattants. Dans ma candeur, je croyais qu'on pouvait pacifier les hommes, comme j'avais tant de fois pacifié les enfants, par la raison et par la douceur. Je l'essayai, et j'ai eu ce rare bonheur d'y réussir; j'ai travaillé avec succès à la pacification, et la dernière parole du livre que je publiais sur la *pacification religieuse* était de demander *la paix dans la liberté et dans la justice.*

Et j'ai vu se réaliser ce que j'avais demandé; et après le tremblement de terre que vous savez, j'ai eu le bonheur et l'honneur au nom de l'Eglise, de travailler au traité de paix et de le signer. Et ce traité fut fait dans les conditions de la liberté et de la justice pour tous, avec les hommes illustres dont la bienveillance depuis ce temps m'est demeurée chère.

Un de mes adversaires a rappelé le nom et les luttes d'un journal qui n'est plus; je ne l'accuserai pas, il n'est point ici pour se défendre. Si je l'ai condamné naguères, c'est précisément parce qu'il n'était pas l'ami et l'organe de la paix, et que ses violences compromettaient l'Eglise, et nous plaçaient, nous les défenseurs de l'Eglise, dans une situation déplorable, entre l'hostilité irréligieuse, (l'hostilité irréligieuse, laissez-moi le dire, c'était vous), entre l'hostilité irréligieuse qui nous accusait d'intolérance, et l'intolérance (c'était lui) qui nous accusait de modération, et d'infidélité envers l'Eglise.

Et je dois ajouter, puisqu'à tort, on a affirmé le contraire, que je n'ai jamais interdit dans mon diocèse la lecture de ce journal à personne, l'abonnement à personne, ni aux prêtres, ni aux fidèles; j'excepte mes séminaires; et cela dans le moment même où ce journal aurait prêché chaque jour à mes professeurs et par eux à leurs élèves que les études classiques étaient des études païennes, qui les dépravaient, et que la barbarie devait pour l'éducation de la jeunesse chrétienne succéder aux humanités.

Dans une autre querelle qui m'a profondément attristé, et m'attriste toujours, j'ai encore été l'homme de la paix. Pour moi, je voudrais qu'il n'y eût parmi nous ni ultramontains ni gallicans, mais seulement des catholiques romains, devoués et attachés d'esprit et de cœur, au centre de la catholicité; je l'écrivais naguères au Souverain Pontife, et je déposais à ses pieds cette parole, que 1793 avait suffisamment expliqué et traduit 1682.

Aujourd'hui encore, dans cette grande question, qui au fond est celle même qui m'amène devant vous, je suis l'homme de la paix; c'est la paix que je veux; c'est la paix que je demande; il n'y a pas un de mes écrits qui ne soit pour la paix; et si je m'attriste, qu'on me permette de le dire, c'est que... ce qui se passe n'est pas la paix.... La vérité est que je n'ai pas écrit une ligne qui ne sollicite la paix dans la liberté et dans la justice. J'ai invoqué le droit pacifique des traités; j'ai invoqué les délibérations pacifiques de l'Europe; j'ai demandé la proclamation pacifique du droit catholique, du droit européen; et par là j'entends le droit des souverains et aussi le droit des peuples, le droit de la liberté des consciences chrétiennes dans l'indépendance du Chef suprême de l'Eglise, avec les réformes désirables et les améliorations possibles. Et si ma faible voix pouvait se faire entendre, je redirais ce que j'ai écrit, que la ferme déclaration du droit suffit pour la paix, qui est le premier besoin de l'Eglise et du monde.

Messieurs, j'ai tout dit; vous avez mes paroles, vous avez mes intentions : jugez-les !

M. le Président — A lundi prochain, 19, pour l'arrêt.

Audience du 19 Mars.

ARRÊT.

« La Cour,

» Sur la plainte des rédacteurs du journal *le Siècle*;

» Considérant que les plaignants relèvent trois griefs dans la brochure incriminée : l'écrivain les aurait qualifiés de gens sans honneur, leur aurait reproché d'étouffer la voix de leurs adversaires dans le silence, et enfin les aurait accusés de l'avoir calomnié;

» Sur le premier grief résultant de ce que l'auteur, en disant au rédacteur du journal *le Constitutionnel* : « Vous avez de l'honneur, » semblerait, par la disposition de sa phrase, indiquer qu'il n'en accorde pas aux rédacteurs du journal *le Siècle*. dont il vient de parler :

» Considérant qu'il est difficile de trouver une injure dans une telle induction, contraire à la construction grammaticale de la phrase et qui serait plutôt l'œuvre du lecteur que celle de l'écrivain; que, d'ailleurs, à cette audience, les plaignants ont déclaré s'en rapporter, sur l'intention de l'auteur, à ce qui serait dit en son nom, et que la pensée injurieuse a été déniée au nom du prévenu;

» Sur le deuxième grief résultant de ce que le prévenu aurait accusé le journal *le Siècle* d'étouffer ses adversaires sous l'oppression de la calomnie et du silence, c'est-à-dire de ne point publier les écrits qu'il prétendait réfuter :

» Considérant que les plaignants repoussent avec raison cette imputation, ayant imprimé jusque-là dans leur feuille toutes les publications du prévenu; mais qu'en examinant avec soin les termes du paragraphe contenant l'articulation dont il s'agit, on voit que l'écrivain se plaignait seulement de la non impression de la brochure alors discutée, et que si la généralité des termes employés a donné à penser davantage, on ne trouve point là les caractères d'une interprétation assez déterminée et assez grave pour constituer une diffamation ;

» Sur le troisième grief :

» Considérant qu'il porte sur une articulation plus importante et plus précise, à savoir le reproche deux fois répété de calomnie ;

» Considérant que, dans l'appréciation des offenses personnelles mêlées à une discussion politique, il ne serait pas équitable de s'arrêter uniquement à quelques mots, à quelque expression isolée; qu'il est juste d'examiner l'ensemble de la polémique;

» Considérant que, dans celle qui s'est agitée entre le journal le *Siècle* et le prévenu, c'est incontestablement le journal qui a introduit les personnalités; lorsqu'en répondant à un évêque on accumule les attaques contre l'épiscopat, lui prêtant des intentions odieuses et criminelles, le prélat auquel tout cela est adressé doit naturellement se regarder comme ayant une large part dans ces invectives, surtout quand on le représente comme le plus ardent et comme le chef de ceux contre lesquels elles sont dirigées;

» Considérant que les plaignants pensent certainement ainsi et regarderaient avec raison comme des offenses personnelles les critiques à eux adressées, incriminant injustement la violence des journaux en général, surtout si ces critiques venaient à ajouter que leur journal est le plus violent de tous;

» Considérant d'ailleurs que *le Siècle*, ne se bornant point à ces accusations générales, a attaqué personnellement le prévenu, et dans une série d'articles lui a adressé entre autres imputations celle de faire appel à la révolte, de se livrer à une propagande impie, le qualifiant de factieux, de fougueux ligueur, de prêtre infidèle, qui ne recule pas devant l'idée du carnage;

» Considérant qu'à toutes ces accusations on ne conçoit guère qu'un évêque puisse répondre autre chose, sinon qu'il est calomnié;

» Considérant qu'en thèse générale celui qui, atteint par des incriminations, en adresse d'autres à son adversaire, ne peut se prévaloir devant la justice d'une espèce de compensation dans les injures et faire absoudre ses torts par ceux qui les ont précédés, mais qu'on ne peut faire application de cette règle à celui qui s'est borné à se défendre, en repoussant même avec une énergie violente, une violente accusation; qu'il serait évidemment injuste de se prévaloir contre lui de quelques expressions répréhensibles;

» Quand un journal dont la publicité instantanée et sans limite peut répandre contre un citoyen les accusations les plus graves, interdire à celui qui se trouve ainsi atteint cruellement et souvent d'une manière irréparable, la vivacité dans la réponse, et jusqu'à l'expression du sentiment de la calomnie qui vient le frapper, ce serait aller certainement contre tout sentiment de justice et contre les principes de toutes les législations, qui n'ont jamais regardé comme coupable celui qui blesse en se défendant;

» Considérant qu'ainsi le prévenu n'a point diffamé ni eu l'intention de diffamer le journal le *Siècle*; qu'il s'est borné à repousser les attaques de celui-ci et que dès lors la plainte n'est pas justifiée;

» Sur la plainte des héritiers Rousseau :

» Considérant que cette plainte soulève une question dont la gravité n'a point été contestée à cette audience et qui, touchant à la compétence de la Cour, doit être décidée, quelles que soient d'ailleurs les conclusions des parties;

» Qu'il s'agit de reconnaître si la diffamation contre la mémoire d'un mort constitue un délit prévu par la loi pénale;

» Considérant qu'avant les lois de 1819, qui réglementent la répression en fait d'injure ou de diffamation, il est incontesté que les imputations à la mémoire d'une personne décédée n'étaient l'objet d'aucune disposition répressive; que dès lors, pour que cette législation ait été modifiée, pour que ce qui n'était pas un délit soit devenu tel, il faut trouver dans les lois de 1819 une disposition à cet égard; que non-seulement on ne rencontre rien de pareil dans le texte de ces lois, mais que, dans le travail considérable de discussion qui les a précédées, il n'est pas dit un mot de l'innovation qu'elles auraient introduite à cet égard;

» Que, bien plus, il résulte de l'exposé des motifs de la loi du 17 mai 1819, qu'elle a eu pour objet, non de créer des délits nouveaux, mais de punir des faits déjà connus et réprimés, de recueillir dans nos lois pénales les actes déjà incriminés auxquels la presse, dans ses conditions nouvelles d'existence, pourrait servir d'instrument, et d'appliquer une pénalité à ces actes;

» Considérant que la diffamation y est définie : l'imputation d'un fait portant atteinte à l'honneur de la personne; que ce mot *personne*, dans le langage du droit et surtout du droit répressif, ne désigne jamais qu'une personne vivante; que, pour admettre qu'il désignerait également un individu décédé ou la mémoire qu'il a laissée, il faudrait dépasser toutes les limites de l'interprétation des lois en matière criminelle;

» Considérant qu'il est élémentaire en droit que le juge ne peut suppléer au silence et à l'insuffisance de la loi pénale; que si les jurisconsultes ont, avec raison, regretté que les lois sur la presse n'eussent pas prévu et réglementé la diffamation adressée au souvenir des morts; que si, dans de certaines circonstances, l'injure à la mémoire d'un parent est une offense plus cruelle et, par conséquent, plus coupable qu'une injure directe, on ne peut méconnaître qu'une telle offense constituerait un délit d'une nature toute particulière, dont la répression nécessiterait une réglementation spéciale : ainsi les législateurs de 1819 ont établi que la diffamation ne pouvait être poursuivie que sur la plainte de la partie qui se prétend lésée; sage disposition inspirée par cette pensée que l'outragé peut seul apprécier non-seulement s'il y a délit à son égard, mais encore si la poursuite importe à son honneur et à sa considération; mais, pour étendre l'application de cette règle à la diffamation d'un mort, il eût été nécessaire de dire comment elle s'exécuterait et lequel devrait l'emporter de deux héritiers dont l'un voudrait intenter l'action, prétendant que la mémoire du défunt réclame une réparation, tandis que l'autre regarderait le silence comme à la fois plus prudent et plus respectueux pour cette mémoire;

» Considérant qu'indépendamment de cette solution, il en est évidemment plusieurs autres qu'eût appelées l'introduction du délit nouveau de calomnie ou de diffamation envers les morts : les législateurs de 1819 eussent certainement reconnu la nécessité de peser équitablement et de concilier dans une juste mesure les devoirs de la piété filiale, les justes susceptibilités de la famille et aussi les droits incontestables de l'historien, qui, dans un intérêt social de l'ordre le plus élevé, ne doit pas être réduit à ne pouvoir prononcer un nom sans s'exposer à une poursuite criminelle; évidemment, sur une telle matière, toute une législation aurait été indispensable; mais les lois de 1819 n'y ont point pourvu, parce que, ainsi que le déclaraient leurs auteurs, il n'était point question d'introduire un droit nouveau;

» Considérant qu'à défaut de cette législation et en présence de l'extension toujours plus puissante des moyens de publication, les tribunaux ont considéré quelquefois la diffamation de la mémoire d'un mort comme constituant un délit quand elle semblait inspirée par l'intention de nuire à la considération de ses héritiers; dans ces cas la justice a apprécié la diffamation comme adressée à la personne de l'héritier et dès lors comme tombant sous l'application de l'art. 13 de la loi de 1819; mais dans la cause rien ne se présente de pareil;

» Si les héritiers Rousseau ont été blessés par la publication de documents appartenant à la vie privée de leur parent, et qu'ils devaient croire à l'abri de toute divulgation dans le dépôt où leur confiance les avait laissés; s'ils ont été cruellement troublés dans leurs sentiments de famille par une discussion à la fois hautaine et ironique de souvenirs qu'ils regardaient comme placés sous la garde de celui qui les a si durement réveillés, ils sont forcés de reconnaître eux-mêmes que ces violences, que les entraînements des passions politiques ou religieuses expliquent sans les justifier, n'étaient point dirigées contre eux personnellement;

» Considérant que ces imputations s'adressaient exclusivement à la mémoire de l'évêque d'Orléans; qu'ainsi la cause présentant à décider uniquement la question de droit, de savoir si la diffamation d'un mort est prévue et punie par nos lois, il y a lieu de la résoudre négativement;

» Par ces motifs, déclare la plainte des rédacteurs du journal le *Siècle* mal fondée; dit qu'il n'y a pas lieu d'examiner celle des héritiers Rousseau; renvoie le prévenu sans dépens, et condamne les parties civiles aux frais envers l'État. »